21世纪高等院校财经类专业
实训教材

审计
实训教程

（第四版）

耿慧敏 主审
张丽 黄秋菊 主编

东北财经大学出版社
Dongbei University of Finance & Economics Press
大连

图书在版编目（CIP）数据

审计实训教程 / 张丽，黄秋菊主编．—4版．—大连：东北财经大学出版社，2023.11

（21世纪高等院校财经类专业实训教材）

ISBN 978-7-5654-4967-3

Ⅰ．审…　Ⅱ．①张…②黄…　Ⅲ．审计学-高等学校-教材　Ⅳ．F239.0

中国国家版本馆CIP数据核字（2023）第181865号

东北财经大学出版社出版

（大连市黑石礁尖山街217号　邮政编码　116025）

网　　址：http：//www.dufep.cn

读者信箱：dufep@dufe.edu.cn

大连雪莲彩印有限公司印刷　　东北财经大学出版社发行

幅面尺寸：170mm×240mm　字数：393千字　印张：19　插页：1

2023年11月第4版　　2023年11月第1次印刷

责任编辑：李　彬　周　慧　　责任校对：一　心

封面设计：原　皓　　版式设计：原　皓

定价：48.00元

教学支持　售后服务　联系电话：（0411）84710309

如有印装质量问题，请联系营销部：（0411）84710711

总序

20世纪90年代末以来，我国高等教育取得了跨越式的发展，正在由“精英教育”向“大众化教育”转变。在高等教育大众化背景下，培养学生实践能力和创新能力逐步成为各高等院校提高本科教学质量的重要目标。财经类专业作为当前经济社会中最具发展性和最具时代活力的专业之一，本身就具有极强的实践性和应用性特点。随着社会经济形势的发展，大学生就业形势日益严峻，用人单位对财经类专业毕业生的实际操作能力的要求也越来越高。学生不但要有比较坚实的理论功底，更要有较强的实践能力和创新能力。

高等教育的教学过程主要由理论教学和实践教学两部分组成。理论教学以教师讲授为主，主要任务是传授知识；实践教学包括军训、社会实践、实习、实验、实训、毕业（设计）论文等内容，主要任务在于培养能力与素质。在财经类应用型人才的培养过程中，实践教学具有不可或缺的作用。为实现人才培养过程中传授知识、培养能力和提高素质的协调统一，学校在注重理论教学的同时，也必须高度重视实践教学。在理论教学中传授的知识需要在实践教学中验证、消化与巩固，同时，实践教学还发挥着培养学生动手能力，形成专业素养，启发学生创新思维，增强创新意识，提升创新能力的重要作用。可以说，没有高质量的实践教学，培养高素质的财经类应用型人才这一目标就难以实现。

随着大众化教育的推行，高校的学生规模急剧扩大，实习资源日益紧缺，实训作为实践教学的重要组成部分，在培养学生实践能力方面起着越来越重要的作用。与实习相比，实训的地点和形式更为灵活，可以在校内进行，也可以在校外进行，克服了实习过程中实习单位、实习岗位等因素的限制，可以较好地解决目前学生实习难的问题。实训在教师的指导下，按照人才培养规律与目标，通过全真的角色模拟、岗位轮换，让学生亲身体验，从而切实达到提高动手能力和训练职业技能等目的。实训不仅具有巩固学生所学的理论知识，使学生获得实践知识和管理知识，培养学生的实际工作能力，完成实践教学目标的功能，还具有引导学生了解社会、接触实际生活，增强学生的职业道德意识、团队精神和社会责任感的育人功能。

目前，很多财经类院校已经意识到实训教学的重要性，开始建立实训中心或基地，开设相关实训课程。要真正搞好实训教学，必须遵循实训教学规律，创立一个目标明确、层次分明、系统完整的实训教学体系。作为教学过程中一个不可缺少的重要环节，实训教学有其自身的科学性、系统性和衔接性，与理论教学平行而又相互协调、相辅相成。为更好地推动实训教学的发展，除了建立良好的实训条件，创造较为逼真的实训情境和环境外，还必须有切实可行、可操作性较强的实训教程，并以此为基础逐步形成以学生为主体、教师为主导，多层次、系列化、模块化、开放式的实训教学体系。因此，在理论教材的基础上结合社会需求，编写出要求一致、规范统一的实训配套教材成为推动实训教学发展的关键。为更加有效地开展实训教学，我们组织编写了这套“21世纪高等院校财经类专业实训教材”，具体包括《旅游管理实训教程》、《市场营销实训教程》、《人力资源管理实训教程》、《成本会计实训教程》、《财务管理实训教程》、《审计实训教程》、《电算化会计实训教程》、《国际贸易实务实训教程》、《国际贸易单证实训教程》和《经济法实训教程》等10本，涉及“旅游管理”“人力资源管理”“市场营销”“会计学”“财务管理”“国际经济与贸易”等专业。本套教材注重实训教学与理论教学的衔接，突出实训教材的实用性、适用性、仿真性、可操作性等特点，适用于高等院校经济管理类专业本科生的实训教学，也可作为相关从业人员的学习、培训用书。

在本系列教材的编写过程中，我们力求精益求精，但由于经验不足、时间有限，教材中难免存在不妥之处，恳请读者给予指正。

“21世纪高等院校财经类专业实训教材”编审委员会

第四版前言

注册会计师审计是提高会计信息质量、维护市场秩序的重要制度安排。经济社会及信息技术的发展对注册会计师行业发展提出了新要求、新挑战。提高审计质量，满足资本市场改革与发展对高质量会计信息的需求，保护投资者和其他利益相关者的利益，维护市场经济秩序是审计学应有的实践之义。

行业现状。财政部《会计改革与发展“十四五”规划纲要》解读中显示，截至2020年年底，全国共有会计师事务所8 600余家（不含分所），行业年度业务收入超过1 000亿元，为4 000多家上市公司、1万多家新三板企业和420多万家企事业单位提供审计鉴证和其他专业服务，并深度参与国家“一带一路”建设、为1.1万家中国企业在全球200多个国家和地区设点布局提供强有力的专业支持。经过40多年持续发展，我国注册会计师行业坚持服务国家建设，从无到有、由弱变强，从国内走向国际，体制机制不断优化，服务领域不断拓展，成为促进经济社会健康发展的重要力量。

目标定位。本实训教程是面向普通高等教育、职业教育的会计、审计、财务管理等专业以及经济类专业学生学习审计课程的配套教材，旨在进一步提高学生的审计技能和处理审计业务的实践能力，也可供从事审计、会计工作的实际工作者参考。本实训教程既包括了学生在审计学中应掌握的审计理论基础，而且将实训、案例与理论相结合，使学生能够全面、快速、准确地将理论与实践相结合，提升学生解决实际问题的能力。

课程思政。本实训教程将党的二十大精神融入教材，围绕立德树人根本任务，发挥审计教学“守好一段渠，种好责任田”的课程思政任务。将社会主义核心价值观、理想信念、审计职业道德、职业精神、职业素养、创新精神、行业认同感、法治观念、廉洁教育、发展观、全局观等思政内容融入课程，使学生深刻把握新时代新征程审计工作战略定位和前进方向，依法忠实履行审计监督职责；让学生深刻理解“全面从严治党永远在路上”的深刻内涵；要求学生“以审计精神立身、以创新规范立业、以自身建设立信”。

本书特色。作者深入研究了审计学理论和实务，查阅了大量的资料，在本实训教程中融入了近年来比较新的审计理论和审计案例，结合作者专业知识和多年教学、科研经验，提出了审计实训的完整框架体系。本书具有以下特点：①审计理论和案例的前瞻性。本教程在修订过程中，将中国注册会计师审计准则（2019年）、会计师事务所质量管理相关准则（2020年）、《中国注册会计师职业道德守则

（2020）》、财政部修订发布的“重大错报风险的识别和评估”等25项审计准则（2023年）、中国注册会计师协会印发的《〈中国注册会计师审计准则第1101号——注册会计师的总体目标和审计工作的基本要求〉应用指南》等34项应用指南（2023年）中相关的内容在本教程中得到体现。②实训内容贴合审计实际，易于理解和操作。本教程中所使用的会计资料，涉及企业的资产、负债、所有者权益、收入、成本费用和利润各个方面，对各项审计的要求都比较具体，每一审计模块都设有实训目的、理论知识点、实训内容，其中在实训内容中又分别设置实训所需条件、实训要求、实训组织方法及步骤、实训考核方法。通过上述模块和内容的设计，学生可以综合运用所学的审计基本理论、基本知识和基本方法，独立完成一项企业财务审计任务，有利于学生毕业后更快适应社会需要。③剖析实例与案例，围绕教育改革，提升学生实践能力。为适应教育部“财经应用型创新人才培养模式改革”的需要，在每一个实训模块最后，都设有案例分析。通过案例分析启发学生思考，同时为教师理论教学提供课堂讨论的教学资料。④更新表现形式，增加思政实训目标。教程中的案例分析中增加扫码区域，方便快捷，符合现代读者的阅读特点，便于调动读者阅读的积极性，提高学习效率和效果。

内容结构。本次修订更新了书中的过时数据，修改了大部分案例，增加了近几年新审计准则及应用指南中修订的部分内容。本书分为三个部分：第一部分主要是审计前的准备工作，包括审计业务约定书的签订、审计计划工作、审计技术与方法、风险评估与应对；第二部分主要是审计实施工作，包括销售与收款循环审计、购货与付款循环审计、生产与薪酬循环审计、筹资与投资循环审计以及货币资金审计；第三部分为审计终结工作，主要是编制审计调整分录、出具审计报告。

本实训教程整体结构图见下页。

本实训教程自2018年第三版发行后，注册会计师的审计环境、大数据、人工智能以及数字经济的发展，对注册会计师行业的发展提出了新的要求。中国注册会计师审计准则（2019年）、会计师事务所质量管理相关准则（2020年）、《中国注册会计师职业道德守则（2020）》、财政部修订发布的25项审计准则（2023年）、中国注册会计师协会印发的34项应用指南（2023年）等审计要求面临着新的变化，这些变化要求我们更新教材内容、创新教学模式和教学方法。因此，本书作者在第三版内容的基础上，以最新的审计准则以及应用指南为依据修订了第四版实训教材。

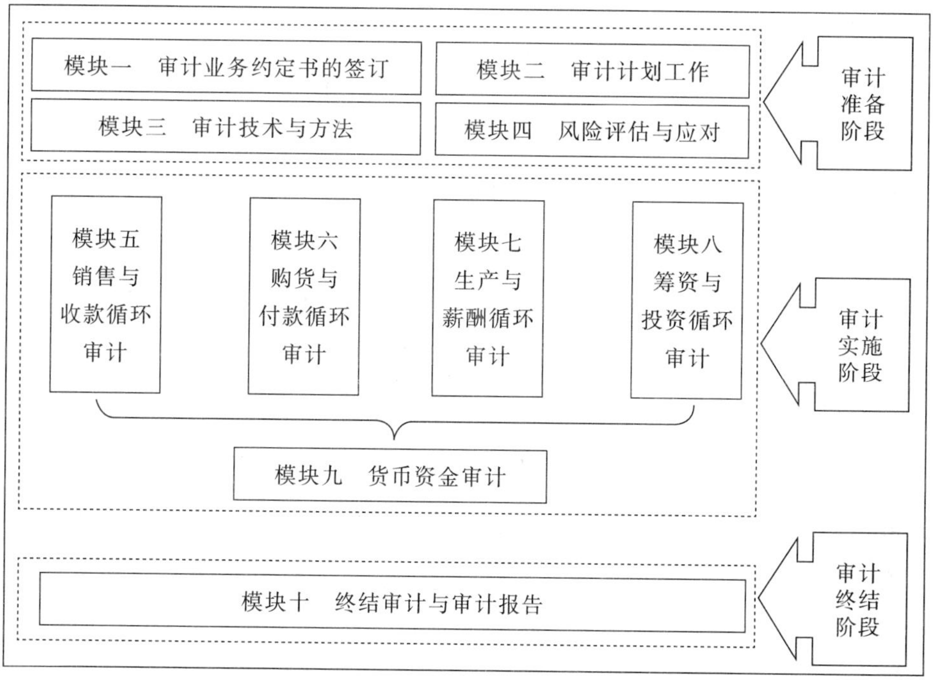

本实训教程整体结构图

本实训教程由张丽教授负责全书的策划，由张丽教授、黄秋菊副教授负责全书的撰写并担任主编，耿慧敏、景刚等也参加了编写，周赛进行了资料整理、修改校对等工作。本书得到了东北财经大学出版社的大力支持和帮助，编辑们认真的工作态度为本书的出版提供了保障。本书参考了大量的国内外资料和案例，在修订过程中，各高校同行也提出很多中肯的意见和建议，在此表示衷心感谢！由于编者理论水平有限，对实际探索与研究又不够深入，书中出现疏漏在所难免，敬请审计界同仁和各位读者不吝赐教。

编　者

2023年5月于大连

第一版前言

审计学的学科属性要求审计学教学必须将理论与实践相结合。审计学的专业性及应用性强，且与会计、法律等相关知识有着十分密切的联系，需要理论指导，同时更需要实践及丰富经验的积累。根据审计学特点及新世纪人才培养要求，必须深入探索其教学规律，改革教学方法和教学内容，以满足《国家中长期教育改革和发展规划纲要》提出的“培养信念执著、品德优良、知识丰富、本领过硬的高素质专门人才和拔尖创新人才”的需要。

在长期的审计教学工作中，我们深刻感到，只有加强学生的实践能力和操作技能，才能缩小理论与实践的差距，使学生毕业后走上工作岗位能尽快适应并胜任实际工作。因此，在教学中我们不仅要向学生传授审计理论和方法，而且要培养学生运用审计理论和方法解决实际问题的能力，这就需要组织和完善审计实训教学工作，强化审计实践实训教学环节。为此，我们组织编写了《审计实训教程》一书。

本书是对审计工作的仿真和模拟，提供形象生动和具体真实的资料。以某一企业真实的经济业务为实例，做到实训资料准确，实训设计科学，实训步骤合理，实训所用的证、账、表具有高度仿真性，实训内容具有一定的实践性、启发性和应用性，使学生进入审计工作“现场”，充当审计人员的“角色”，让学生具有“真刀真枪”实践的经历。

本书力求在内容上体现审计改革的最新要求，精心设计了十个模块。根据最新的审计准则体系进行编写，全面体现风险导向审计和增强识别舞弊风险有效性的特点。学生能够根据每个模块的实际资料，运用审计的原则和方法，亲自动手实施审计程序和步骤，进而培养学生洞察问题、发现问题和解决问题的实际技能；提高学生判断能力、表达能力和解决问题的能力，并为理解所学理论打下坚实的感性认识基础，同时注重将审计业务处理的实际操作训练与审计人员职业判断能力的培养相结合，以培养高层次应用型人才。

在此需要说明的是，本书所涉及的实训单位和经济业务中的具体数字等纯属虚构，望读者不要误解。

本书可以作为高等院校工商管理、会计、审计等经济管理类专业的审计基础教材，也可以作为有一定经济管理知识的专业人士学习审计的材料，还可以作为从事审计工作人员的参考书。

本书模块一、二、三由张丽执笔，模块四、五由景刚执笔，模块六、七、八、十由耿慧敏教授执笔，模块九由黄秋菊执笔。本书由耿慧敏教授、景刚、张丽任主编，最后，由耿慧敏教授总纂定稿。

在编写本书的过程中，我们参阅了国内外大量的文献和资料，在此向这些文献的作者表示最诚挚的谢意。另外，在本书的编写过程中，东北财经大学会计学院的研究生刘琦、赵红、熊建红参与了案例资料的搜集、整理和部分初稿的撰写，也向她们表示感谢！

由于编者时间和水平有限，本书的不足之处在所难免，敬请读者批评指正。

编　者

2011年3月于大连

目　录

模块一　审计业务约定书的签订

一、实训目的

了解承接业务前注册会计师应当如何初步了解和评价被审计单位，并掌握承接业务时应当考虑的因素，掌握如何进行前后任注册会计师的沟通，以决定是否承接业务。了解承接审计业务的流程；了解签订审计业务约定书应当注意的事项；理解审计业务约定书中各要素的含义；掌握审计业务约定书的格式与编写的具体要求，培养学生的沟通能力。

通过本模块实训，引导学生在签订审计业务约定书时秉持质疑的理念、保持职业怀疑态度；了解我国注册会计师行业服务中国式现代化状况，增强学生爱国主义精神，增强学生制度自信。

二、理论知识点

（一）审计业务约定书的含义

审计业务约定书是指会计师事务所与被审计单位签订的，用以确认审计业务的委托与受托关系、审计目标和范围、双方责任以及报告的格式等事项的书面协议。

（二）签订审计业务约定书之前应做的工作

1.明确审计业务的性质和范围；

2.初步了解被审计单位的基本情况；

3.会计师事务所评价专业胜任能力；

4.商定审计收费；

5.明确被审计单位应协助的工作；

6.就审计业务约定条款达成一致意见。

《中国注册会计师审计准则第1111号——就审计业务约定条款达成一致意见》指出，注册会计师应当就审计业务约定条款与管理层或治理层（如适用）达成一致意见。注册会计师应当将达成一致意见的审计业务约定条款记录于审计业务约定书或其他适当形式的书面协议中。

（三）审计业务约定书的内容

1.审计业务约定书的基本内容

（1）财务报表审计的目标；

（2）管理层对财务报表的责任；

（3）管理层编制财务报表采用的会计准则和相关会计制度；

（4）审计范围，包括指明在执行财务报表审计业务时遵守的中国注册会计师审计准则；

（5）执行审计工作的安排，包括出具审计报告的时间要求；

（6）审计报告格式和对审计结果的其他沟通；

（7）由于测试的性质和审计的其他固有限制，以及内部控制的固有局限性，不可避免地存在着某些重大错报可能仍然未被发现的风险；

（8）管理层为注册会计师提供必要的工作条件和协助；

（9）注册会计师不受限制地接触任何与审计有关的记录、文件和所需要的其他信息；

（10）管理层对其作出的与审计有关的声明予以书面确认；

（11）注册会计师对执业过程中获知的信息保密；

（12）审计收费，包括收费的计算基础和收费安排；

（13）违约责任；

（14）解决争议的方法；

（15）签约双方法定代表人或其授权代表的签字盖章，以及签约双方加盖的公章。

2.审计业务约定书的特殊考虑

一是考虑特定需要。如果情况需要，注册会计师应当考虑在审计业务约定书中列明下列内容：

（1）在某些方面对利用其他注册会计师和专家工作的安排；

（2）与审计涉及的内部审计人员和被审计单位其他员工工作的协调；

（3）预期向被审计单位提交的其他函件或报告；

（4）与治理层整体直接沟通；

（5）在首次接受审计委托时，对与前任注册会计师沟通的安排；

（6）注册会计师与被审计单位之间需要达成进一步协议的事项。

二是集团审计。如果负责集团财务报表审计的注册会计师同时负责组成部分财务报表审计，注册会计师应当考虑下列因素，决定是否与各个组成部分单独签订审计业务约定书：

（1）组成部分注册会计师的委托人；

（2）是否对组成部分单独出具审计报告；

（3）法律法规的规定；

（4）母公司、总公司或总部占组成部分的所有权份额；

（5）组成部分管理层的独立程度。

三是连续审计。注册会计师可以与被审计单位签订长期审计业务约定书，但如果出现下列情况，应当考虑重新签订审计业务约定书：

（1）有迹象表明被审计单位误解审计目标和范围；

（2）需要修改约定条款或增加特别条款；

（3）高级管理人员、董事会或所有权结构近期发生变动；

（4）被审计单位业务的性质或规模发生重大变化；

（5）法律法规的规定；

（6）管理层编制财务报表采用的会计准则和相关会计制度发生变化。

四是审计业务的变更。在完成审计业务前，如果被审计单位要求注册会计师将审计业务变更为保证程度较低的鉴证业务或相关服务，注册会计师应当考虑变更业务的适当性。

下列原因可能导致被审计单位要求变更业务：

（1）情况变化对审计服务的需求产生影响；

（2）对原来要求的审计业务的性质存在误解；

（3）审计范围存在限制。

如果没有合理的理由，注册会计师不应当同意变更业务。如果不同意变更业务，被审计单位又不允许继续执行原审计业务，注册会计师应当解除业务约定，并考虑是否有义务向被审计单位董事会或股东大会等方面说明解除业务约定的理由。

三、实训内容

实训一　承接业务委托前的工作

（一）实训所需条件

本实训所需资料如下：

辽宁光华股份有限公司主营百货文化用品、五金交电、油墨及印刷器材、家具、食品、针纺织品、日用杂货、烟酒等销售业务，自2016年上市以来，业务迅速扩张，股价也不断攀升。2021年和2022年的财务报表及其前任注册会计师的审计报告显示，公司2021年和2022年分别实现主营业务收入34.82亿元和70.46亿元，同比增长152.69%和102.35%，同时，总资产也分别增长了178.25%和60.43%，但利润率从2022年开始出现明显的下降，由2021年的2%下降到了2023年的0.69%，远远低于商贸类上市公司的平均水平（3.7%）。

2022年公司利润总额中的40%为投资收益，这些投资收益系辽宁光华股份有限公司利用银行承兑汇票（承兑期长达3~6个月）进行账款结算，从回笼货款到支付货款之间3个月的时间差，把这笔巨额资金委托华南证券进行短期套利所得。

自2016年以来，辽宁光华股份有限公司已经两次更换会计师事务所。

（二）实训要求

1.在承接辽宁光华股份有限公司业务委托前，如何进行初步了解和评估？

分析：

在承接辽宁光华股份有限公司业务委托前，注册会计师应当初步了解和评估以下因素，以决定是否承接业务，并初步了解和评价审计风险。

（1）注册会计师可控因素。专业知识和人员配备：事务所的员工是否具备或能够获取必要的专业知识，是否可以按照执业准则及时完成审计业务。独立性：事务所是否独立于客户，能否提供无偏见的结论。

（2）注册会计师必须加以评估的因素。诚信：公司管理层的诚信是否足以让事务所有理由相信管理层不会有意进行重大欺诈或作出违法行为。声誉和形象：公司的声誉是否良好，事务所接受其作为客户是否会给事务所带来损失或麻烦。会计实务：公司是否积极遵守会计准则，其财务报表是否能全面、公允地反映公司的财务状况、经营成果和现金流量。财务状况：公司是否存在极糟的业绩或其他负面因素导致其近期内面临停业的危险。盈利情况：接受并完成这项审计业务约定是否能给事务所带来合理的利润。

2.请讨论在承接客户业务委托时，注册会计师应当关注的履约风险及其原因。

分析：

在承接客户业务委托时，注册会计师应当关注的履约风险及其原因是：

（1）被起诉。如果事务所因为客户破产、存在舞弊或者违法行为被起诉，那么即便打赢了这场官司也极有可能遭受损失。因为在很多情况下，事务所虽然胜诉了，但它因诉讼而花费的成本会比承接该审计业务所取得的收入要多。

（2）职业名誉的损失。如果事务所与一家声名狼藉的客户合作，事务所很可能失去一些潜在的名誉较好的客户，因为这些客户通常会认为与声名败坏的公司有联系的事务所很可能有不诚信嫌疑。

（3）缺乏盈利性。在审计业务完成时，事务所可能会发现它所获得的收入尚不足以弥补服务成本，而客户也不愿意再多掏钱。事实上，除非存在一个很好的继续业务合作的理由，否则事务所不会承接没有盈利的业务。

3.如果事务所承接辽宁光华股份有限公司2022年的财务报表审计工作，请综合考虑注册会计师应当关注的风险。

分析：

（1）经营风险。由于辽宁光华股份有限公司自2016年上市以来，业务迅速扩张，股价也不断攀升。2021年和2022年的财务报表及其前任注册会计师的审计报告显示，公司2021年和2022年分别实现主营业务收入34.82亿元和70.46亿元，同比增长152.69%和102.35%，同时，总资产也分别增长了178.25%和60.43%，但利润率从2021年开始出现明显的下降，由2021年的2%下降到了2022年的0.69%，远远低于商贸类上市公司的平均水平（3.7%）。而且2022年公司利润总额中的40%为投资收益，这些投资收益系辽宁光华股份有限公司利用银行承兑汇票（承兑期长达3~6个月）进行账款结算，从回笼货款到支付货款之间3个月的时间差，把这笔巨额资金委托给华南证券进行短期套利所得。这说明辽宁光华股份有限公司2022

年的经营出现了问题，正常经营下滑，依靠投资收益才能有些利润，但投资收益的取得风险很大。

（2）事务所更换风险。由于辽宁光华股份有限公司经营每况愈下，且自2016年以来，辽宁光华股份有限公司已经两次更换会计师事务所。

4.如果征得辽宁光华股份有限公司的同意，注册会计师与前任注册会计师联系时，应当如何沟通？

分析：

在征得辽宁光华股份有限公司的同意，与前任注册会计师联系时，注册会计师应当就以下几个方面与前任注册会计师沟通：

（1）更换注册会计师的原因；

（2）前任注册会计师与管理层发生冲突的性质；

（3）重要风险领域的确定；

（4）在欺诈、违法行为和内部控制等方面与客户交流情况；

（5）沟通获取前一年度审计的工作底稿。

（三）实训组织方法及步骤

将上课班级学生划分几组，每组3~5人，组成模拟审计小组，逐一讨论上述问题，形成结论。

（四）实训考核方法

按每组学生完成实训要求情况打分。

实训二　承接业务委托应考虑的事项

（一）实训所需条件

本实训所需资料如下：

2022年2月3日，求真会计师事务所的注册会计师张凡接到妻子的电话，说她弟弟李杰开办了专门收购和买卖古董字画的ABC文化贸易公司，2021年的财务报表拟委托会计师事务所审计，正在寻找合适的会计师事务所。李杰希望张凡能够承接对ABC文化贸易公司财务报表的审计。张凡听了，一方面受妻弟所托，另一方面也认为是开拓一个新客户的机会，于是非常爽快地答应了，并于2022年2月6日由妻子带领审计小组亲自到ABC文化贸易公司实施审计。

ABC文化贸易公司属于私营企业，自开业5年来，业务发展很好，但是从没接受过注册会计师审计。注册会计师张凡是求真会计师事务所的出资人之一，业务专长是对工业企业尤其是对国有工业企业进行财务报表审计。

（二）实训要求

1.请结合本实训讨论注册会计师承接业务应当考虑的因素。

分析：

注册会计师承接业务应当考虑的因素主要有两个方面：

一是事务所及其注册会计师的独立性及专业胜任能力。由于求真会计师事务所张凡与ABC文化贸易公司管理层存在关联方关系，且注册会计师张凡的业务专长是对工业企业，尤其是国有工业企业进行财务报表审计，如果张凡作为该业务的项目经理，其独立性和专业胜任能力都存在问题。

二是被审计单位的诚信、声誉和形象、会计实务、财务状况和盈利情况。ABC文化贸易公司属于私营企业，自开业5年来业务发展良好，但从没有接受过注册会计师审计，且其业务属于收购和买卖古董字画的特殊行业，这些特殊性要求应当体现在委派注册会计师关注会计实务特殊风险方面。

2.请指出本实训中承接业务存在的不适当的地方。

分析：

本案例中委派张凡作为ABC文化贸易公司的项目负责人不适当，其原因是求真会计师事务所注册会计师张凡与ABC文化贸易公司管理层存在关联方关系，且注册会计师张凡的业务专长是对工业企业，尤其是国有工业企业进行财务报表审计，如果让张凡作为该业务的项目经理，其独立性和专业胜任能力都存在问题。

3.请给求真会计师事务所如何承接业务（包括承接业务的质量管理、签订业务约定书等）提出建议。

分析：

（1）在综合考虑了注册会计师独立性和专业胜任能力的基础上，建议张凡回避，委派具有胜任收购和买卖古董字画的特殊业务的注册会计师承担该审计业务。

（2）了解和评价对于收购和买卖古董字画的特殊业务的风险，必要时聘请专家一起工作。

（3）在签订审计业务约定书时，需要与被审计单位沟通，对审计时间、利用其他专家工作以及被审计单位提供的相关资料等方面进行详细约定，以保证审计工作的顺利进行。

4.如果求真会计师事务所决定承接业务，应当如何评估利用专家的工作？

分析：

在利用专家工作时，注册会计师应当获取充分、适当的审计证据，以确保专家的工作可以满足审计的需要。注册会计师应当实施以下程序，以获取专家工作能够满足审计需要的充分、适当的审计证据。

（1）在确定是否利用专家工作时，考虑专家工作涉及项目的性质、复杂程度和重大错报风险，是否可获取其他审计证据以支持审计结论，以及项目组成员是否具有相关的知识和经验。

（2）在计划利用专家工作时，对专家的专业胜任能力和客观性进行评价，并考虑专家的工作范围是否可以满足审计的需要。

（3）在将专家的工作结果作为审计证据时，评价专家工作的适当性。

（三）实训组织方法及步骤

将上课班级学生划分几组，每组3~5人，组成模拟审计小组，逐一讨论上述问题，形成结论。

（四）实训考核方法

按每组学生完成实训要求情况打分。

实训三　签订审计业务约定书

（一）实训所需条件

本实训所需资料如下：

1.被审计单位的营业执照

企业法人营业执照

（副本）

注册号　230102105658

名称　辽宁光华股份有限公司

住所　大连市黄海西四路199号

法人代表　王刚

注册资本　人民币陆佰伍拾万元整

企业类型　股份有限公司

经营范围　销售A、B商品

营业期限　自二〇一九年一月六日至

二〇二九年一月五日

成立日期　二〇一九年一月六日

说明

1.《企业法人营业执照》是企业取得企业法人资格和合法经营的凭证。

2.《企业法人营业执照》分正本和副本，正本和副本具有同等法律效力。营业执照正本应放在企业法人住所醒目的位置。企业法人应根据业务需要，向登记机关申请领取若干副本。

3.营业执照不得伪造、涂改、出租、出借、转让。除登记机关外，其他任何单位和个人均不能扣留、收缴和吊销。

4.企业法人应在核准登记的经营范围内从事经营活动。

5.企业法人登记事项发生变化时，应向原登记机关申请变更登记。

6.每年一月一日至四月三十日，登记机关对企业法人进行年度检验。

7.企业注销登记时，应交回营业执照正、副本。营业执照被登记机关吊销后即自行失效。

企业法人年检情况

证照编号　230000001021680009

企业标识　230000001026680058

执照有效期　2019年1月6日至2029年1月5日

登记机关

辽宁光华股份有限公司

230102105658

二〇一九年一月六日

2.验资报告

验资报告

辽宁光华股份有限公司全体股东：

我们接受委托，审验了贵公司截至2022年12月31日申请设立登记的注册资本实收情况。按照国家相关法律、法规的规定和协议、章程的要求出资，提供真实、合法、完整的验资资料，保护资产的安全完整是全体股东及贵公司的责任。我们的责任是对贵公司新增注册资本及实收资本（股本）的情况发表审验意见。我们的审验是依据《中国注册会计师审计准则第1602号——验资》进行的。在审验过程中，我们结合贵公司的实际情况，实施了检查等必要的审验程序。

根据公司章程的规定，贵公司申请登记的注册资本为人民币650万元，由全体股东于2022年12月31日之前缴足。经我们审验，截至2022年12月31日，贵公司已收到全体股东缴纳的注册资本合计人民币650万元，其中货币出资650万元。

本验资报告仅供贵公司申请设立登记及据以向全体股东签发出资证明时使用，不应将其视为是对贵公司验资报告日后资本保全、偿债能力和持续经营能力等的保证。因使用不当所造成的后果，与执行本验资业务的注册会计师及会计师事务所无关。

附件：

1.注册资本实收情况明细表；

2.验资事项说明；

3.出资单位净资产额验证证明；

4.银行进账单、银行询证函；

5.验资证明表。

大连正义会计师事务所有限公司
（公章）

中国注册会计师：方滨

中国注册会计师：冯其

报告日期：2022年12月31日

3.公司内部组织机构及人员分布

辽宁光华股份有限公司现有员工22人，内部组织机构及人员分布情况如图1-1所示。

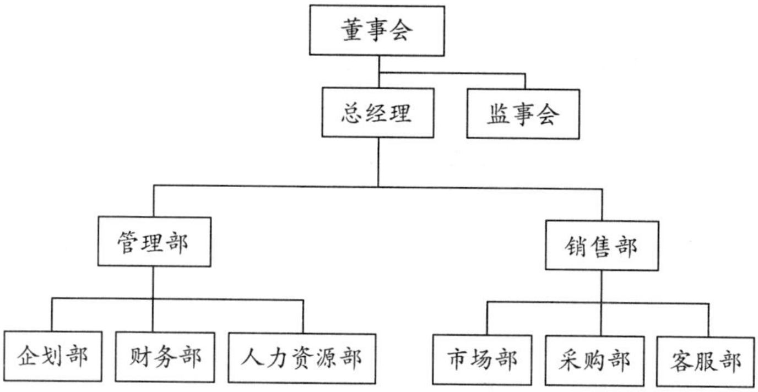

图1-1　内部组织机构及人员分布情况图

公司主要部门负责人：

董事长：王刚

监事：张勇

总经理：刘强

企划部部长：李晶

人力资源部部长：李伟

市场部部长：田华

采购部部长：王杰

客服部部长：王丽

财务部部长：刘丽

财务部主要人员：

会计主管：钱庄

会计：赵丽

会计：陈红

出纳：张平

复核：孙佳

4.辽宁光华股份有限公司章程

辽宁光华股份有限公司章程

第一章　总　则

第一条　依据《中华人民共和国公司法》（以下简称《公司法》）和《中华人民共和国公司登记管理条例》及有关法律、法规的规定，由三名股东共同出资设立的辽宁光华股份有限公司（以下简称公司），特制定本章程。

第二条 本章程中的各项条款与法律、法规、规章不符的，以法律、法规、规章的规定为准；公司章程中未载明事项按照《公司法》规定执行。本章程对公司股东、执行董事、监事、高级管理人员具有约束力。

第二章 公司名称和住所

第三条 公司名称：辽宁光华股份有限公司。

第四条 住所：大连市黄海西四路199号。

第三章 公司经营范围

第五条 公司经营范围：销售A、B商品

第四章 公司注册资本及股东的姓名（名称）、出资方式、出资额、出资时间

第六条 公司注册资本：650万元人民币，股本：650万元人民币。

公司增加和减少注册资本，必须经代表三分之二以上表决权的股东通过并作出决议。公司减少注册资本，应当自作出减少注册资本决议之日起十日内通知债权人，并在三十日内在报纸上公告。公司减资后的注册资本不得低于法定的最低限额。

公司增加和减少注册资本，应当依法向公司登记机关办理变更登记。

第七条 股东的姓名（名称）、认缴及实缴的出资额、出资时间、出资方式如下：

1.股东辽宁光华股份有限公司，出资额为400万元人民币，占总资本的61.5%。出资时间：2019年1月6日。

2.股东刘强，出资额为150万元人民币，占总资本的23.1%。出资时间：2019年1月8日。

3.股东李敏，出资额为100万元人民币，占总资本的15.4%。出资时间：2019年1月16日。

第八条 股东应当按期足额缴纳公司章程中规定的各自所认缴的出资额。股东以货币出资的，应当将货币出资足额存入公司在银行开设的账户；以非货币资产出资的，应当依法办理其财产权的转移手续。

股东不按照前款规定缴纳认缴的出资，应当向足额缴纳出资的股东承担违约责任。

第九条 本公司成立后，应当向股东签发出资证明书。出资证明书应当载明下列事项：

（一）公司名称；

（二）公司成立日期；

（三）公司注册资本；

（四）股东的姓名或者名称，缴纳的出资额和出资日期；

（五）出资证明书的编号和核发日期；

（六）出资证明书由公司盖章。

第五章 公司的机构及其产生办法、职权、议事规则

第十条 股东大会由全体股东组成，是公司的权力机构，行使下列职权：

（一）决定公司的经营方针和投资计划；

（二）选举和更换非由职工代表担任的董事、监事，决定有关董事、监事的报酬事项；

（三）审议批准董事会的报告；

（四）审议批准监事会的报告；

（五）审议批准公司的年度财务预算方案、决算方案；

（六）审议批准公司的利润分配方案和弥补亏损方案；

（七）对公司增加或者减少注册资本作出决议；

（八）对发行公司债券作出决议；

（九）对公司合并、分立、解散、清算或者变更公司形式作出决议；

（十）修改公司章程。

第十一条　股东大会的首次会议由出资最多的股东召集和主持。

第十二条　股东大会由股东按照出资比例行使表决权。

第十三条　股东大会分为定期会议和临时会议。

召开股东大会，应当于会议召开二十日前通知全体股东。

定期会议定时召开。代表十分之一以上表决权的股东、董事会、监事会提议召开临时会议的，应当召开临时会议。

第十四条　股东大会由董事长召集和主持；董事长不能履行职务或者不履行职务的，由半数以上董事共同推举一名董事主持；董事会不能履行或者不履行召集股东大会职责的，由监事会召集和主持；监事会不召集和主持的，持有十分之一以上股份的股东可以自行召集和主持。

第十五条　股东大会会议作出修改公司章程、增加或者减少注册资本的决议，以及公司合并、分立、解散或者变更公司形式的决议，必须经出席会议的股东所持表决权的三分之二以上通过。

第十六条　公司设董事会，其成员五人，非职工代表董事由股东大会选举产生。董事任期每届为三年，任期届满，可连选连任。

第十七条　董事会行使下列职权：

（一）负责召集股东大会，并向股东大会报告工作；

（二）执行股东大会的决议；

（三）审定公司的经营计划和投资方案；

（四）制订公司的年度财务预算方案、决算方案；

（五）制订公司的利润分配方案和弥补亏损方案；

（六）制订公司增加或者减少注册资本以及发行公司债券的方案；

（七）制订公司合并、分立、变更公司形式、解散的方案；

（八）决定公司内部管理机构的设置；

（九）决定聘任或者解聘公司经理及其报酬事项，并根据经理的提名决定聘任或者解聘公司副经理、财务负责人及其报酬事项；

（十）制定公司的基本管理制度。

第十八条　公司设总经理，由董事会决定聘任或者解聘。总经理对董事会负责，行使下列职权：

（一）主持公司的生产经营管理工作，组织实施股东大会决议；

（二）组织实施公司年度经营计划和投资方案；

（三）拟订公司内部管理机构设置方案；

（四）拟订公司的基本管理制度；

（五）制定公司的具体规章；

（六）提请聘任或者解聘公司副经理、财务负责人。

第十九条　公司设监事会，其成员三人，其中包括一名职工代表，非职工代表监事由股东大会选举产生。监事的任期每届为三年，任期届满，可连选连任。

第二十条　监事会行使下列职权：

（一）检查公司财务；

（二）对董事、高级管理人员执行公司职务的行为进行监督，对违反法律、行政法规、公司章程或者股东大会决议的董事、高级管理人员提出罢免的建议；

（三）当董事、高级管理人员的行为损害公司的利益时，要求董事、高级管理人员予以纠正；

（四）提议召开临时股东大会会议，在董事会不履行本章程规定的召集和主持股东大会职责时，召集和主持股东大会；

（五）向股东大会提出提案；

（六）依照《公司法》第一百五十二条的规定，对董事、高级管理人员提起诉讼；监事可以列席股东大会。

第二十一条　监事行使职权所必需的费用，由公司承担。

第六章　公司财务、会计

第二十二条　公司应当依照法律、行政法规和国务院财政主管部门的规定建立本公司的财务、会计制度。

公司应当在每一会计年度终了时编制财务会计报告，并依法经会计师事务所审计。财务会计报告应当包括下列财务会计报告及附属明细表：

（一）资产负债表；

（二）利润表；

（三）股东权益变动表；

（四）财务情况说明书；

（五）利润分配表；

（六）现金流量表。

公司应当在每一会计年度终了后三十日内将财务会计报告送交各股东。

公司分别按照职工工资总额的2%和8%提取工会经费和职工教育经费。

公司分配当年税后利润时，应当提取利润的10%列入公司法定盈余公积。公司法定盈余公积累计额达到公司注册资本的50%以上的，可不再提取。公司的法定盈余公积足以弥补上一年度公司亏损的，在依照前款规定提取法定盈余公积后，经股东大会决议，可以提取任意盈余公积。公司弥补亏损和提取法定盈余公积、任意盈余公积后剩余利润，按照股东的出资比例分配。

股东大会或者董事会违反前款规定，在公司弥补亏损和提取法定盈余公积、任意盈余公积之前向股东分配利润的，必须将违反规定的利润退还公司。

公司的盈余公积用于弥补公司的亏损，扩大公司生产经营或者转为增加公司资本。法定盈余公积转为资本时，所留存的该项盈余公积不得少于转增前公司注册资本的25%。

公司除法定的会计账册外，不得另立会计账册。对公司资产，不得以任何个人名义开立账户存储。

第七章 公司的法定代表人

第二十三条 董事长为公司的法定代表人，任期三年，由股东大会选举产生，任期届满，可连选连任。

第八章 股东大会会议认为需要规定的其他事项

第二十四条 股东持有的股份可以依法转让。

第二十五条 公司的营业期限十年，自公司营业执照签发之日起计算。

第九章 附 则

第二十六条 公司登记事项以公司登记机关核定的为准。

第二十七条 本章程一式两份，并报公司登记机关一份。

全体股东亲笔签字、盖公章：王刚 刘强 李敏

5.辽宁光华股份有限公司财务管理制度

辽宁光华股份有限公司财务管理制度

第一章 总 则

一、为了保障公司资产的安全、完整，保护投资者的合法权益，规范公司企业财务行为，发挥财务在公司经营管理和提高经济效益中的作用，根据《中华人民共和国会计法》（以下简称《会计法》）、企业会计准则、《企业基础工作规范》、《公司章程》，结合本公司的实际情况，制定本制度。

二、企业财务管理的基本任务和方法是，做好各项财务收支的计划、控制、监督、分析和考核工作，依法合理筹集资金，有效利用企业各项资产，努力提高经济效益。

三、企业应当认真执行国家各项法律、法规，建立健全内部财务管理制度，加强对财产物资的管理和资金运用全过程的监控，严格内部控制制度，防止错弊。

四、企业应当加强财务管理基础工作。生产经营活动中的产量、质量、工时、设备利用，存货的消耗、收发、领退、转移以及各项财产物资的毁损等，都应当及时做好完整的原始记录。企业各项财产物资的进出消耗，都应当做到手续齐全、计量准确，定期或者不定期地进行资产清查。

第二章 财务管理的结构体系和职责权限

五、本公司财会人员必须持证上岗，遵守国家有关法规、公司内部各项规章制度，认真履行职责，如实反映和严格监督各项经济业务。出纳等重要岗位必须由具有大连市常住户口的人员担任。企业财务人员有权拒绝承办不合法、不真实和损害投资者利益的经济业务，必要时可直接向上级财务主管部门反映。

六、公司财务应接受财政、税务、审计机关的监督；定期、及时、准确地上报财务报表和财务分析资料。

第三章 资金管理

七、本制度所称资金管理包括：

1.资金预算和控制；

2.筹资与投资管理；

3.资金调拨及结算资金（应收款项）管理；

4.现金及现金等价物管理；

5.外汇管理。

八、资金管理应遵循的原则包括：

1.取之合法，使用合规；

2.开源节流，讲求效益；

3.内部牵制，防范风险；

4.管理有序，责任到人。

九、资金筹集。

1.公司倡导多方式、多渠道筹集资金，包括：吸收现金、非现金投资，长期、短期借款，发行股票、债券等；

2.资本金的增减变动，应按法律程序经批准和会计师事务所验资确认，不得弄虚作假；

3.借款应根据经可行性论证的项目和经营需要，有可靠的投资回报和还款来源并讲求资金成本。

十、现金及现金等价物管理。

1.现金内部控制

（1）货币资金实行账款分管，印鉴分管；

（2）出纳不得兼任稽核、会计档案保管和收入、支出、费用、债权债务账目的登记工作；

（3）出纳与本企业主要领导人或财务负责人有亲属关系的应实行回避原则。

2.财经纪律

（1）现金的提取、保管、使用应遵守《现金管理条例》，不得坐支现金；

（2）银行账号的设立、使用应遵守《银行结算办法》《银行账户管理办法》，严禁设立账外账或公款私存，一经发现，严肃追查并追究责任；

（3）出纳必须凭经审核、编号、手续齐全的记账凭证办理收付款业务，不得先斩后奏或以借条、白条原始凭证充抵库存；

（4）外汇的收入和使用应符合国家外汇管理的各项法规、政策。

3.现金等价物

短期投资的购入或证券账号的开设必须遵守证券管理有关法律、法规，并按企业内部职责、权限、程序批准后办理，严禁私自炒作。

十一、结算资金管理。

1.应收款项管理应遵循以下原则：

（1）入账有据，处理合规；

（2）跟踪管理，掌握动态；

（3）清理及时，回款迅速；

（4）节约资金，力戒损失；

（5）职责明确，失误必究。

2.债权的成立应符合以下条件：

（1）各类业务发生应收账款应符合确认销售成立的有关条款；

（2）应收股利、应收利息应符合有关投资项目的规定和文件；

（3）暂借和垫付款项应按内部规定经批准，附件和手续齐全。

3.跟踪管理和清理回款。

实行“源头负责制”，谁经办的业务发生的款项，谁负责到底，并纳入业绩考核。

4.债务重组事项应按程序，经批准，并预测分析可能发生的重组损益。

第四章　投资管理

十二、本公司对全资、控股、联营企业以现金、实物和无形资产进行投资；兼并、收购、租赁其他企业的股权；购入一年内不予出售的股票以及其他有价证券（包括公债、国库券、企业债券等）均构成公司的长期投资。

十三、对外投资的计价方法，应以投资时支付的价款或者评估确定的金额计价，即按成本法计价。企业对外投资应取得中国注册会计师出具的验资报告，分清占股比例、投资总额等并妥善保管。对企业溢价或折价购入的长期债券，其溢价或折价差额，应采用直线法在债券存续期内分期摊销。对短期投资以及长期债券的转让，应严格审批手续，正确计算损益。中期或年度终了，应对长期投资逐项检查，如果由于市价持续下跌，或被投资单位经营状况恶化等原因，导致其可收回金额低于账面价值，并且此项降低的差额在可预计的未来期间内不可能恢复的，应按此差额计提长期投资减值准备。

十四、企业根据对被投资单位所产生的影响，后续计量分别采用成本法、权益法进行核算。企业能够控制被投资方时后续计量采用成本法核算，并对外编制合并财务报表；企业能够与其他方共同控制或者对被投资企业产生重大影响时后续计量采用权益法核算。

十五、本公司对外投资实行风险抵押制。项目负责人应按照投资额或承包方式，依一定比例向本公司缴纳风险抵押金。项目投资按期收回或完成利润上缴计划的，逐步退还企业缴纳的风险抵押金并按同期银行存款利率支付利息，到期未收回投资或未完成利润上缴计划的，由本公司财务部按比例扣减风险抵押金。

十六、本公司对投资项目实行专人跟踪管理，财务部门应做好项目投资成本与收益的核算。凡是本公司投资的项目，都要建立项目投资档案，按照投资对象反映和记录自该项目资金投入之日起的投资成本（包括应计利息和有关费用）和投资回报（实现上缴利润）对每个项目的投资回报率进行定期与不定期考核。

第五章　财产物资管理

十七、企业应建立健全财产物资管理制度，对非货币性资产的购置、建造、增加、出售、耗用、减少、盘存、计价、管理作出规定，规范操作。

十八、财产物资管理应遵循的原则：

1.全员管理：物资管理是企业各部门、有关人员共同的任务；

2.全过程监控：从采购、出售到收、发、存动态监控；

3.综合管理与分级归口管理相结合；

4.遵守内部控制制度，涉及采购、验收、保管、使用环节的业务，实行物、款、账三分管原则，不由同一人单独完成；

5.实行资金管理、物资管理业务工作相结合，管物的部门和人员，必须对相应的采购成本、资金占用等负责。

十九、物资增加管理应遵循的原则：

1.企业应建立物资询价制度，掌握市场价格信息，货比三家，主要生产物资应有定点供应单位；

2.采购、盘盈及接受投资、捐赠或债务重组的物资应按规定计价；

3.物资应按归口管理坚持质量检验，核实数量，凭证验收；

4.固定资产的购置，应符合企业投资业务管理的要求；

5.禁止使用部门自行采购物资，必要时先经批准并办理入库手续。

二十、物资减少管理应遵循的原则：

1.不论什么原因发出和减少物资都必须按规定办理手续，严禁以购代耗或以便条、借条发货和充抵库存；

2.存货减少应按企业会计政策进行计价；

3.处置、转让固定资产应按内部管理权限经批准办理；

4.商品销售应加强合同管理，落实货款回笼的保障程序，对赊销业务应慎重，并需了解客户资信程度和信誉；

5.盘亏、报损物资应按规定权限经批准，并分别情况由保险公司、责任人赔偿后按净损处理；

6.经营耗用物资应按企业计划管理、费用指标管理规定，使用凭证办理手续，产品报废应有质检人员确认；

7.贵重物资出库应按规定的权限实行双签。

二十一、物资保管和盘存。

1.仓库保管人员对库房实物数量完整、质量完好、账务记录正确、手续完备、库房整洁安全及资金定额负责；

2.有关业务人员对经营的分销网点、代销点、展品、陈列品安全完好负责；

3.各类存货根据不同情况分别采用永续盘存制或实地盘存制，每月自行盘点，年度中期组织抽查，年末全面清查，并在部门自查的基础上进行复查，符合率低于规定指标的应扩大抽查面；

4.各部门涉及物资保管、使用和业务的人员离岗时，应先办妥交接手续，按规定退还使用或借用的物资。

二十二、其他事项。

1.年度中期和年末存货对符合规定条件的物资应计提存货跌价准备；

2.按企业确定的会计政策正确计提固定资产折旧。

第六章　计划和预算

二十三、为确保企业年度经营发展目标的实现，做到心中有数，应编制年度分季度财务计划，通过组织实施、过程控制、分析、考核，确保预定经济效益目标利润的实现。

二十四、编制的依据。

1.根据本公司年度“战略决策指导委员会”的专家决策会议制定的发展方向，投资规划、经营目标、效益指标，在财务计划中体现和落实；

2.根据市场调查、反馈信息，对计划及时进行检查修订、调整；

3.根据上一年度计划执行情况的分析判断，发现管理中存在的问题，在本年计划中防止和纠正。

二十五、编制的原则。

1.真实、积极、可靠、适当留有余地，保障公司资产及资本增值；

2.计划的严肃性与灵活性相结合，在保障年度总目标实现的前提下，在进度安排、项目构成等方面允许有变动、调整；

3.强调计划的科学性，计划数据应建立在充分的、可靠的市场信息，运用适当的数学模型及科学的预测、判断的基础上。

二十六、财务计划的主要内容。

1.销售收入、利润计划；

2.物资供应保障计划；

3.资金筹集方式、规模及投资收益计划；

4.产品、工程、资金成本计划及费用预算；

5.投资方式及支出计划；

6.现金流量计划；

7.利润分配及税收缴纳计划；

8.其他收入、支出计划。

二十七、综合平衡的主要指标。

1.利润总额、净利润；

2.净资产增长率；

3.资产负债率；

4.速动比率；

5.净资产利润率。

二十八、企业应建立、健全分析考核制度、分析考核标准，业绩与工资福利挂钩的奖惩条例。

二十九、考核的主要内容和指标。

1.对企业和负责人主要考核净利润、现金流量净增加额、速动比率和净资产利润率、净资产增长率；

2.对部门考核其所分管的指标，如资金定额、存货周转率、费用计划、采购成本、货款回收（应收账款周转率）、筹资成本、投资报酬率等；

3.对个人考核其所分管的业务工作质量和指标完成情况；

4.对于难以量化的工作，应建立总结、汇报、讲评制度、述职报告和业绩登记簿。

第七章　内部稽核

三十、为加强财务管理，确保财产安全、资本增值和经营业绩真实，信息数据正确，根据有关法规拟定本制度。

三十一、企业应建立内部稽核制度，设置稽核部门、人员或岗位，明确职责、权限、业务范围、职业纪律、工作程序和对相关部门的要求，确保顺利开展工作。

三十二、内部稽核的职责。

1.以各项财经法律、法规为准绳，对企业筹资、投资、经营活动中的经济事项的合法性进行核查；

2.对企业制定的各项制度、内部政策、办法的合规性进行核查；

3.对企业计划、预算、会计记录、会计凭证的真实性进行核查；

4.对企业财产物资的采购、管理、使用、安全、效益进行核查；

5.对企业内部控制制度的完善性和执行情况进行核查；

6.对分析、考核、业绩评价的公正性进行核查；

7.对外勤单位业务人员的督导、抽查、考核；

8.对特殊案件的调查、审议、核实。

三十三、财务部应相应设置财务稽核人员或岗位，按《内部稽核制度》和《会计基础工作规范》的要求进行财务稽核。

1.对会计各岗位处理的原始凭证、记账凭证、账簿启用、结转、财务报告进行核查；

2.对计划、预算及执行情况进行核查；

3.对银行及证券保证金账户开设的管理、账款清理、税收缴纳进行核查；

4.对财产物资出入库凭证及账实相符等情况进行稽核；

5.对重要票证的管理情况进行核查；

6.其他必要的内容。

第八章　附　则

三十四、附则。

企业应根据本制度的规定结合具体情况拟定具体的实施细则，报本公司备案。

本制度由公司财务部负责解释和修订。

本制度自下发之日起生效。

6.其他资料

客户的风险级别评定为中等；

审计收费40 000元，预计成本30 000元；

约定书签署之日起10日内支付50%的审计费用；

决定接受委托，并要求企业在2023年1月10日之前提供审计所需的全部资料；

对2022年的财务报告进行审计并出具审计报告；

2023年3月10日前出具审计报告。

（二）实训要求

1.请结合上述资料将下列审计工作底稿（见表1-1、表1-2）以及审计业务约定书填写完整。

2.总结审计业务约定书组成要素。

（三）实训组织方法及步骤

将上课班级同学划分几组，每组3~5人，组成模拟审计小组。

表1-1 **初步业务活动程序表**

<table>
<tr><td colspan="2">被审计单位：
项目：
编制：
日期：</td><td colspan="2">索引号：B1
财务报表截止日/期间：
复核：
日期：</td></tr>
<tr><td colspan="4">初步业务活动目标：
确定是否接受业务委托；如接受业务委托，确保在计划审计工作时达到下列要求：
（1）注册会计师已具备执行业务所需要的独立性和专业胜任能力；
（2）不存在因管理层诚信问题而影响注册会计师承接或保持该项业务意愿的情况；
（3）与被审计单位不存在对业务约定条款的误解</td></tr>
<tr><td colspan="2">初步业务活动程序</td><td>索引号</td><td>执行人</td></tr>
<tr><td colspan="2">1.如果是首次接受审计委托，应实施下列程序
（1）与被审计单位相关人员面谈，讨论下列事项：
①审计的目标；
②审计报告的用途；
③管理层对财务报表的责任；
④审计范围；
⑤执行审计工作的安排，包括出具审计报告的时间要求；
⑥审计报告格式和对审计结果的其他沟通形式；
⑦管理层提供必要的工作条件和协助；
⑧注册会计师不受限制地接触任何与审计有关的记录、文件和所需要的其他信息；
⑨利用被审计单位专家或内部审计人员工作的程度（必要时）；
⑩审计收费。
（2）初步了解被审计单位及其环境，并予以记录。
（3）征得被审计单位书面同意后，与前任注册会计师沟通</td><td></td><td></td></tr>
<tr><td colspan="2">2.如果是连续审计，应实施下列程序
（1）了解审计的目标、审计报告的用途、审计范围和时间安排等。
（2）查阅以前年度审计工作底稿，重点关注非标准审计报告涉及的说明事项、管理层建议书的具体内容、重大事项概要等。
（3）初步了解被审计单位及其环境发生的重大变化，并予以记录。
（4）考虑是否需要修改业务约定条款，以及是否需要提醒被审计单位注意现有的业务约定条款</td><td></td><td></td></tr>
<tr><td colspan="2">3.完成业务承接评价表/业务保持评价表</td><td></td><td></td></tr>
<tr><td colspan="2">4.完成业务承接评价表/业务保持评价表</td><td>B11</td><td>王一</td></tr>
<tr><td colspan="2">5.签订审计业务约定书（适用于首次接受业务委托，以及连续审计中修改长期审计业务约定书条款的情况）</td><td>B12</td><td>王一</td></tr>
</table>

表1-2　　**业务保持评价表**

被审计单位：________ 项目：________ 编制：________ 日期：________	索引号：________ 财务报表截止日/期间：________ 复核：________ 日期：________

1.法定名称：________

2.客户地址：________

电　　话：________　传真：________

电子邮箱：________　网址：________

联 系 人 ：________

3.客户性质（国有/外商投资/民营/其他）：

____

4.客户所属行业、业务性质与主要业务：

____

____

5.最初接触途径（详细说明）：

（1）本所职工引荐________

（2）外部人员引荐________

（3）其他（详细说明）________

6.客户要求我们提供审计服务的目的以及出具审计报告的日期：

____

____

7.治理层及管理层关键人员（姓名与职位）：

姓　　名	职　　位

8.主要财务人员（姓名与职位）：

姓　　名	职　　位

续表

9.根据对客户及其环境的了解，记录下列事项：
客户的诚信
信息来源：向本会计师事务所上年度审计项目经理询问得知，治理层、管理层行为正直，会计人员较诚实
考虑因素：客户主营业务相对复杂性较低；主要管理人员对财务工作较为重视；对审计收费可以接受；未发现可能涉及违法犯罪迹象；高层管理人员较为稳定
经营风险
信息来源：向高层管理人员询问，从相关数据库中搜索客户的背景信息
考虑因素：管理层经营风格较为稳健，经营商品市场供求稳定，近年相关国家政策未发生重大变化
财务状况
信息来源：近两年财务报表
考虑因素：销售利润率相对较高，现金流可以满足日常经营需要，贷款无延期清偿现象，资本金充足，未使用衍生金融工具，临近年末未发生异常重大交易，未发现对持续经营能力产生怀疑的事项
客户的风险级别（高/中/低）：____________________ 10.根据本所目前的情况，考虑下列事项：
项目组的时间和资源
考虑因素：①根据本所目前的人力资源情况，拥有足够的具有必要素质和专业胜任能力的人员组建项目组。 ②能够在提交报告的最后期限内完成业务
项目组的专业胜任能力
考虑因素：项目组关键人员熟悉相关行业或业务对象，具有执行类似业务的经验，具备有效获取必要技能和知识的能力
独立性
自身利益
考虑因素：本所或项目组成员不存在自身利益对独立性的损害
自我评价
考虑因素：本所或项目组成员不存在自我评价对独立性的损害
密切关系
考虑因素：本所或项目组成员不存在密切关系对独立性的损害
外界压力
考虑因素：本所或项目组成员不存在外界压力对独立性的损害
预计收取的费用及可收回比率

续表

<table>
<tr><td colspan="2">预计审计收费：
预计成本：</td></tr>
<tr><td>项目负责合伙人：赵广
基于上述方面，我们____（接受或不接受）此项业务。
签名：______________
日期：______________</td><td>风险管理负责人（必要时）：
基于上述方面，我们____（接受或不接受）此项业务。
签名：____________
日期：____________</td></tr>
<tr><td colspan="2">最终结论：
签名：______________　日期：______________</td></tr>
</table>

审计业务约定书

索引号：B12

甲方：____________

乙方：____________

兹由甲方委托乙方对__________财务报表进行审计，经双方协商，达成以下约定：

一、业务范围与审计目标

1.乙方接受甲方委托，对甲方按照企业会计准则编制的____年12月31日的资产负债表、股东权益变动表，__________的利润表和现金流量表以及财务报表附注（以下统称财务报表）进行审计。

2.乙方通过执行审计工作，对财务报表的下列方面发表审计意见：(1）财务报表是否按照企业会计准则的规定编制；(2）财务报表是否在所有重大方面公允反映甲方的财务状况、经营成果和现金流量。

二、甲方的责任与义务

（一）甲方的责任

1.根据《会计法》及《企业财务会计报告条例》，甲方及甲方负责人有责任保证会计资料的真实性和完整性。因此，甲方管理层有责任妥善保存和提供会计记录（包括但不限于会计凭证、会计账簿及其他会计资料），这些记录必须真实、完整地反映甲方的财务状况、经营成果和现金流量。

2.按照企业会计准则的规定编制财务报表是甲方管理层的责任，这种责任包括：(1）设计、实施和维护与财务报表编制相关的内部控制，以使财务报表不存在由于舞弊或错误而导致的重大错报；(2）选择和运用恰当的会计政策；(3）作出合理的会计估计。

（二）甲方的义务

1.及时为乙方提供其所要求的全部会计资料和其他有关资料（在____年______月____日之前提供审计所需的全部资料），并保证所提供资料的真实性和完整性。

2.确保乙方不受限制地接触任何与审计有关的记录、文件和所需的其他信息。

3.甲方管理层对其作出的与审计有关的声明予以书面确认。

4.为乙方派出的有关工作人员提供必要的工作条件和协助，主要事项将由乙方于外勤工作开始前提供清单。

5.按本约定书的约定及时足额支付审计费用以及乙方人员在审计期间的交通、食宿和其他相关费用。

三、乙方的责任与义务

（一）乙方的责任

1.乙方的责任是在实施审计工作的基础上对甲方财务报表发表审计意见。乙方按照《中国注册会计师审计准则》（以下简称审计准则）的规定进行审计。审计准则要求注册会计师遵守职业道德规范，计划和实施审计工作，以对财务报表是否不存在重大错报获取合理保证。

2.审计工作涉及实施审计程序，以获取有关财务报表金额和披露的审计证据。选择的审计程序取决于乙方的判断，包括对由于舞弊或错误导致的财务报表重大错报风险的评估。在进行风险评估时，乙方考虑与财务报表编制相关的内部控制，以设计恰当的审计程序，但目的并非对内部控制的有效性发表意见。审计工作还包括评价管理层选用会计政策的恰当性和作出会计估计的合理性，以及评价财务报表的总体列报。

3.乙方需要合理计划和实施审计工作，以使乙方能够获取充分、适当的审计证据，为甲方财务报表是否不存在重大错报获取合理保证。

4.乙方有责任在审计报告中指明所发现的甲方在某些重大方面没有遵循《企业会计准则》编制财务报表且未按乙方的建议进行调整的事项。

5.由于测试的性质和审计的其他固有限制，以及内部控制的固有局限性，不可避免地存在着某些重大错报在审计后可能仍然未被乙方发现的风险。

6.在审计过程中，乙方若发现甲方内部控制存在乙方认为的重要缺陷，应向甲方提交管理层建议书。但乙方在管理层建议书中提出的各项事项，并不代表已全面说明所有可能存在的缺陷或已提出所有可行的改善建议。甲方在实施乙方提出的改善建议前应全面评估其影响。

未经乙方书面许可，甲方不得向任何第三方提供乙方出具的管理层建议书。

7.乙方的审计不能减轻甲方及甲方管理层的责任。

（二）乙方的义务

1.按照约定时间完成审计工作，出具审计报告。乙方应于____年____月____日前出具审计报告。

2.除下列情况外，乙方应当对执行业务过程中知悉的甲方信息予以保密：（1）取得甲方的授权；（2）根据法律法规的规定，为法律诉讼准备文件或提供证据，以及向监管机构报告发现的违反法规行为；（3）接受行业协会和监管机构依法进行的质量检查；（4）监管机构对乙方进行行政处罚（包括监管机构处罚前的调查、听证）以及乙方对此提起行政复议。

四、审计收费

1.本次审计服务的收费是以乙方各级别工作人员在本次工作中所耗费的时间为基础计算的。乙方预计本次审计服务的费用总额为人民币　　万元。

2.甲方应于本约定书签署之日起　　日内支付　　%的审计费用，其余款项于审计报告草稿完成日结清。

3.如果由于无法预见的原因，致使乙方从事本约定书所涉及的审计服务实际时间较本约定书签订时预计的时间有明显的增加或减少时，甲、乙双方应通过协商，相应调整本约定书第四条第1项下所述的审计费用。

4.如果由于无法预见的原因，致使乙方人员抵达甲方的工作现场后，本约定书所涉及的审计服务不再进行，甲方不得要求退还预付的审计费用；如上述情况发生于乙方人员完成现场审计工作，并离开甲方的工作现场之后，甲方应另行向乙方支付人民币5 000元的补偿费，该补偿费应于甲方收到乙方的收款通知之日起10日内支付。

5.与本次审计有关的其他费用（包括交通费、食宿费等）由甲方承担。

五、审计报告和审计报告的使用

1.乙方按照《中国注册会计师审计准则第1501号——对财务报表形成审计意见和出具审计报告》和《中国注册会计师审计准则第1502号——在审计报告中发表非无保留意见》规定的格式和类型出具审计报告。

2.乙方向甲方致送审计报告一式　　份。

3.甲方在提交或对外公布审计报告时，不得修改乙方出具的审计报告及其后附的已审计财务报表。当甲方认为有必要修改会计数据、报表附注和所做的说明时，应当事先通知乙方，乙方将考虑有关的修改对审计报告的影响，必要时将重新出具审计报告。

六、本约定书的有效期间

本约定书自签署之日起生效，并在双方履行完毕本约定书约定的所有义务后终止。但其中第三（二）2、四、五、八、九、十项并不因本约定书终止而失效。

七、约定事项的变更

如果出现不可预见的情况，影响审计工作如期完成，或需要提前出具审计报告，甲、乙双方均可要求变更约定事项，但应及时通知对方，并由双方协商解决。

八、终止条款

1.如果根据乙方的职业道德及其他有关专业职责、适用的法律法规或其他任何法定的要求，乙方认为已不适宜继续为甲方提供本约定书约定的审计服务时，乙方可以采取向甲方提出合理通知的方式终止履行本约定。

2.在终止业务约定的情况下，乙方有权就其于本约定书终止之日前对约定的审计服务项目所做的工作收取合理的审计费用。

九、违约责任

甲、乙双方按照《中华人民共和国民法典》的规定承担违约责任。

十、适用法律和争议解决

本约定书的所有方面均应适用中华人民共和国法律进行解释并受其约束。本约定书履行地为乙方出具审计报告所在地，因本约定书所引起的或与本约定书有关的任何纠纷或争议（包括关于本约定书条款的存在、效力或终止，或无效之后果），双方选择以下第　种解决方式：

1.向有管辖权的人民法院提起诉讼；

2.提交　　　　　　　　仲裁委员会仲裁。

十一、双方对其他事项的约定

本约定书一式两份，甲、乙双方各执一份，具有同等法律效力。

甲方：辽宁光华股份有限公司　（盖章）

授权代表：（签名并盖章）王刚　　　　　　　　　　二〇二三年一月八日

乙方：大连正义会计师事务所有限公司　（盖章）

授权代表：（签名并盖章）赵广　　　　　　　　　　二〇二三年一月八日

（四）实训考核方法

按每组学生完成实训要求情况打分。

四、案例专栏

案例一　项目经理：风险控制的灵魂

李浩是公正会计师事务所的审计人员，但还没有取得注册会计师资格。由于华兴公司是李浩联系到的业务，公正会计师事务所就委派李浩负责华兴公司2022年度财务报表审计业务，李浩带领四名审计人员进驻华兴公司，分配审计任务如下：张杰负责审计销售和收款循环，李东负责审计生产循环，赵杰负责审计购货与付款循环，王华负责审计投资和融资循环，李浩自己负责审计货币资金和财务报表附注。李浩等审计人员经过五天的外勤工作，形成了厚厚的审计工作底稿，李浩汇总所有的审计工作底稿，形成审计差异汇总表、与客户沟通情况表和试算平衡表等，就结束了外勤工作，准备出具审计报告。

案例提示：

项目经理对项目的风险控制贯穿于审计计划、审计实施和审计报告全过程，是财务报表审计风险控制的关键。在审计计划阶段，项目经理负责对审计项目进行前期的审计调查和了解，并在了解和控制测试的基础上制订审计计划。在审计实施阶段，项目经理不仅要通过与被审计单位相关人员和资料的实质接触，主要运用了解、询问、分析性程序确定被审计单位的实际风险领域，而且要通过复核审计小组其他审计人员形成的工作底稿，及时督导其他审计人员的工作，控制审计项目风险。在审计报告阶段，项目经理不仅要汇总经过自己详细复核的所有工作底稿，还应关注被审计单位期后事项、或有事项以及一些重要的非报表信息对财务报表的影响，在此基础上决定审计报告的意见类型。

案例分析：

请结合该案例，回答下列问题：

1.你认为审计项目经理是不是可以任意指定？

2.项目经理执行审计外勤工作时，能够将自己混同一般审计人员吗？

3.你认为审计项目经理应集中时间和精力做好哪些工作？

二维码展示内容1-1

案例二　挪用贷款的舞弊事件

A公司是从一个小饭店发展成为拥有12家连锁酒楼的集餐饮、旅游和度假于一体的集团公司。几年的大发展使得董事长张英拥有上亿元的资产，并受到政府的重视。2021年张英当选人大代表。当选人大代表后，张英准备引导集团公司以更快的速度发展，所以急需资金。为此，A公司引进了一些专门人才，如当地工商银行行长的儿子李明，委任其为副总经理，专门负责融资事项。

21岁的李明刚从名牌大学毕业，就被委任为副总经理，踌躇满志。当公司急需一笔资金用于度假村的建设时，李明利用与银行负责信贷的处长的关系（该处长从小看着李明长大），成功地为A公司洽谈了一笔贷款，解决了公司发展急需的资金，为此获得公司重金奖励，董事长张英也更加器重李明，赋予他更大的职权，李明的融资活动直接报董事长核准即可。

李明的父亲对他要求特别严厉，尤其是在钱财问题上，李明获得重金奖励后没敢对父亲说，在其女朋友赵芳的协助下，成立了晋美公司，由赵芳亲自经营。几年下来，由于晋美公司规模较小，大业务无法开展，小业务不屑开展，经营一直不好，赵芳总嚷着要扩大规模发展才有利可图。2023年2月，A公司对外扩张时又遇到了资金瓶颈。董事长指示李明为公司申请6亿元的贷款，李明费了好大的劲终于申请到6亿元贷款资金。就在办理贷款事宜时，董事长张英根据公司情况指示李明A公司只贷3亿元即可。李明对此非常生气，认为一般人不可能一下子为公司申请到6亿元贷款资金，他花费了许多心思和精力，最后变为贷3亿元，太可惜了。在与女朋友赵芳见面时，赵芳看到李明不高兴，就问为什么。当李明告知事情的原委时，赵芳劝李明宽心，说："别生气了，他们不用那么多贷款，我们公司用，我们手边正有了大客户，由于资金原因不敢接呢。"一句话使得李明想起了什么，对呀，3亿元贷款可以给晋美公司使用，待晋美公司走出困境再还上不就可以了。于是李明以A公司的名义精心做了两份贷款协议，看准董事长张英准备参加人大会议的前一刻钟，拿出协议让张英签名，解释说因银行方面的要求，需要把3亿元的贷款分两次贷出，需要签两份协议。董事长看都没看，签上名开会去了，李明办妥了6亿元的贷款后，让银行直接把3亿元贷款打入晋美公司账上。

一年过去了，一切照旧。但A公司由于近年来投资到高级楼盘的资金多，而且建设期长，导致利润率下降，许多银行贷款无法按期支付利息，银行方面派专人到A公司了解贷款的偿还能力时，李明正好到广州出差，顺便度蜜月。董事长亲自接待了银行方面的人，贷款6亿元被挪用3亿元的事情被暴露出来。李明被起诉，受到了应有的惩罚。

二维码展示内容1-2

案例分析：

1.结合本案例，理解并分析"舞弊三角"。

2.A公司建立什么样的内部控制制度，可以防止李明犯罪？

3.结合本案例，讨论注册会计师应当如何识别和评估舞弊风险。

案例三（拓展阅读）　以注册会计师现代化服务中国式现代化

党的二十大报告中指出："中国式现代化的本质要求是：坚持中国共产党领导，坚持中国特色社会主义，实现高质量发展，发展全过程人民民主，丰富人民精神世界，实现全体人民共同富裕，促进人与自然和谐共生，推动构建人类命运共同体，创造人类文明新形态。"中国式现代化孕育形成的中国式现代化理论，实现了对西方以资本为中心的现代化理论的超越。

中国式现代化给注册会计师行业带来了光明前景。到 2035 年，注册会计师行业发展水平要与我国综合国力和国际地位相匹配，注册会计师行业要成为全面领先、具有国际竞争力的高端现代服务业。行业诚信水平、执业能力和执业质量明显提高，促进提高国家经济信息质量、维护市场经济秩序作用、服务中国式现代化能力更加凸显。行业发展能级和竞争力迈上新台阶。行业人才队伍规模、素质和结构显著优化，会计师事务所整体竞争力强，拥有一批信誉度高、影响力强的会计师事务所品牌，行业标准和制度体系更加科学完备。行业基本实现数字化转型。行业执业环境明显改善，公平有序市场竞争机制基本形成。行业治理水平显著提升。注册会计师真正成为令人尊敬的职业，行业公信力、价值与地位、国际话语权以及影响力显著提升。

张连起指出：（1）在现代化的领导力量上强调中国特色社会主义最本质的特征是中国共产党领导；（2）在现代化的前进方向上强调坚持中国特色社会主义；（3）在现代化的战略部署上强调统筹推进“五位一体”总体布局和协调推进“四个全面”战略布局；（4）在现代化的指导原则上强调坚持创新、协调、绿色、开放、共享的新发展理念；（5）在现代化的首要任务上强调高质量发展是全面建设社会主义现代化国家的首要任务；（6）在现代化的实现路径上强调加快构建以国内大循环为主体、国内国际双循环相互促进的新发展格局；（7）在现代化的安全保障上强调推进国家安全体系和能力现代化，坚决维护国家安全和社会稳定；（8）在现代化的世界方位上强调推动构建人类命运共同体，创造人类文明新形态。

参考资料：张连起．以注册会计师现代化服务中国式现代化——党的二十大精神学习体会［J］．注册会计师，2023（1）．

案例分析：

根据以上案例，谈谈注册会计师现代化如何更好地服务中国式现代化？

二维码展示
内容 1-3

模块二　审计计划工作

一、实训目的

了解初步业务活动的内容，了解审计计划的含义；理解总体审计策略和具体审计计划的作用；掌握总体审计策略和具体审计计划编制的方法以及编制前的准备工作；掌握重要性水平的确定方法。

通过本模块实训，引导学生在编制总体审计策略和具体审计计划时，保持职业谨慎，坚持客观公正、勤勉尽责，客观评价被审计单位的管理层与治理层；引导学生进一步认识科技强国、科技强审的意义。

二、理论知识点

计划审计工作包括针对审计业务制定总体审计策略和具体审计计划，以将审计风险降至可接受的低水平。审计计划分为总体审计策略和具体审计计划两个层次。

（一）总体审计策略

注册会计师应当为审计工作制定总体审计策略。总体审计策略用以确定审计范围、时间和方向，并指导具体审计计划的制订。在制定总体审计策略时，应当考虑以下事项：

1.审计范围

在确定审计范围时，需要考虑下列具体事项：

（1）编制财务报表适用的会计准则和相关会计制度；

（2）特定行业的报告要求，如某些行业的监管部门要求提交的报告；

（3）预期的审计工作涵盖范围，包括需审计的集团内组成部分的数量及所在地点；

（4）母公司和集团内其他组成部分之间存在的控制关系的性质，以确定如何编制合并财务报表；

（5）其他注册会计师参与审计集团内组成部分的范围；

（6）需审计的业务分部性质，包括是否需要具备专门知识；

（7）外币业务的核算方法及外币财务报表折算和合并方法；

（8）除对合并财务报表审计之外，是否需要对其组成部分的财务报表单独进行法定审计；

（9）内部审计工作的可利用性及对内部审计工作的拟依赖程度；

（10）被审计单位使用服务机构的情况，及注册会计师如何取得有关服务机构内部控制设计、执行和运行有效性的证据；

（11）预期利用在以前期间审计工作中获取的审计证据的程度，如获取的与风险评估程序和控制测试相关的审计证据；

（12）信息技术对审计程序的影响，包括数据的可获得性和预期使用计算机辅助审计技术的情况；

（13）根据中期财务信息审阅及在审阅中所获信息对审计的影响，相应调整审计涵盖范围和时间安排；

（14）与为被审计单位提供其他服务的会计师事务所人员讨论可能影响审计的事项；

（15）被审计单位的人员和相关数据的可利用性。

2.报告目标、时间安排及所需沟通

为计划报告目标、时间安排及所需沟通，需要考虑下列事项：

（1）被审计单位的财务报告时间表；

（2）与管理层和治理层就审计工作的性质、范围和时间所举行的会议的组织工作；

（3）与管理层和治理层讨论预期签发报告和其他沟通文件的类型及提交时间，报告和其他沟通文件，既包括书面的，也包括口头的，如审计报告、管理层建议书和与治理层沟通函等；

（4）就组成部分的报告及其他沟通文件的类型及提交时间与组成部分的注册会计师沟通；

（5）项目组成员之间预期沟通的性质和时间安排，包括项目组会议的性质和时间安排及复核工作的时间安排；

（6）是否需要与第三方沟通，包括与审计相关的法律法规规定和业务约定书约定的报告责任；

（7）与管理层讨论在整个审计过程中通报审计工作进展及审计结果的预期方式。

3.审计方向

总体审计策略的制定应当考虑影响审计业务的重要因素，以确定项目组工作方向，包括确定适当的重要性水平，初步识别可能存在较高的重大错报风险的领域，初步识别重要的组成部分和账户余额，评价是否需要针对内部控制的有效性获取审计证据，识别被审计单位、所处行业、财务报告要求及其他相关方面最近发生的重大变化等。

在确定审计方向时，注册会计师需要考虑下列事项：

（1）重要性方面，具体包括：①为计划目的确定重要性；②为组成部分确定重要性，与组成部分的注册会计师沟通；③在审计过程中重新考虑重要性；④识别重要的组成部分和账户余额。

（2）重大错报风险较高的审计领域。

（3）评估的财务报表层次的重大错报风险对指导、监督及复核的影响。

（4）项目组人员的选择（在必要时包括项目质量复核人员）和工作分工，包括向重大错报风险较高的审计领域分派具备适当经验的人员。

（5）项目预算，包括考虑为重大错报风险可能较高的审计领域分配适当的工作时间。

（6）如何向项目组成员强调在搜集和评价审计证据过程中保持职业怀疑必要性的方式。

（7）以往审计中对内部控制运行有效性评价的结果，包括所识别的控制缺陷的性质及应对措施。

（8）管理层重视设计和实施健全的内部控制的相关证据，包括这些内部控制得以适当记录的证据。

（9）业务交易量规模，以基于审计效率的考虑确定是否依赖内部控制。

（10）对内部控制重要性的重视程度。

（11）影响被审计单位经营的重大发展变化，包括信息技术和业务流程的变化，关键管理人员变化，以及收购、兼并和分立。

（12）重大的行业发展情况，如行业法规变化和新的报告规定。

（13）会计准则及会计制度的变化。

（14）其他重大变化，如影响被审计单位的法律环境的变化。

4.审计资源

注册会计师应当在总体审计策略中清楚地说明审计资源的规划和调配，包括确定执行审计业务所必需的审计资源的性质、时间和范围。

（1）向具体审计领域调配的资源，包括向高风险领域分派有适当经验的项目组成员，就复杂的问题利用专家工作等。

（2）向具体审计领域分配资源的数量，包括安排到重要存货存放地观察存货盘点的项目组成员的数量，对其他注册会计师工作的复核范围，对高风险领域安排的审计时间预算等。

（3）何时调配这些资源，包括是在期中审计阶段还是在关键的截止日期调配资源等。

（4）如何管理、指导、监督这些资源的利用，包括预期何时召开项目组预备会和总结会，预期项目负责人和经理如何进行复核，是否需要实施项目质量复核等。

（二）具体审计计划

注册会计师应当为审计工作制订具体审计计划。具体审计计划比总体审计策略更加详细，其内容包括为获取充分、适当的审计证据以将审计风险降至可接受的低水平，项目组成员拟实施的审计程序的性质、时间和范围。具体审计计划应当包括风险评估程序、计划实施的进一步审计程序和其他审计程序。

1.风险评估程序

具体审计计划应当包括按照《中国注册会计师审计准则第1211号——重大错报风险的识别和评估》的规定，为了足够识别和评估财务报表重大错报风险，注册会计师计划实施的风险评估程序的性质、时间和范围。

2.计划实施的进一步审计程序

具体审计计划应当包括按照《中国注册会计师审计准则第1231号——针对评估的重大错报风险采取的应对措施》的规定，针对评估的认定层次的重大错报风险，注册会计师计划实施的进一步审计程序的性质、时间和范围。

进一步审计程序包括控制测试和实质性程序。

需要强调的是，随着审计工作的推进，注册会计师对审计程序的计划会一步步深入，并贯穿于整个审计过程。例如，风险评估程序通常在审计开始阶段进行，进一步审计程序则需要依据风险评估程序的结果进行。因此，为达到制订具体审计计划的要求，注册会计师需要完成风险评估程序，识别和评估重大错报风险，并针对评估的认定层次的重大错报风险，计划实施的进一步审计程序的性质、时间和范围。

3.计划实施的其他审计程序

具体审计计划应当包括根据审计准则的规定，注册会计师针对审计业务需要实施的其他审计程序。计划实施的其他审计程序可以包括上述进一步审计程序的计划中没有涵盖的，根据其他审计准则的要求注册会计师应当执行的既定程序。

在审计计划阶段，除了按照《中国注册会计师审计准则第1211号——重大错报风险的识别和评估》进行计划工作，注册会计师还需要兼顾其他准则中规定的、针对特定项目在审计计划阶段应执行的程序及记录要求。由于被审计单位所处行业、环境各不相同，特定项目可能也有所不同。例如，有些企业可能涉及环境事项、电子商务等，在实务中注册会计师应根据被审计单位的具体情况确定特定项目并执行相应的审计程序。

（三）总体审计策略和具体审计计划的关系

制定总体审计策略和具体审计计划的过程紧密相联，并且两者的内容也紧密相关。总体审计策略一经制定，注册会计师就应当针对总体审计策略中所识别的不同事项，制订具体审计计划，并考虑通过有效利用审计资源以实现审计目标。值得注意的是，虽然编制总体审计策略的过程通常在具体审计计划之前，但是两项计划活动并不是孤立、不连续的过程，而是内在紧密联系的，对其中一项的决定可能会影响甚至改变对另外一项的决定。

《中国注册会计师审计准则第1201号——计划审计工作》第十条规定，在审计过程中，注册会计师应当在必要时对总体审计策略和具体审计计划作出更新和修改。在实务中，注册会计师将制定总体审计策略和具体审计计划结合进行，可能会使计划审计工作更有效率及效果，并且注册会计师也可以采用将总体审计策略和具体审计计划合并为一份审计计划文件的方式，提高编制及复核工作效率，增强其效果。

（四）审计过程中对计划的更改

《中国注册会计师审计准则第1201号——计划审计工作》第十六条规定，计划审计工作并非审计业务的一个孤立阶段，而是一个持续的、不断修正的过程，贯穿于整个审计业务的始终。由于未预期事项、条件的变化或在实施审计程序中获取的审计证据等原因，注册会计师应当在审计过程中对总体审计策略和具体审计计划作出必要的更新和修改。

审计过程可以分为不同的阶段，通常前一阶段的工作结果会对后一阶段的工作计划产生影响，而在后一阶段的工作过程中又可能发现需要对已制订的相关计划进行相应的更新和修改。通常，这些更新和修改涉及比较重要的事项，包括对重要性水平的修改，对某类交易、账户余额和列报的重大错报风险的评估和对进一步审计程序的更新和修改等。一旦计划被更新和修改，审计工作也就应当进行相应修正。

（五）指导、监督与复核

注册会计师应当就对项目组成员工作的指导、监督与复核的性质、时间和范围制订计划。对项目组成员工作的指导、监督与复核的性质、时间和范围主要取决于下列因素：

（1）被审计单位的规模和复杂程度；

（2）审计领域；

（3）重大错报风险；

（4）执行审计工作的项目组成员的素质和专业胜任能力。

注册会计师应在评估重大错报风险的基础上，计划对项目组成员工作的指导、监督与复核的性质、时间和范围。当评估的重大错报风险增加时，注册会计师通常会扩大指导与监督的范围，增强指导与监督的及时性，执行更详细的复核工作。在计划复核的性质、时间和范围时，注册会计师还应考虑单个项目组成员的素质和专业胜任能力。

三、实训内容

实训一　总体审计策略与具体审计计划的制定

（一）实训所需条件

本实训所需资料如下：

大华股份有限公司企业财务报表审计

公正会计师事务所接受大华股份有限公司（以下简称大华公司）的委托，审计大华公司2022年度的财务报表。公正会计师事务所委派注册会计师李豪担任项目经理，负责编制审计计划。

李豪分派了助理人员张雷、王景对大华公司财务报表项目进行趋势分析性测试，见表2-1、表2-2和表2-3。

表2-1　　资产负债表和利润表横向趋势分析　　索引号：C11

被审计单位：大华公司　　编制人：张雷　　编制时间：2023年1月26日

会计期间或截止日：2022年12月31日　　复核人：李豪　　复核时间：2023年1月26日

金额单位：万元

财务报表项目	2021年	2022年	2022年比2021年增长		说　明
	已审数	未审数	金额	百分比	
	①	②	③=②-①	④=③÷①	
营业收入	38 019	28 399			
营业成本	29 842	21 762			
营业利润	7 685	6 159			
利润总额	310	-1 017			
净利润	277	-1 017			
存货	23 034	19 206			
应收账款	21 847	25 488			
速动资产	22 661	26 907			
流动资产	52 125	55 023			
流动负债	50 088	51 979			
固定资产	43 354	46 811			
在建工程	1 822	1 036			
资产总计	82 837	85 367			
负债合计	63 351	66 276			
实收资本	13 421	14 053			
净资产额	19 486	19 091			

说明：说明栏仅分析增减比例超过10%的项目。

表2-2　　**资产负债表纵向趋势分析**　　索引号：C12

被审计单位：大华公司　　编制人：张雷　　编制时间：2023年1月26日

会计期间或截止日：2022年12月31日　　复核人：李豪　　复核时间：2023年1月26日

金额单位：万元

财务报表项目	2021年		2022年		增减率（%）	说　明
	已审数	结构百分比（%）	未审数	结构百分比（%）		
	①	②	③	④	⑤=④-②	
流动资产	52 125		55 023			
长期股权投资	554		554			
固定资产	43 354		46 811			
在建工程	1 822		1 036			
长期待摊费用	479		1 285			
无形资产	0		111			
资产总计	82 837		85 367			
流动负债	50 088		51 979			
非流动负债	13 263		14 297			
负债合计	63 351		66 276			
实收资本	13 421		14 053			
其他权益	6 065		5 038			
权益合计	19 486		19 091			

说明：说明栏仅分析增减比例超过10%的项目。

表2-3　　**比率趋势分析**　　索引号：C13

被审计单位：大华公司　　编制人：王景　　编制时间：2023年1月26日

会计期间或截止日：2022年12月31日　　复核人：李豪　　复核时间：2023年1月26日

比率指标	计算公式	2021年 ①	2022年 ②	增减数 ③=②-①	说　明
偿债能力比率					
1.流动比率	流动资产÷流动负债				
2.速动比率	速动资产÷流动负债				
财务杠杆比率					
1.负债比率	负债总额÷资产总额				
2.资本对负债比率	资本总额÷负债总额				
3.利息保障倍数	（税前利润+利息支出）÷利息支出				
经营效率比率					
1.存货周转率	营业成本÷平均存货				
2.应收账款周转率	营业收入÷平均应收账款				
3.总资产周转率	营业收入÷平均资产				
获利能力比率					
1.销售利润率	利润总额÷营业收入				
2.净资产报酬率	净利润÷平均净资产				

说明：说明栏仅分析增减比例超过50%的项目。

李豪在复核张雷、王景编制的趋势分析性测试工作底稿的基础上形成了分析性测试情况汇总表，见表2-4。

表2-4　**分析性测试情况汇总表**　索引号：C14

被审计单位：大华公司　编制人：王景　编制时间：2023年1月26日

会计期间或截止日：2022年12月31日　复核人：李豪　复核时间：2023年1月26日

测试项目	重要事项说明
资产负债表横向趋势分析表	
资产负债表纵向趋势分析表	
利润表横向趋势分析表	
比率趋势分析表	
项目经理对测试结果的综合分析或初步确定的审计重点	

总体审计策略见表2-5。

表2-5　**总体审计策略**　索引号：C15

被审计单位：大华公司　编制人：李豪　编制时间：2023年1月27日

会计期间和截止日：2022年12月31日　复核人：王一　复核时间：2023年1月28日

一、委托审计的目的、范围
二、审计策略（是否实施预审，是否进行内部控制测试；实质性程序按业务循环还是按报表项目展开等）
三、评价内部控制和审计风险
四、重要会计问题及重点审计领域
五、重要性标准初步估计
六、计划审计日期 外勤工作自2023年1月26日至2023年2月2日，共计8天 编写报告自2023年2月3日至2月10日
七、审计小组组成及人员分工 姓名　　职务或职称　　分工　　备注
八、修订计划记录

具体审计计划见表2-6。

表 2-6　　**应收账款审计程序表**　　索引号：C7

查验人员：　　日期：

复核人员：　　日期：

一、审计目标

1.确定应收账款是否存在

2.确定应收账款是否归被审计单位所有

3.确定应收账款增减变动的记录是否完整

4.确定应收账款是否可收回，坏账准备的计提是否恰当

5.确定应收账款年末余额是否正确

6.确定应收账款在财务报表上的披露是否恰当

二、审计程序

审计重点	审计程序	执行情况说明	索引号
	1.核对应收账款明细账余额与总账、报表余额是否相符		
	2.获取或编制应收账款余额明细表，复核加计数额是否正确		
	3.分析应收账款的账龄及余额构成，选取账龄长、金额大的应收款项向债务人进行函证，并根据回函情况编制函证结果汇总表。回函金额不符的，要查明原因作出记录或适当调整		
	4.对未回函或未发询证函的应收账款，可采用替代审计程序进行检查，根据替代检查结果判断其债权的真实性与可收回性		
	5.检查应收账款中是否有无法收回的款项		
	6.检查有无不属于结算业务的债权，如有，应作出记录或作适当调整		
	7.对于用非记账本位币结算的应收账款，检查其采用的汇率及折算方法是否正确	不适用	
	8.分析应收账款明细账余额，对于出现贷方余额的项目，应查明原因，必要时作重分类调整		
	9.验明应收账款是否已在资产负债表上恰当披露		

（二）实训要求

1.根据已有资料，将资产负债表和利润表横向趋势分析表填写完整，见

表2–1。

2.根据已有资料，将资产负债表纵向趋势分析表填写完整，见表2–2。

3.根据已有资料，将比率趋势分析表填写完整，见表2–3。

4.根据已有资料，将分析测试情况汇总表填写完整，见表2–4。

5.根据已有资料，将总体审计策略表填写完整，见表2–5。

6.观察表2–5和表2–6，并结合所学知识，概括总结具体审计计划的内容。你认为在制定总体审计策略和具体审计计划时是否需要与治理层和管理层进行沟通？你认为审计计划制订的参与者包括哪些人？

7.根据所学知识及上述资料，你认为在正式编制审计计划之前，注册会计师的初步业务活动应该有哪些？

（三）实训组织方法及步骤

将上课班级学生划分几组，每组3~5人，组成模拟审计小组。

1.各组选出组长，担任该审计项目经理，然后由其分配审计任务，赋权组员分别为该审计中的审计助理。

2.按照组长的赋权分别完成上述审计工作底稿的编制。

（四）实训考核方法

按每组学生完成实训要求情况打分。

实训二　重要性水平的确定

（一）实训所需条件

本实训所需资料如下：

注册会计师李红对大华公司2022年度财务报表进行审计时，取得的未经审计的有关财务报表项目金额见表2–7。

表2–7　**未经审计的有关财务报表项目**　单位：万元

财务报表项目名称	金　额
资产总计	180 000
股东权益合计	88 000
营业收入	240 000
利润总额	36 000
净利润	24 120

（二）实训要求

1.如果以资产总额、净资产（股东权益）、营业收入和净利润作为判断基础，采用固定比率法，并假定资产总额、净资产、营业收入和净利润的固定百分比数值分别为0.5%、1%、0.5%和5%，请你代注册会计师李红计算确定大华公司2022年度财务报表层次的重要性水平，并列示计算过程。

2.简要说明重要性和审计证据的关系。

3.简要说明重要性和审计风险的关系。

（三）实训组织方法及步骤

将上课班级同学划分几组，每组3~5人，组成模拟审计小组。

1.运用上课所学知识计算重要性水平。

2.思考并分析重要性水平和审计证据与审计风险的关系。

（四）实训考核方法

按每组学生完成实训要求情况打分。

实训三　审计程序的对与错

（一）实训所需条件

本实训所需资料如下：

大连注册会计师协会在对大连会计师事务所审计质量进行检查时，摘录了以下三个注册会计师事务所部分审计工作底稿如下：

1.公正会计师事务所

公正会计师事务所接受委托，对甲公司2022年度财务报表进行审计，并委派A注册会计师为项目负责人。在接受委托后，A注册会计师发现甲公司业务流程采用ERP软件，审计项目组成员均缺少这方面的专业技能。A注册会计师了解到某软件公司张先生曾参与甲公司ERP系统的设计工作，因此聘请张先生加入审计项目组，测试该系统并出具测试报告。在审计过程中，A注册会计师要求审计项目组成员相互复核所执行的工作，并在工作底稿复核人员栏签字。在复核过程中，审计项目组成员之间在某个专业问题上存在分歧，A注册会计师就此问题专门致函有关部门进行咨询，始终没有得到回复。考虑到该项业务的高风险性，在出具审计报告后，公正会计师事务所专门指派未参与该项业务的经验丰富的注册会计师实施了项目质量复核。

2.光大会计师事务所

审计师李琳负责对常年审计客户乙公司2022年度财务报表进行审计，撰写了总体审计策略和具体审计计划，部分内容摘录如下：

（1）初步了解2022年度乙公司及其环境未发生重大变化，拟信赖以往审计中对管理层、治理层诚信形成的判断。

（2）因对乙公司内部审计师的客观性和专业胜任能力存在疑虑，拟不利用内部审计的工作。

（3）如对计划的重要性水平作出修正，拟通过修改计划实施的实质性程序的性质、时间和范围降低重大错报风险。

（4）假定乙公司在收入确认方面存在舞弊风险，拟将销售交易及其认定的重大错报风险评估为高水平，不再了解和评估相关控制的合理性并确定是否已得到执行，直接实施细节测试。

（5）因乙公司于2022年9月关闭某地办事处并注销其银行账户，拟不再函证该银行账户。

（6）因审计工作时间安排紧张，拟不函证应收账款，直接实施替代审计程序。

（7）2022年度乙公司购入股票作为其他权益工具投资核算。除实施询问程序外，预期无法获取有关管理层持有意图的其他充分、适当的审计证据，拟就询问结果获取管理层书面声明。

3.启明会计师事务所

A和B注册会计师在编制T公司2022年度财务报表的审计计划前，按审计准则的要求对被审计单位T公司及其环境进行了全面了解和记录。相关的工作底稿显示，T公司2022年度存在以下情况：

（1）2022年6月30日，T公司于2020年6月30日从P银行借入的金额为6 000万元，期限为2年的长期借款到期。虽然T公司最高管理人员多次与P银行信贷部协商，希望延长还款期限半年，但P银行在委托K会计师事务所对T公司进行专项审计后，于2022年7月份收回了款项。

（2）为扩展业务，T公司出资1 000万元于2022年6月30日成功兼并了西部某省的两家公司，此举增加了T公司在西部市场的立足点，提高了其在西部市场的竞争力。

（3）2022年10月，为开拓国际市场，T公司董事会决定在中东地区设立分公司。由于该地区除伊拉克以外的各国商家云集，均难以获得市场准入，公司董事会决定投入500万美元在伊拉克设立分公司。到2022年年底，该分公司已正式开始营业，虽然该地区时常发生绑架等刑事案件，但分公司的经营基本未受影响。

（4）直到2022年10月底，T公司一直采用手工记账。为提高财务工作效率和质量，T公司投资600万元于2022年11月份实现了会计电算化。考虑到这一变化对财务人员的影响，财务部门分期分批对全体财务人员进行了轮训，同时还聘请了外部专家进行经常性业务指导。直到2022年年底，相关轮训工作和计算机信息系统调试工作均已完毕。

（5）自2022年11月起，T公司将原存放在Q银行的2 000万元款项全部转入3名高级管理人员及财务经理的信用卡，与所有客户的往来以及公司职员薪酬的发放均通过信用卡结算。

（二）实训要求

1.请你指出公正会计师事务所（包括审计项目组）在业务质量管理方面存在的问题，并说明理由。

分析：

（1）没有制定承接业务的质量管理的政策和程序。根据业务质量管理准则的要求，会计师事务所接受审计业务需要满足三个总体要求：客户是否诚信、是否具有执行业务必要的素质、专业胜任能力、时间和资源以及是否能够遵守职业道德规范。公正会计师事务所是在承接业务之后才考虑专业胜任能力，发现其缺少计算机软件专家的。

（2）项目组缺乏独立性。根据注册会计师职业道德规范和会计师事务所业务质量管理准则的要求，张先生是项目组成员，他曾参与甲公司ERP系统的设计工作，即为鉴证客户提供属于鉴证业务对象的数据或其他记录，项目组存在自我评价威胁而影响独立性。

（3）项目组内部复核人员安排不恰当。根据会计师事务所业务质量管理准则的要求，应当由项目组内经验较多的人员复核经验较少的人员执行的工作，而不是简单地相互复核。

（4）在出具审计报告之前未处理好意见分歧。根据会计师事务所业务质量管理准则的要求，项目组与被咨询者之间存在未解决的意见分歧，项目负责人只有在项目组内部、项目组以及项目负责人与项目质量复核人员之间的意见分歧解决后才能出具报告。

（5）实施项目质量复核的时间不恰当。项目质量复核应当在出具报告前进行，并且是对项目组作出的重大判断和在准备报告时形成的结论作出的客观评价。

2.针对光大会计师事务所上述事项，逐项指出审计师拟订的计划是否存在不当之处。如有不当之处，简要说明理由。

分析：

（1）不当。对管理层、治理层诚信判断不能依赖于以往的判断。

（2）无不当。

（3）不当。重大错报风险是客观存在的，控制测试并不能降低评估的重大错报风险；通过修改计划实施的实质性程序，只能降低检查风险。

（4）不当。对内部控制的了解程序是必需的，控制测试程序具有选择性。

（5）不当。应当选择在财务报表期间所有发生过业务的银行函证，包括零账户和已注销的账户。

（6）不当。正常情况下，对应收账款实施函证是必要程序。注册会计师不能由于时间、成本等原因，减少必要的审计程序。

（7）不当。管理层声明书是证明力较弱的证据，询问不足以测试控制运行的有效性，必须结合其他审计程序。

3.针对启明会计师事务所上述各种情况，指出是否会导致T公司产生重大错报风险，简要说明理由。

分析：

第（1）种情况表明T公司的融资能力受到限制，很可能导致流动资金不足，增加重大错报风险。

第（2）种情况表明T公司发生了重大的购并行为，很可能占用大量资金，增加重大错报风险。

第（3）种情况表明T公司在经济不稳定的国家开展业务，很可能难以收回成本，从而增加重大错报风险。

第（4）种情况表明T公司的信息技术环境发生变化，很可能导致相当一段时间内的信息技术难以与经营活动融合，从而增加重大错报风险。

第（5）种情况属于重大的异常情况，很可能意味着T公司与Q银行之间有纠纷，从而增加重大错报风险。

情况（4）最有可能导致T公司财务报表产生重大错报。对此，A和B注册会计师应当要求会计师事务所聘请电算化方面的专家参与审计工作。情况（5）属于重大的异常情况，最有可能意味着T公司存在特别风险。该情况意味着T公司的资金运作脱离了银行的监管，为舞弊行为提供了客观条件。对此，A和B注册会计师应当向Q银行询问，并要求T公司提供全部信用卡结算的清单，以便作进一步调查。情况（2）和（3）最可能导致T公司的经营风险上升，前者是在经济不发达的地区开展业务，后者是在经济不稳定的地区开展业务，很可能导致难以收回成本的情况发生，影响公司的经营成果。

（三）实训组织方法及步骤

将上课班级同学划分几组，每组3~5人，组成模拟审计小组。

运用上课所学知识以及网络上关于审计程序和审计人员应具备的能力和道德方面的知识，总结归纳审计人员应具备的专业技能和职业道德。

（四）实训考核方法

按每组学生完成实训要求情况打分。

实训四　管理层认定、审计目标与审计程序的关系

（一）实训所需条件

本实训所需资料如下：

注册会计师通常依据各种交易、账户余额和列报的相关认定确定审计目标，根据审计目标设计审计程序。以下给出了采购交易的审计目标，并列举了部分实质性程序。

1.审计目标

A.所记录的采购交易已发生，且与被审计单位有关；

B.所有应当记录的采购交易均已记录；

C.与采购交易有关的金额及其他数据已恰当记录；

D.采购交易已记录于恰当的账户；

E.采购交易已记录于正确的会计期间。

2.实质性程序

F.将采购明细账中记录的交易与购货发票、验收单和其他证明文件比较；

G.根据购货发票反映的内容，检查会计科目表上的分类；

H.从购货发票追查至采购明细账；

I.从验收单追查至采购明细账；

J.将验收单和购货发票上的日期与采购明细账中的日期进行比较；

K.检查购货发票、验收单、订货单和请购单的合理性和真实性；

L.追查存货的采购至存货永续盘存记录。

（二）实训要求

根据题中给出的审计目标，指出对应的相关认定；针对每一审计目标，选择相应的实质性程序（一项实质性程序可能对应一项或多项审计目标，每一审计目标都可能选择一项或多项实质性程序）。请将财务报表的相关认定及选择的实质性程序字母顺序号填入给定的表格中，见表2-8。

表2-8 管理层认定、审计目标与审计程序的关系表

相关认定	审计目标	实质性程序
	所记录的采购交易已发生，且与被审计单位有关	
	所有应当记录的采购交易均已记录	
	与采购交易有关的金额及其他数据已恰当记录	
	采购交易已记录于恰当的账户	
	采购交易已记录于正确的会计期间	

（三）实训组织方法及步骤

将上课班级同学划分几组，每组3~5人，组成模拟审计小组。

（四）实训考核方法

按每组学生完成实训要求情况打分。

四、案例专栏

案例一 实施计划审计的工作底稿

以下是大连求真会计师事务所有限公司对被审计单位大连光华股份有限公司实施计划审计的工作底稿，包括了解被审计单位及其环境（不包括内部控制）程序表、了解被审计单位及其环境（不包括内部控制）调查表和审计计划，见表2-9、表2-10和表2-11。

表2-9　　了解被审计单位及其环境（不包括内部控制）程序表

被审计单位：大连光华股份有限公司	索引号：C1
项目：风险评估	财务报表截止日/期间：2022年12月31日
编制：王晓明	复核：
日期：2023年2月28日	日期：

一、审计目标

从以下方面了解被审计单位及其环境，并评估相应重大错报风险：

（1）行业状况、法律环境与监管环境以及其他外部因素；

（2）被审计单位的性质；

（3）被审计单位对会计政策的选择和运用；

（4）被审计单位的目标、战略以及相关经营风险；

（5）被审计单位财务业绩的衡量和评价

二、实施的风险评估程序

风险评估程序	索引号	执行人
1.了解行业状况、法律环境与监管环境以及其他外部因素，评估相关风险 （1）向被审计单位董事、总经理等相关人员询问行业、法律环境与监管环境以及其他外部因素。 （2）查阅以前年度审计工作底稿（适用于连续审计）、内部与外部的相关信息资料。 （3）其他相关程序	C11	王晓明
2.了解被审计单位的性质，评估相关风险 （1）向管理层询问被审计单位所有权结构、治理结构和组织结构。 （2）向销售主管询问主要客户和合同、付款条件、主要竞争者、定价政策、营销策略等相关情况。 （3）了解经营、投资、筹资活动，并查阅主要合同。 （4）实地查看被审计单位主要生产经营场所。 （5）其他相关程序	C11	王晓明
3.了解被审计单位对会计政策的选择和运用，评估相关风险 （1）向财务负责人询问被审计单位采用的主要会计政策、会计政策变更的情况、财务人员构成情况等。 （2）查阅被审计单位会计工作手册、操作指引等财务资料和内部报告（如有）。 （3）其他相关程序	C11	王晓明

续表

风险评估程序	索引号	执行人
4.了解被审计单位的目标、战略以及相关经营风险，评估相关风险 （1）向管理层询问被审计单位实施的或准备实施的目标和战略。 （2）其他相关程序	C11	王晓明
5.了解被审计单位的财务业绩的衡量和评价，评估相关风险 （1）向管理层询问被审计单位管理层和员工业绩考核与激励性报酬政策以及不同层次部门的业绩报告等。 （2）实施分析程序，将内部财务业绩指标与被审计单位设定的目标值进行比较，与竞争对手的业绩进行比较，分析业绩趋势。 （3）其他相关程序	C11	王晓明
6.根据了解被审计单位及其环境的情况，评估相应的财务报表层次和认定层次的重大错报风险	C11	王晓明

表2-10　**了解被审计单位及其环境（不包括内部控制）调查表**

被审计单位：大连光华股份有限公司	索引号：C11
项目：风险评估	财务报表截止日/期间：2022年12月31日
编制：王晓明	复核：
日期：2023年2月28日	日期：

一、行业状况、法律环境与监管环境以及其他外部因素 （一）行业状况 1.所在行业的市场供求与竞争
被审计单位主要经销A、B两种商品，属于商品流通行业，行业发展成熟，市场稳定，由于经营商品为特殊用途商品，竞争较弱，利润率较高
2.生产经营的季节性和周期性
被审计单位业务受季节和经济周期波动影响不显著
3.行业的关键指标和统计数据
被审计单位商品价格与行业平均价格持平
（二）法律环境及监管环境 1.适用的会计准则、会计制度和行业特定惯例
被审计单位属于民营股份制中型贸易企业，适用现行企业会计准则
2.对经营活动产生重大影响的法律法规及监管活动
国家对该行业无特殊监管要求
3.对开展业务产生重大影响的政府政策，包括货币、财政、税收和贸易等政策
现行货币政策、财政政策、关税和贸易限制或税务法规对被审计单位经营活动不产生重大影响

续表

4.与被审计单位所处行业和所从事经营活动相关的环保要求
发现新出台的法律法规（如新出台的有关产品责任、劳动安全或环境保护的法律法规等），对被审计单位有影响
（三）其他外部因素 1.宏观经济的景气度
当前的宏观经济状况较为景气，未来发展趋势良好
2.利率和资金供求状况
被审计单位有银行短期借款，利率变动会对财务费用产生影响
3.通货膨胀水平及币值变动
目前国内或本地区的经济状况（如增长率、通货膨胀、失业率、利率等）较为稳定，对被审计单位经营活动的影响不显著
4.国际经济环境和汇率变动
被审计单位的经营活动不受汇率波动和全球市场力量的影响
二、被审计单位的性质 （一）实施的风险评估程序

风险评估程序	执行人	执行时间	索引号
向董事长等高管人员询问被审计单位所有权结构、治理结构、组织结构、近期主要投资、筹资情况	王晓明	2023年 2月28日	
向销售人员询问相关市场信息，如主要客户和合同、付款条件、主要竞争者、定价政策、营销策略等	王晓明	2023年 2月28日	
查阅组织结构图、治理结构图、公司章程，主要销售、采购、投资、债务合同等	王晓明	2023年 2月28日	
实地查看被审计单位的主要生产经营场所	王晓明	2023年 2月28日	

（二）了解的内容和评估出的风险
1.所有权结构
（1）所有权性质属于民营企业
（2）所有者和其他人员或单位的名称，以及与被审计单位之间的关系如下

所有者	主要描述（法人/自然人，企业类型，自然人的主要社会职务，企业所属地区，规模等）	与被审计单位之间的关系
大连光华股份有限公司	法人，大连市中型企业	控股母公司
刘强	自然人	总经理
李敏	自然人	董事

续表

（3）控股母公司
控股母公司大连光华股份有限公司为股份制企业，与被审计单位日常经营业务不发生关联 控股母公司与被审计单位在资产、业务、人员、机构、财务等方面独立管理，不存在占用资金等情况 控股母公司未要求被审计单位达到其设定的财务业绩目标
2.治理结构 （1）获取或编制被审计单位治理结构图 （2）对图示内容作出详细解释说明
被审计单位设董事会，设董事长 治理结构中设监事会，运作正常
3.组织结构 （1）获取或编制被审计单位组织结构图 （2）对图示内容作出详细解释说明
组织结构较为简单清晰，未发现可能导致重大错报风险的因素
4.经营活动 （1）主营业务的性质：销售A、B两种商品 （2）主要产品及描述（略） （3）与生产产品或提供劳务相关的市场信息（略） （4）业务的开展情况
被审计单位未设立业务分部，本期经营活动与上期相比无显著衰退或扩展
（5）联盟、合营与外包情况
无
（6）从事电子商务的情况
无
（7）地区与行业分布（略） （8）生产设施、仓库的地理位置及办公地点（略） （9）关键客户（略） （10）重要供应商（略） （11）劳动用工情况（略） （12）研究与开发活动及其支出
被审计单位未从事研究与开发活动
（13）关联方交易
本期未发生关联方交易
5.投资活动 （1）近期拟实施或已实施的并购活动与资产处置情况
（2）证券投资、委托贷款的发生与处置

续表

无
（3）资本性投资活动
由于业务发展需要，本期购置轿车一辆，已履行正常计划和审批手续
（4）不纳入合并范围的投资
无
6.筹资活动 （1）债务结构和相关条款，包括担保情况及表外融资
被审计单位债务主要包括短期借款和应付账款，借款为信用借款，无担保事项，获取的资金可以满足日常经营需求，未发生违反借款合同事项，无汇率风险
（2）固定资产的租赁
无
（3）关联方融资
无
（4）实际受益股东（略） （5）衍生金融工具的运用
无
三、被审计单位对会计政策的选择和运用 （一）实施的风险评估程序

风险评估程序	执行人	执行时间	索引号
向财务总监询问被审计单位采用的主要会计政策、会计政策变更的情况、财务人员配备和构成情况等	王晓明	2023年2月28日	
查阅被审计单位会计工作手册、操作指引等财务资料和内部报告	王晓明	2023年2月28日	

（二）了解的内容和评估出的风险

1.被审计单位选择和运用的会计政策

重要的会计政策	被审计单位选择和运用的会计政策	对会计政策选择和运用的评价
发出存货成本的计量	先进先出法	恰当
长期股权投资的后续计量		不适用
固定资产的初始计量	历史成本法	恰当
无形资产的确定		不适用
非货币性资产交换的计量		不适用

续表

收入的确认	权责发生制，开具发票并在发出商品时确认收入	恰当
借款费用的处理	按照会计准则的要求，符合资本化条件时资本化，其他经过计算计入损益	恰当
合并政策		不适用

2.了解被审计单位重要会计政策变更的情况

本期会计政策未发生变更

3.披露

被审计单位已按照适用的会计准则和会计制度对会计政策的选择和运用进行了恰当的披露

四、被审计单位的目标、战略以及相关经营风险

（一）实施的风险评估程序

风险评估程序	执行人	执行时间	索引号
向董事长等高级管理人员询问被审计单位实施的或准备实施的目标和战略	王晓明	2023年2月28日	
查阅被审计单位经营规划和其他文件	王晓明	2023年2月28日	

（二）了解的内容和评估出的风险

1.目标、战略（略）

2.相关经营风险（略）

3.被审计单位的风险评估过程（略）

五、被审计单位财务业绩的衡量和评价

（一）实施的风险评估程序

风险评估程序	执行人	执行时间	索引号
查阅被审计单位管理层和员工业绩考核与激励性报酬政策、分部信息与不同层次部门的业绩报告等	王晓明	2023年2月28日	
实施分析程序，将内部财务业绩指标与被审计单位设定的目标值进行比较，与竞争对手的业绩进行比较，分析业绩趋势等	王晓明	2023年2月28日	

（二）了解的内容和评估出的风险

1.关键业绩指标（略）

2.业绩趋势（略）

3.预测、预算和差异分析（略）

4.管理层和员工业绩考核与激励性报酬政策（略）

5.分部信息与不同层次部门的业绩报告（略）

6.与竞争对手的业绩比较（略）

7.外部机构提出的报告（略）

表2-11　**审计计划**

被审计单位：大连光华股份有限公司	索引号：C2
项目：风险评估	财务报表截止日/期间：2022年12月31日
编制：王晓明	复核：
日期：2023年2月28日	日期：
一、审计范围	
报告要求	
适用的会计准则和相关会计制度	企业会计准则
适用的审计准则	中国注册会计师审计准则
与财务报告相关的行业特别规定	
需审计的集团内组成部分的数量及所在地点	
需要阅读的含有已审计财务报表的文件中的其他信息	
制定审计策略需考虑的其他事项	
二、审计业务时间安排 （一）出具审计报告时间安排：2023年3月10日 （二）执行审计时间安排	
执行审计时间安排	时间
1.期中审计	
（1）制定总体审计策略	2023年2月28日
（2）制订具体审计计划	2023年3月1日
⋮	
2.期末审计	
（1）存货监盘	2023年3月1日
⋮	
（三）沟通的时间安排	
所需沟通	时间
与管理层及治理层的会议	2023年3月2日
项目组会议（包括预备会和总结会）	2023年3月2日
与专家或有关人士的沟通	
与其他注册会计师的沟通	
与前任注册会计师的沟通	
⋮	

续表

三、重要性

适用的基准	未审数（元）	比例	重要性水平（元）
资产总额	10 118 021.74	1%	101 180
所有者权益总额	7 137 891.74	1%	71 379
营业收入	1 470 000.00	1%	14 700
利润总额（或净利润）	237 179.58	10%	23 718
⋮			

计划的重要性水平：<u>10 000元</u>

理由：被审计单位为商品流通企业，主要考虑营业收入和利润指标，选择其中较低者。

四、人员安排

（一）项目组主要成员的责任（略）

（注：在分配职责时可以根据被审计单位的不同情况按会计科目划分，或按交易类别划分）

（二）项目组成员独立性声明（略）

本人声明：

（1）本人与该客户之间不存在可能损害独立性的情形（包括自身利益威胁、自我评价威胁、过度推介威胁、密切关系威胁和外在压力威胁）；

（2）本人对该客户的客观性和独立性不因任何私人关系、利益冲突或其他情形而改变。

项目组成员签名：________________

（三）与项目质量复核人员的沟通（如适用）

复核的范围：________________

沟通内容	负责沟通的项目组成员	计划沟通时间
风险评估、对审计计划的讨论		
对财务报表的复核		
⋮		

五、对专家或有关人士工作的利用（如适用）

（一）对内部审计工作的利用

主要报表项目	拟利用的内部审计工作	索引号
存货	财务部门对各仓库的存货每半年至少盘点一次。在中期审计时，项目组已经对内部审计部门盘点步骤进行观察，对其结果满意，因此项目组将审阅其年底的盘点结果，并缩小存货监盘的范围	E093-1
固定资产	财务部门对单位固定资产每年至少盘点一次。在上期审计时，项目组已经对固定资产进行全面盘点，对其结果满意，因此项目组将审阅其年底的盘点结果，并缩小固定资产盘点范围	E153-1

续表

<table>
<tr><td colspan="5">（二）对其他注册会计师工作的利用</td></tr>
<tr><td colspan="2">其他注册会计师名称</td><td colspan="2">利用其工作的范围及程度</td><td>索引号</td></tr>
<tr><td colspan="2"></td><td colspan="2"></td><td></td></tr>
<tr><td colspan="2"></td><td colspan="2"></td><td></td></tr>
<tr><td colspan="5">（三）对专家工作的利用</td></tr>
<tr><td>主要报表项目</td><td>专家名称</td><td>主要职责及工作范围</td><td>利用专家工作的原因</td><td>索引号</td></tr>
<tr><td></td><td></td><td></td><td></td><td></td></tr>
<tr><td></td><td></td><td></td><td></td><td></td></tr>
<tr><td colspan="5">编制说明：如果项目组计划利用专家或有关人士的工作，需要记录其工作的范围和涉及的主要财务报表项目等。另外，项目组还应按照相关审计准则的要求考虑并评估专家或有关人士的能力、客观性及其工作等。
（四）对被审计单位使用服务机构的考虑</td></tr>
</table>

主要报表项目	服务机构名称	服务机构提供的相关服务及其注册会计师出具的审计报告意见及日期	索引号
股本	大连求真会计师事务所有限公司	《验资报告》 连正会验字〔2022〕第02号	上期审计底稿已存

案例提示：

审计机构决定接受委托后，编制审计计划，使审计业务以有效的方式得到执行。审计计划是审计师为了完成审计业务，达到预期的审计目的，在具体执行审计程序之前编制的工作计划，包括总体审计策略和具体审计计划。总体审计策略用以确定审计范围、时间和方向，并指导具体审计计划的制订；具体审计计划应当包括风险评估程序、计划实施的进一步审计程序和其他审计程序。

如果一项错报单独或连同其他错报可能影响财务报表使用者依据财务报表作出的经济决策，则该项错报是重大的。重要性取决于在具体环境下对错报金额和性质的判断。

审计师应当确定一个可接受的重要性水平，以发现在金额上的重大错报。重要性概念在审计过程中的运用见表2-12。

表2-12　**重要性水平的运用步骤**

<table>
<tr><td rowspan="2">计划
审计工作</td><td>第一步</td><td>确定重要性水平的初步判断数（财务报表层次）</td></tr>
<tr><td>第二步</td><td>将重要性水平的初步判断数分配至各主要认定（认定层次）</td></tr>
<tr><td>进一步
审计程序</td><td>第三步</td><td>获取审计证据，发现并判断错报、漏报。此时，可能根据发现的错报、漏报，修正重要性水平的初步判断数</td></tr>
<tr><td rowspan="2">评价
审计结果</td><td>第四步</td><td>汇总错报、漏报</td></tr>
<tr><td>第五步</td><td>将汇总错报、漏报与初步判断数或经过修正后的重要性水平进行比较，作为确定审计意见的参考依据</td></tr>
</table>

在计划审计工作时，审计师应当运用职业判断，采用合理的方法，确定重要性

水平，同时应考虑如下因素：(1) 对被审计单位及其环境的了解；(2) 审计目标，包括特定报告要求；(3) 财务报表各项目的性质及其相互关系；(4) 财务报表项目的金额及其波动幅度。

二维码展示内容2-1

案例分析：

根据上述内容及“了解被审计单位及其环境（不包括内部控制）程序表”、“了解被审计单位及其环境（不包括内部控制）调查表”和“审计计划”等，请阐述大连求真会计师事务所是否很好地完成了审计计划的编制工作？

案例二 新都酒店退市始末

（一）新都酒店简介

新都酒店于1994年1月在深交所上市，其核心业务为酒店经营、管理以及酒店相关服务设施的出租与管理。自成立伊始，其借助先进的管理理念、经营模式使酒店业务一直保持着稳定的市场份额和行业地位。但近几年，由于消费市场低迷及新兴酒店的出现，其主营业务一直处于亏损状态。

（二）新都酒店无人接盘审计事件回顾

2014年4月，立信事务所（特殊普通合伙）以新都酒店为关联方违规提供担保以及无法获取其与关联方交易充分、适当的审计证据为由，对其2013年年度财务报告出具了无法表示意见的审计报告。2015年5月，立信事务所再次对该公司年度财务报告出具了无法表示意见的审计报告。新都酒店于2015年5月21日起被暂停上市。2015年9月18日，新都酒店发布的《关于更换会计师事务所的公告》中提到：公司以立信事务所未能与管理层充分沟通，无法客观、准确地评估公司已存在的重大资产重组事项，直接导致公司股票因连续两个会计年度被出具无法表示意见的审计报告而被暂停上市为由，解聘立信事务所，改聘天健事务所为公司2015年度审计机构。天健事务所（特殊普通合伙）负责新都酒店2015年年度财务报告审计工作，天健事务所委托大信事务所处理部分审计业务，财务报告显示其2015年实现净利润6 971.26万元，扣除非经常性损益后的净利润为1 255.61万元，符合恢复上市的条件，深交所于2016年5月9日正式受理了其恢复上市的申请。然而在2017年4月25日，天健事务所发函表示，新都酒店在2015年度营业收入中确认的高尔夫物业租金收入应从经常性损益事项调整为非经常性损益事项，致使其不再符合恢复上市的条件。同时，其保荐机构广发证券向深交所申请撤回由其出具的关于新都酒店恢复上市申请的相关文件，大信事务所总所也更正了由其长沙分所出具的将高尔夫物业租金作为经常性损益事项的复核说明。

2017年5月12日，新都酒店发布重大诉讼和仲裁公告：状告为其提供审计服务的大信事务所总所及其长沙分所、天健事务所，认为审计师在审计过程中未能勤勉尽责，对其专业胜任能力保持怀疑。新都酒店近两年来为恢复上市作出的努力毁于一旦，成为2017年首只退市股。2017年9月18日，新都酒店因不满深交所对其作出的退市决定，向深圳市中级人民法院提起行政诉讼。2018年，新都酒店先后发布公告，称由于无法聘请到审计机构对其财务报告进行审计，将延期披露2017年年度财务报告、2018年第一季度财务报告、2018年半年度财务报告及2018年第三季度财务报告。截至2018年12月，该公司仍无法聘请到事务所对其上述财务报告进行审计。

参考资料：刘成立，高永昌. 新都酒店无人接盘审计事件剖析［J］. 财会月刊，2019（15）：104-108.

案例提示：

1.新都酒店近年业绩不佳，经营压力较大，2012年以来，*ST新都的主营业务收入整体上呈下降趋势，其主营业务收入增长率时正时负，主营业务发展不稳定。可见，“内忧外患”的不利处境导致其面临较大的经营风险，是造成其无法聘请到审计师的重要原因。

2.新都酒店滥用会计政策。新都酒店将“2015年12月惠州高尔夫承诺支付的2014年1—6月的租金1 000万元”以及“2015年12月惠州怡海承诺支付的2014年7—12月的租金650万元”两笔收入在2015年的财务报告上确认为经常性损益事项，显然违背了企业会计准则的规定。这是因为：其一，公司没有遵循会计信息质量要求中的实质重于形式原则，变更了收入的性质，混淆了经常性损益与非经常性损益；其二，公司变更收入确认时点，违反了权责发生制的会计基础。

3.公司管理层试图通过诉讼为自己滥用会计政策寻找借口。此案例中，应监管机构从严审核要求，天健事务所、大信事务所均对其确认的高尔夫物业租金收入应从经常性损益事项调整为非经常性损益事项发表了审计看法，但新都酒店不承认既定的违规事实，反而状告为其提供审计服务的大信事务所总所及其长沙分所，并对天健事务所申请重大仲裁。一方面，新都酒店认为审计师在履行职责的过程中存在严重过失，在适用的会计准则不变的情况下，针对同一个问题先后发表了两个截然不同的审计意见，导致原告直接面临退市的风险，给原告造成了严重的不良影响；另一方面，新都酒店认为事务所的执业质量存在问题，进而坚持其高尔夫物业租金收入属于经常性收入。

案例分析：

1.你认为在初步业务活动阶段，事务所出于谨慎考虑，针对保持客户关系和具体审计业务应如何实施相应的质量管理程序？

2.请合理推断新都酒店更换事务所的理由。

3.大信事务所与天健事务所基于证监会的权威认定否定以前的审计意见是否妥当？这对你有什么启示？

二维码展示
内容2-2

案例三 科技强审

为总结中国特色社会主义审计监督制度建立40年来的成功经验，推动“十四五”时期国家审计创新发展，中国审计学会于2022年6月17日召开了“十四五”

时期国家审计创新发展专题研讨会。

中国特色社会主义审计监督制度建立40年来，党对审计工作的领导不断加强，审计管理体制不断完善，审计法制化建设稳步推进，审计技术方法创新发展，审计在维护国家财政经济秩序、提高财政资金使用效益、促进廉政建设、保障经济社会健康发展方面发挥了重要作用。取得了五方面经验：第一，坚持和加强党的领导是国家审计的本质特征；第二，紧扣“审计监督首先是经济监督”的定位依法履职是国家审计的立身之本；第三，坚持改革创新是国家审计永葆生机的关键所在；第四，加强信息化建设是国家审计提高审计质量和效率的制胜法宝；第五，坚持人才培养是国家审计薪火相传的基础保障。这些经验对审计更好地发挥在党和国家监督体系中的重要作用、更好地履行审计监督职责具有重要的理论价值和现实意义。

在研讨会上，有学者指出当前国家审计服务科技创新战略过程中存在的问题主要包括：对党和国家关于科技创新重大政策措施的梳理研究不系统、不深入；科技创新战略审计的内容多被包含于各专业审计项目中，而各项目和各项目组之间缺乏统筹协调，项目计划管理缺乏系统性、战略性和长期性；审计发现的问题呈单一化、表面化；科技创新战略产生的巨量数据呈分散和孤岛状态，缺乏有效整合等。

参考资料：王慧．“十四五”时期国家审计创新发展专题研讨会综述［J］．审计研究，2022（4）：15-19；98.

二维码展示内容2-3

案例分析：

根据以上案例，谈谈你对我国审计监督制度建立40年以来取得成绩的认识。你认为我国应如何进一步做到科技强审？

模块三　审计技术与方法

一、实训目的

初步了解和掌握审计抽样方法，熟悉审计检查、调查和分析等常规审计方法，熟练应用这些方法进行实务操作；要在全面认识审计方法体系的基础上，学会正确选择和恰当地使用各种常规审计方法。

通过本模块实训，引导学生在开展审计工作的过程中恰当运用职业判断并根据职业判断确定审计技术与方法，从而提高学生职业道德与职业素养。

二、理论知识点

（一）审计抽样

1.审计抽样的含义

审计抽样是指审计人员在实施审计程序时，从审计对象中选取一定数量的样本进行测试，并根据测试结果推断总体特征的一种方法。审计抽样的基本目标是在有限的审计资源条件下，收集充分、适当的审计证据，以形成和支持审计结论。审计抽样的应用，极大地提高了审计工作的效率，降低了审计费用。

2.审计抽样的种类

（1）按照审计抽样决策的依据分类，审计抽样可以分为统计抽样和非统计抽样。

①统计抽样。统计抽样是指审计人员运用数理统计方法确定样本及样本量，进而随机选择样本，根据样本的审查结果来推断总体特征的一种审计抽样方法。

②非统计抽样。非统计抽样是指审计人员运用专业经验和主观判断来确定样本规模和选取样本的一种审计抽样方法。非统计抽样的优点在于两个方面：一是简单易行；二是能充分利用审计人员的实践经验和判断能力。缺点是审计人员全凭主观标准和个人经验来确定样本规模，往往导致要么样本量过大，浪费了人力和时间；要么样本量过小，易得出错误的审计结论。

值得注意的是，统计抽样和非统计抽样的选用，主要影响的是审计程序实施的范围，并不影响运用样本的审计程序的选择，也不影响获取单个样本项目证据的适当性，以及审计人员对发现样本错误所做的适当反应。

（2）按照审计抽样的目的分类，审计抽样可以分为属性抽样和变量抽样。

①属性抽样。属性抽样是一种用来对总体中某一事件发生率得出结论的统计抽样方法。属性抽样在审计中最常见的用途是测试某一控制的偏差率，以支持注册会计师评估的控制有效性。在属性抽样中，控制的每一次发生或偏离都被赋予同样的权重，而不管交易金额的大小。

②变量抽样。变量抽样是一种用来对总体金额得出结论的统计抽样方法。变量抽样通常回答下列问题：金额是多少？账户是否存在错报？变量抽样在审计中的主要用途是进行细节测试，以确定记录金额是否合理。

一般而言，属性抽样得出的结论与总体发生率有关，而变量抽样得出的结论与总体的金额有关。

3.审计抽样的一般程序

审计抽样的一般程序如图3-1所示。

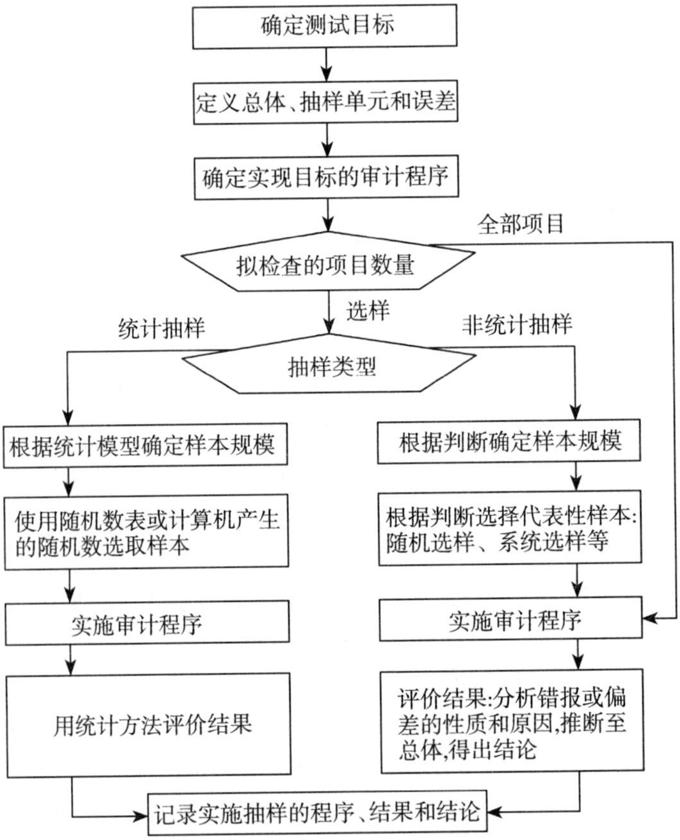

图3-1　审计抽样的一般程序

（二）审计基本方法

1.审查书面资料的方法

（1）按审查书面资料的技术分类，审查书面资料的方法可以分为审阅法、核对法、验算法、分析法。

①审阅法。审阅法是审计人员对被审计单位的会计资料和其他资料进行详细阅读和审查的一种方法。审阅法侧重于审查书面资料的真实性、合法性，多用于审阅会计凭证、会计账簿和财务报表。

原始凭证审阅的内容：原始凭证上反映的经济业务是否符合规定；原始凭证上记载的抬头、日期、数量、单价、金额等方面的字迹是否清晰、数字是否相符，有无涂改情况；审阅填发原始凭证的单位名称、地址和公章，审查凭证的各项手续是否完备。如有不符合规定的情况，就可能存在问题。

记账凭证审阅的内容：合规性审阅，审阅记账凭证是否附有合法的原始凭证；完整性审阅，记账凭证的审批传递手续是否符合规定程序，有无制单、复核、记账和主管人员的签章；正确性审阅，记账凭证上载明的原始凭证张数是否与原始凭证的张数一致，记账凭证的记录是否符合会计制度的规定，会计分录编制及金额是否正确，是否正确记入总账、明细分类账，业务摘要是否与原始凭证记载的经济活动内容一致。

账簿审阅的内容：主要是审阅明细分类账和日记账。审阅内容如下：审阅账簿启用手续、使用记录和交接记录是否齐全完整；期初和期末余额的结转、承前页、转下页、月结和年结是否符合规定；账簿各项记录是否符合规范、是否完备，如业务摘要、对应科目是否齐全，有无涂改痕迹，是否按规定方法更正记账错误；账簿记录的内容是否真实、正确。需要特别注意审阅应收应付账款、材料成本差异、长期待摊费用、管理费用、制造费用等容易掩盖错弊和经常反映会计转账事项的账簿。

财务报表审阅的内容：审阅财务报表的编制是否符合企业会计准则及国家有关财务会计制度的规定；审阅财务报表项目是否完整，各项目的对应关系和钩稽关系是否正确，相关数据是否一致；审阅财务报表附注是否对应予揭示的重大问题做了充分的披露。

其他相关资料审阅的内容：审阅计划、预算和定额时，可以结合上期拟定的计划、预算和定额与实际的执行结果和完成情况，审阅计划、预算和定额的制定偏高还是偏低，是否适度，有无冒进或保守的情况，还要根据本期的计划、预算和定额的执行情况，查看各项指标是否完成。

合同审阅的内容：主要审阅合同的签订是否合法，是否有效，审阅合同内容是否符合《民法典》的规定，合同条款是否齐全，合同签订手续是否完备，实际执行结果是否与合同一致。

规章制度审阅的内容：主要审阅单位内部制定的规章制度是否符合企业的实际情况，审阅内部控制制度是否健全等。

②核对法。核对法是只对被审计单位的凭证、账簿和报表等书面资料之间的有关数据，按照其内在联系进行相互对照检查，以获取审计证据的方法。核对法侧重审查各种有关资料的一致性。

核对法核对的主要内容有：原始凭证上记载的数量、单价、金额及其合计数是否与相关原始凭证及记账凭证一致；日记账或明细分类账的记录是否与相应的原始凭证或记账凭证的记录一致；总分类账的账户记录是否与所属明细分类账的账户记录合计数相符；总分类账各账户的借方发生额和余额合计是否与贷方发生额和余额合计相等；总分类账各账户的发生额和余额合计是否和财务报表上相应项目的金额相等；财务报表上各有关项目的数字计算是否正确，各报表之间的有关数字是否一致，如果涉及前期的数字，则要核对是否与前期财务报表上的有关数字相符；实物盘存记录与本期有关账目的记录是否相符。

③验算法。验算法是指审计人员对被审计单位书面资料的有关数据进行重新计算，以验证原计算结果是否正确的方法。

验算的主要内容包括：对凭证、账簿、报表中有关项目的积数、小计、合计数和累计数等的验算；对某些业务的计算结果进行验算，如固定资产折旧额、有关税费的计算等的验算；对有关成本、费用归集和分配的结果进行验算，以验证成本、费用的分配标准和方法是否正确；对其他书面资料有关数据的验算，如财务分析资料中的流动比率、速动比率、销售利润率等指标的计算。

④分析法。分析法是指审计人员对被审计单位重要的比率或趋势进行分析，主要包括比较分析法、比率分析法。

比较分析法是通过对被审计单位某一具体项目与既定标准进行比较，寻找差异，发现问题，以获取审计证据的一种技术方法。相关标准有该项目的计划数、预算数、上期实际数或同行业标准等。比较分析法可比较绝对数，也可比较相对数。绝对数比较分析法是将有关资料的数量、金额与相关标准进行直接比较，看其差额的程度是否在正常范围内，是否合乎情理。相对数比较分析法是对有关同类指标的相对数进行比较，分析增减变化程度是否正常合理，从中找出问题或者反常情况的一种比较分析法。

比率分析法是指通过对两个性质不同，但又相关的指标所构成的比率进行分析，从中发现疑点，进一步查明原因的一种技术方法。例如，利用资产负债率、流动比率、速动比率可以分析企业负债水平和偿债能力。

（2）按审查书面资料的顺序分类，审查书面资料的方法可以分为顺查法和逆查法。

①顺查法。顺查法是指按照会计核算处理顺序，依次对证、账、表各个环节进行审查的方法。其具体操作是：首先，审查原始凭证是否真实正确、合理合法，并核对记账凭证；其次，以记账凭证核对账簿，审查账证是否一致，总分类账余额同所属明细分类账余额的合计是否一致；最后，以账簿核对财务报表，审查调整结账事项同所编制的报表是否一致。

②逆查法。逆查法是指按照会计核算相反的处理顺序，依次对表、账、证各个环节进行审查的方法。

（3）按审查书面资料的数量分类，审查书面资料的方法可以分为详查法和抽查法。

①详查法。详查法是对被审计单位审计期内被审事项的所有凭证、账簿和报表进行详细审查的一种审计方法。这种方法审计成本高，难以普遍采用。详查法的特点是：对被审期间的全部会计资料和其反映的经济活动进行全面、详细的审查，以查找其中的错弊为主要目标。

②抽查法。抽查法是指从被审计单位被审查期内特定审计事项的全部会计资料中选取部分资料进行审查，根据审查结果推断全部资料有无错弊的一种审计方法。抽查法的特点是：根据被审查期间的审计对象总体的具体情况、审计目的和要求选取具有代表性的样本，然后根据抽取样本的审查结果来推断总体的正确性，或推断其余未抽查部分有无错弊。

2.证实客观事物的方法

（1）盘点法。盘点法是指对被审计单位各项财产物资进行实地盘点，以确定其数量、品种、规格及其金额等实际情况，借以证实有关实物账户余额是否真实、正确，从中搜集实物证据的一种方法。

直接盘点是指审计人员亲自到现场盘点实物，并要求被审计单位有关人员协同执行，以证实书面资料同有关的财产物资是否相符的方法。这种方法在实际中应用较少，常用于数量较少，但容易出现舞弊行为的贵重财物。

监督盘点是指审计人员现场监督被审计单位各种实物资产及库存现金、有价证券等的盘点，并进行适当的抽查。一般而言，实物资产的盘点是被审计单位管理层的责任，应由被审计单位进行计划、组织和实施，审计人员只进行现场监督并适当抽查复点。审计人员抽点部分如发现差异，除应督促被审计单位更正外，还应扩大抽查范围，如发现差错过大，则应要求被审计单位重新盘点。

（2）查询及函证法。查询法是指审计人员对有关人员进行书面或口头询问以获取审计证据的方法。

函证法是指审计人员为印证被审计单位会计记录所载明事项而向第三者发函询证的一种方法，分为积极式函证和消极式函证。

（3）观察法。观察法是指审计人员通过实地观察取得审计证据的一种审计技术。

（4）调节法。调节法是指审查某个项目时，由于被审计单位结账日数据和审计日数据不一致，通过对有关数据进行增减调节，用来证实结账日数据账实是否一致的审计方法。

（5）鉴定法。鉴定法是指对书面资料、实物和经济活动等的分析、鉴别，超过审计人员能力和知识水平时，聘请有关专业部门或人员运用专门技术进行确定和识别以获取审计证据的方法。

三、实训内容

实训一　原始凭证和记账凭证的审阅

（一）实训所需条件

本实训所需资料如下：

审计人员在审计华星公司2022年度财务收支及相关会计资料时发现：

2022年8月2日第5号记账凭证（见表3-1）附发票两张，如图3-2、图3-3所示。

表3-1

记 账 凭 证

2022年8月2日　　　　现付字第5号

摘要	会计科目		记账	借方金额											记账	贷方金额										
	总账科目	明细科目	√	亿	千	百	十	万	千	百	十	元	角	分	√	亿	千	百	十	万	千	百	十	元	角	分
报销办公用品费	管理费用	办公费							6	0	0	0	0	0												
	库存现金																				6	0	0	0	0	0
合计								¥	6	0	0	0	0	0						¥	6	0	0	0	0	0

附单据2张

会计主管：钱庄　　记账：赵丽　　出纳：张平　　审核：孙佳　　制单：陈红

辽宁省零售统一发票

No.4005010

10101020　　开票日期：2022年8月1日

（全国统一发票监制章　国家税务总局　辽宁省税务局）

购买方	
名　称	华星公司
纳税人识别号	370982310042
地址、电话	大连市解放路12号 0411-88226214
开户行及账号	工行解放路营业部 2403115432

密码区：
7<108<372/*+43-+953*+*56>/
7-6/+7274653850/*+1-85<0-6
491+92+7>8/4/<*743-/152*<+
6>1/194>+31>46171*1*8<3/1>

货物或应税劳务、服务名称	规格型号	单位	数量	单价	金额	税率	税额
计算器		个	2	144.00	288.00		
复写纸		盒	2	5.00	10.00		
账本		本	10	32.00	320.00		
合计					618.00		

价税合计（大写）：⊗陆佰壹拾捌元整　（小写）：¥618.00

销售方	
名　称	联华文化用品公司
纳税人识别号	23103489102603
地址、电话	大连市中山区99号 0411-88556177
开户行及账号	工行珠江办事处 035101082120

备注：（联华文化用品公司　23103489102603　发票专用章）

第一联　记账联

收款人：　　复核：　　开票人：

图3-2　辽宁省零售统一发票

辽宁省零售统一发票 No.4005011

101040310 （全国统一发票监制章 国家税务总局 辽宁省税务局） 开票日期：2022年8月2日

购买方	名　　称：王进 纳税人识别号： 地 址 、电 话： 开户行及账号：					密码区	7<108<372/*+43-+953*+*56>/ 7-6/+7274653850/*+1-86<0-6 491+92+7>8/4/<*743-/152*<+ 6>1/194>+31>46171*1*8<3/1>	
货物或应税劳务、服务名称	规格型号	单位	数量	单价	金额	税率	税额	
办公用品					5 382.00			
合计								
价税合计（大写）：⊗伍仟叁佰捌拾贰元整					（小写）¥5 382.00			
销售方	名　　称：文东文具店 纳税人识别号：230103489103 地 址 、电 话：大连市开发区99号 0411-88566177 开户行及账号：工行解放路营业部 2483115432					备注	文东文具店 230103489103 发票专用章	

第一联 记账联

收款人：　　　　复核：　　　　开票人：

图3-3 辽宁省零售统一发票

（二）实训要求

1.阐述原始凭证和记账凭证审核的内容。

2.简述审查会计资料的方法。

3.运用审计方法审查上述原始凭证和记账凭证，指出存在的问题，编制调整分录，见表3-2。

表3-2

记 账 凭 证

年 月 日　　　　字第 号

摘要	会计科目		记账	借方金额											记账	贷方金额										
	总账科目	明细科目	√	亿	千	百	十	万	千	百	十	元	角	分	√	亿	千	百	十	万	千	百	十	元	角	分
合计																										

附单据　张

会计主管：　　记账：　　出纳：　　审核：　　制单：

（三）实训组织方法及步骤

将上课班级学生划分几组，每组3~5人，组成模拟审计小组。

1.引导学生思考在基础会计学中学习的原始凭证和记账凭证审核的内容。

2.引导学生思考审计方法的种类及应用范围。

3.运用学习过的审计方法，结合原始凭证和记账凭证审核的内容，对表3-1、图3-2、图3-3进行审阅，找出其存在的问题。

4.编制调整分录，填写在表3-2中。

（四）实训考核方法

按每组学生完成实训要求情况打分。

实训二　主营业务收入审计

（一）实训所需条件

本实训所需资料如下：

审计人员王明审查胜利公司会计资料时发现主营业务收入明细账见表3-3。

表3-3　明　细　账

会计科目　主营业务收入　　明细科目＿＿＿＿　　子目＿＿＿＿

2022年		凭证号	摘要	借方										贷方										核对号	借或贷	余额									
月	日			千	百	十	万	千	百	十	元	角	分	千	百	十	万	千	百	十	元	角	分			千	百	十	万	千	百	十	元	角	分
12	1	1	销售甲产品														6	0	0	0	0	0	0												
12	7	12	销售乙产品														4	8	0	0	0	0	0												
12	14	38	销售甲产品														1	5	0	0	0	0	0												
12	23	77	销售甲产品折让					1	0	0	0	0	0																						
12	25	89	销售乙产品													2	0	0	0	0	0	0	0												
12	28	98	销售A材料													1	3	3	0	0	0	0	0												
12	30	126	结转至本年利润			4	5	5	0	0	0	0	0																						
12	31		本月合计			4	5	6	0	0	0	0	0			4	5	6	0	0	0	0	0		平										
12	31		本年累计			4	5	6	0	0	0	0	0			4	5	6	0	0	0	0	0		平										
12	31		结转下年																																

其中，12月23日第77号凭证的分录见表3-4。

表 3-4

记 账 凭 证

2022 年 12 月 23 日 记字第 77 号

摘 要	会计科目		记账	借方金额											记账	贷方金额										
	总账科目	明细科目	√	亿	千	百	十	万	千	百	十	元	角	分	√	亿	千	百	十	万	千	百	十	元	角	分
销售甲产品折让	主营业务收入	甲产品							1	0	0	0	0	0												
	库存现金																				1	0	0	0	0	0
合 计								¥	1	0	0	0	0	0						¥	1	0	0	0	0	0

附单据1张

会计主管：钱多多 记账：张丽 出纳：张小娜 审核：眉佳 制单：王勉

（二）实训要求

1.运用审阅法、验算法、核对法、分析法，指出上述资料存在的问题。

2.编制调整会计分录见表 3-5。

表 3-5

记 账 凭 证

年 月 日 字第 号

摘 要	会计科目		记账	借方金额											记账	贷方金额										
	总账科目	明细科目	√	亿	千	百	十	万	千	百	十	元	角	分	√	亿	千	百	十	万	千	百	十	元	角	分
合 计																										

附单据 张

会计主管： 记账： 出纳： 审核： 制单：

（三）实训组织方法及步骤

将上课班级同学划分几组，每组 3~5 人，组成模拟审计小组。

1.复核主营业务收入明细账，复核加计是否正确。

2.采用审阅法审查第 77 号记账凭证存在的问题。

3. 将调整分录填写在表3-5的记账凭证中。

（四）实训考核方法

按每组学生完成实训要求情况打分。

实训三　审计调节法的运用

（一）实训所需条件

本实训所需资料如下：

大胜公司2022年12月31日库存商品明细账结存数量、2023年1月1日至18日收发记录、2023年1月18日盘点数据见表3-6。

表3-6　　库存商品收发、结存记录　　单位：件

品名	2022年12月31日账存数	2023年1月18日盘点数	2023年1月1日至18日		2022年12月31日应存数	2022年12月31日账实是否相符
			发出数	收入数		
A产品	7 198	8 060	10 720	11 400		
B产品	7 720	7 580	12 930	12 800		
C产品	4 150	3 790	5 660	5 300		

（二）实训要求

1. 阐述什么是审计调节法。

2. 运用调节法计算并完成表3-6。

3. 如果库存商品账实不符，应该如何处理？

（三）实训组织方法及步骤

将上课班级学生划分几组，每组3~5人，组成模拟审计小组。

1. 引导学生回忆审计调节法的含义。

2. 引导学生思考期末库存商品结存数量确定的计算公式。

3. 将表3-6填写完整，并写出计算过程。

4. 如果库存商品账实不符，会计人员应如何处理。

（四）实训考核方法

按每组学生完成实训要求情况打分。

实训四　资产负债表审计

（一）实训所需条件

本实训所需资料如下：

审计人员对金马股份有限公司审计时，取得如下资料：

（1）2022年12月31日资产负债表见表3-7。

表3-7

资产负债表（简表）

编制单位：金马股份有限公司　　2022年12月31日　　单位：元

资产	金额	负债和所有者权益	金额
货币资金	98 640	短期借款	40 000
应收账款	22 516	应付账款	136 000
存货	250 800	应交税费	12 000
其中：原材料	120 000	其中：增值税	2 400
在产品	130 800	所得税	9 600
产成品	0	负债合计	188 000
固定资产	247 200	实收资本	400 000
		盈余公积	10 000
		未分配利润	21 156
		所有者权益合计	431 156
资产总计	619 156	负债和所有者权益总计	619 156

（2）2022年12月原材料总账见表3-8。

表3-8

总　账

会计科目<u>原材料</u>　　明细科目____________　　子目____________

2022年		凭证号	摘要	收入										发出										核对号	借或贷	结存									
月	日			千	百	十	万	千	百	十	元	角	分	千	百	十	万	千	百	十	元	角	分			千	百	十	万	千	百	十	元	角	分
12	1		期初结余																						借				2	6	0	0	0	0	0
12	2	2	购入			1	5	0	0	0	0	0	0											√	借			1	7	6	0	0	0	0	0
12	16	13	购入			2	4	0	0	0	0	0	0											√	借			4	1	6	0	0	0	0	0
12	31	77	生产领用													2	9	6	0	0	0	0	0	√	借			1	2	0	0	0	0	0	0
12	31		本月合计			3	9	0	0	0	0	0	0			2	9	6	0	0	0	0	0	√	借			1	2	0	0	0	0	0	0

（3）2022年12月生产成本计算表见表3-9。

表3-9 生产成本计算表 单位：元

成本项目	直接材料	直接人工	制造费用	合计
期初在产品	40 000	4 000	8 000	52 000
本期投入	296 000	32 000	50 000	378 000
费用合计	336 000	36 000	58 000	430 000
单位成本	1 120	144	232	1 496
结转产成品（200件）	224 000	28 800	46 400	299 200
期末在产品（100件）	112 000	7 200	11 600	130 800

（4）2022年12月原材料收发存月报表见表3-10。

表3-10 原材料收发存月报表

项目材料		A材料	B材料	C材料	D材料	合计
期初	数量	300件	80千克	80套	400千克	
	单价（元）	40.00	100.00	50.00	5.00	
	金额（元）	12 000.00	8 000.00	4 000.00	2 000.00	26 000.00
收入	数量	5 200件	1 000千克	1 440套	2 000千克	
	单价（元）	40.00	100.00	50.00	5.00	
	金额（元）	208 000.00	100 000.00	72 000.00	10 000.00	390 000.00
发出	数量	4 100件	720千克	400套	1 600千克	
	单价（元）	40.00	100.00	50.00	5.00	
	金额（元）	164 000.00	72 000.00	20 000.00	8 000.00	264 000.00
结存	数量	1 400件	360千克	1 120套	800千克	
	单价（元）	40.00	100.00	50.00	5.00	
	金额（元）	56 000.00	36 000.00	56 000.00	4 000.00	152 000.00

（5）2022年12月31日存货盘存表见表3-11。

表 3-11

存货盘存表

2022 年 12 月 31 日

存货名称	单位	数量
材料：A	件	1 400
B	千克	360
C	套	1 120
D	千克	800
在产品	件	100
产成品	件	0

（6）该公司所得税税率为 25%。

（二）实训要求

对资产负债表进行检查，指出存在的问题，并作出调整。

（三）实训组织方法及步骤

将上课班级学生划分几组，每组 3~5 人，组成模拟审计小组。

1. 带领学生复习有关存货收入、发出相关知识。

2. 带领学生复习资产负债表中存货列报的方法及存货的内容。

3. 对资产负债表进行检查，指出存在的问题，并作出调整。

（四）实训考核方法

按每组学生完成实训要求情况打分。

实训五　应付账款审计

（一）实训所需条件

本实训所需资料如下：

2023 年 2 月 2 日，公正会计师事务所注册会计师王明带领审计助理张宏审计华星公司 2022 年 12 月 31 日的资产负债表的应付账款时，得到了应付账款总账及明细账资料见表 3-12 至表 3-19。

表 3-12

总　账

会计科目 应付账款　　明细科目______　　子目______

2022年		凭证号	摘要	收入										发出										核对号	借或贷	结存									
月	日			千	百	十	万	千	百	十	元	角	分	千	百	十	万	千	百	十	元	角	分			千	百	十	万	千	百	十	元	角	分
12	1		期初结余																					√	贷			5	3	6	0	0	0	0	0
12	10	34	1—10日汇总			1	0	7	0	0	0	0	0				9	2	7	5	0	0	0	√	贷			5	2	1	7	5	0	0	0
12	20	35	11—20日汇总			1	4	0	0	0	0	0	0			5	0	8	4	4	0	0	0	√	贷			8	9	0	1	9	0	0	0
12	31	36	21—31日汇总			4	5	0	2	0	0	0	0			3	3	6	9	6	0	0	0	√	贷			7	7	6	9	5	0	0	0
12	31		本月合计			6	9	7	2	0	0	0	0			9	3	8	1	5	0	0	0	√	贷			7	7	6	9	5	0	0	0
			本年累计			6	9	7	2	0	0	0	0			9	3	8	1	5	0	0	0	√	贷			7	7	6	9	5	0	0	0
			结转下年																																

表 3-13

明 细 账

会计科目 应付账款　　明细科目 上海五金公司　　子目 ______

2022年		凭证号	摘要	收入										发出										核对号	借或贷	结存									
月	日			千	百	十	万	千	百	十	元	角	分	千	百	十	万	千	百	十	元	角	分			千	百	十	万	千	百	十	元	角	分
12	1		期初余额																					√	贷			1	0	0	0	0	0	0	0
12	18	55	购进产品													5	0	8	4	4	0	0	0	√	贷			6	0	8	4	4	0	0	0
12	31		本月合计													5	0	8	4	4	0	0	0	√	贷			6	0	8	4	4	0	0	0
12	31		本年累计													5	0	8	4	4	0	0	0	√	贷			6	0	8	4	4	0	0	0
12	31		结转下年																																

表 3-14

明 细 账

会计科目 应付账款　　明细科目 深圳科技公司　　子目 ______

2022年		凭证号	摘要	收入										发出										核对号	借或贷	结存									
月	日			千	百	十	万	千	百	十	元	角	分	千	百	十	万	千	百	十	元	角	分			千	百	十	万	千	百	十	元	角	分
12	1		期初余额																					√	贷			4	3	6	0	0	0	0	0
12	2	5	支付部分货款			1	0	7	0	0	0	0	0											√	贷			3	2	9	0	0	0	0	0
12	31		本月合计			1	0	7	0	0	0	0	0											√	贷			3	2	9	0	0	0	0	0
12	31		本年累计			1	0	7	0	0	0	0	0											√	贷			3	2	9	0	0	0	0	0
12	31		结转下年																																

表 3-15

明 细 账

会计科目 应付账款　　明细科目 北京车床厂　　子目 ______

2022年		凭证号	摘要	收入										发出										核对号	借或贷	结存									
月	日			千	百	十	万	千	百	十	元	角	分	千	百	十	万	千	百	十	元	角	分			千	百	十	万	千	百	十	元	角	分
12	8	26	购进产品													3	3	6	9	6	0	0	0	√	贷			3	3	6	9	6	0	0	0
12	31		本月合计													3	3	6	9	6	0	0	0	√	贷			3	3	6	9	6	0	0	0
12	31		本年累计													3	3	6	9	6	0	0	0	√	贷			3	3	6	9	6	0	0	0
12	31		结转下年																																

表 3-16

明　细　账

会计科目 应付账款　　明细科目 沈阳机械厂　　子目＿＿＿＿

2022年		凭证号	摘要	收入										发出										核对号	借或贷	结存									
月	日			千	百	十	万	千	百	十	元	角	分	千	百	十	万	千	百	十	元	角	分			千	百	十	万	千	百	十	元	角	分
12	8	27	购进产品														5	0	6	3	0	0	0	√	贷				5	0	6	3	0	0	0
12	31		本月合计														5	0	6	3	0	0	0	√	贷				5	0	6	3	0	0	0
12	31		本年累计														5	0	6	3	0	0	0	√	贷				5	0	6	3	0	0	0
12	31		结转下年																																

表 3-17

明　细　账

会计科目 应付账款　　明细科目 北京通达公司　　子目＿＿＿＿

2022年		凭证号	摘要	收入										发出										核对号	借或贷	结存									
月	日			千	百	十	万	千	百	十	元	角	分	千	百	十	万	千	百	十	元	角	分			千	百	十	万	千	百	十	元	角	分
12	9	30	购进产品														4	2	1	2	0	0	0	√	贷				4	2	1	2	0	0	0
12	31		本月合计														4	2	1	2	0	0	0	√	贷				4	2	1	2	0	0	0
12	31		本年累计														4	2	1	2	0	0	0	√	贷				4	2	1	2	0	0	0
12	31		结转下年																																

表 3-18

明　细　账

会计科目 应付账款　　明细科目 南京金星公司　　子目＿＿＿＿

2022年		凭证号	摘要	收入										发出										核对号	借或贷	结存									
月	日			千	百	十	万	千	百	十	元	角	分	千	百	十	万	千	百	十	元	角	分			千	百	十	万	千	百	十	元	角	分
12	12	50	预付货款			1	4	0	0	0	0	0	0											√	借			1	4	0	0	0	0	0	0
12	31		本月合计			1	4	0	0	0	0	0	0											√	借			1	4	0	0	0	0	0	0
12	31		本年累计			1	4	0	0	0	0	0	0											√	借			1	4	0	0	0	0	0	0
12	31		结转下年																																

表 3-19　　明细账

会计科目　应付账款　　　明细科目　长沙造纸厂　　　子目＿＿＿＿＿＿

2022年		凭证号	摘要	收入										发出										核对号	借或贷	结存									
月	日			千	百	十	万	千	百	十	元	角	分	千	百	十	万	千	百	十	元	角	分			千	百	十	万	千	百	十	元	角	分
12	12	51	预付货款			4	5	0	2	0	0	0	0											√	借			4	5	0	2	0	0	0	0
12	31		本月合计			4	5	0	2	0	0	0	0											√	借			4	5	0	2	0	0	0	0
12	31		本年累计			4	5	0	2	0	0	0	0											√	借			4	5	0	2	0	0	0	0
12	31		结转下年																																

（二）实训要求

采用核对法对华星公司应付账款进行审核，并编制应付账款核对审计工作底稿，见表3-20。

（三）实训组织方法及步骤

将上课班级学生划分几组，每组3~5人，组成模拟审计小组。

1.指导学生将应付账款总账和明细账进行账账核对。

2.指导学生完成审计工作底稿（见表3-20）的编制。

表3-20　　**应付账款核对审计工作底稿**

被审计单位：＿＿＿＿＿＿			索引号：FD2		
项目：应付账款核对			财务报表截止日/期间：＿＿＿＿＿＿		
编制：＿＿＿＿＿＿			复核：＿＿＿＿＿＿		
日期：＿＿＿＿＿＿			日期：＿＿＿＿＿＿		
账户名称	期初余额	本期借方发生额合计	本期贷方发生额合计	期末余额	备注
审计结论：					

（四）实训考核方法

按每组学生完成实训要求情况打分。

实训六　审计抽样技术的运用

（一）实训所需条件

本实训所需资料如下：

注册会计师程懿负责审计华硕公司2022年度财务报表。程懿采用统计抽样测试现金支付授权控制是否有效运行，部分做法摘录如下：

（1）程懿为测试现金支付授权控制是否有效运行，从2022年1月1日至2022年12月31日期间的所有已得到授权的项目中抽取样本。

（2）在对所选取的样本实施检查的过程中，程懿将抽样单元定义为每一张现金支付单据。

（3）在对样本检查的过程中，程懿发现一笔现金支付单据后没有附盖“已付”戳记的发票和订购单，华硕公司总经理解释：该发票因为管理不善丢失，程懿没有将其视为控制偏差。

（4）在对选取的样本项目进行检查后，程懿将在样本中发现的偏差数量除以样本规模计算出样本偏差率，样本偏差率就是对总体偏差率的最佳估计。

（5）程懿确定的可容忍偏差率为8%，样本规模为90。测试样本后，发现3例偏差，当可接受的信赖过度风险为10%时，确定的风险系数为6.7，则程懿计算得出的总体偏差率上限为7.4%，低于可容忍偏差率8%，可以接受总体。

（二）实训要求

针对上述第（1）项至第（5）项，逐项指出程懿的做法是否正确。如不正确，简要说明理由。

简要提示：

（1）不正确，程懿如果从已得到授权的项目中抽取样本，不能发现控制偏差，因为该总体不包含那些已支付但未得到授权的项目。因此程懿应当将所有已支付现金的项目作为总体。

（2）正确。

（3）不正确，没有后附盖上“已付”戳记的发票和订购单等原始凭证的现金支付应该被视为控制偏差。

（4）正确。

（5）不正确，程懿计算得出的总体偏差率上限为7.4%，低于但接近可容忍偏差率8%，注册会计师应该结合其他审计程序的结果，考虑是否接受总体，并考虑是否需要扩大控制测试范围，以进一步证实计划评估控制的有效性和重大错报风险水平。

（三）实训组织方法及步骤

将上课班级学生划分几组，每组3~5人，组成模拟审计小组。

1.指导学生判断上述程懿的做法是否正确。

2.指导学生说明上述程懿做法不恰当的原因。

（四）实训考核方法

按每组学生完成实训要求情况打分。

四、案例专栏

案例一　正确运用审计抽样

注册会计师从40户华兴公司期末应收账款客户中，抽取18户作为样本，占抽出样本总户数的45%，抽取样本的总金额为11 402 667.48元，占期末应收账款余额的76%。收到回函的样本金额为9 692 267.36元，占总样本的85%。注册会计师对收回样本回函进行分析，发现4 361 520.31元应收账款产生差异，经追查，由于华兴公司业务往来的内部控制及其应收账款的管理混乱，华兴公司错账达3 647 890元。

据此，注册会计师推断总体误差超过可容忍误差，应当扩大函证的范围或执行替代审计程序，以获取充分、适当的审计证据。

案例提示：

由于注册会计师评价样本的结果，是要推断总体特征的，所以如果样本不充分，应当扩大样本范围，使样本可以代表总体。注册会计师评价样本结果，以确定对总体的相关特征的最初评估是否得到证实或需要修订。对于控制测试，出乎预期的高样本误差率会导致所评估的控制风险水平的提高，除非获得进一步的证据证实最初的评估。对于实质性程序，如果某一样本中的误差金额高得异常，同时又没有进一步的证据表明重大错报不存在，可能使注册会计师认为某一账户余额或交易类别存在重大错报。

二维码展示
内容3-1

案例分析：

结合以上案例，请回答注册会计师使用样本结果推断总体特征时，应当注意哪些问题？

案例二　利用询问发现疑问

华兴公司是一家中等规模的咨询服务公司，注册会计师李浩在检查银行存款日记账时，发现华兴公司每一个月都有一笔向银信公司支付的劳务费，金额不等，于是就此事询问会计人员，“银信公司给公司提供什么服务？”会计总管、记账人员等回答不一致，而且谁都说不清楚，这引起李浩的注意，经进一步询问，会计总管说与银信公司的业务往来是总经理单线联系的，每月月初总经理会交给记账人员一份与银信公司的合同，记账人员据此作如下会计处理：

借：劳务成本

　　贷：应付账款——银信公司

过一段时间，总经理会拿一张银信公司的收据，签名后让出纳把款项支付出去，出纳付款后记账人员作如下会计处理：

借：应付账款——银信公司

　　贷：银行存款

注册会计师听了会计人员的解释，查阅了相应的原始凭证，没有发现异常，但由于该项业务的整个发生过程及其会计处理都受总经理一人控制，缺少相应的内部牵制，李浩对此仍有疑问。

在休息时，李浩与华兴公司一名副总经理（股东之一）聊天，李浩故意轻描淡写地问起每月与银信公司的业务往来及其劳务费的支付情况，这位副总经理非常惘然，说华兴公司成立以来一直都没有一个固定的业务客户，这又加大了李浩的疑虑，于是决定向银信公司函证应付账款。

就在审计工作基本完成，李浩准备与华兴公司管理层交换意见的前一夜，那名副总与其他几名股东主动与李浩沟通，主要谈到他们对银信公司的调查情况。银信公司自注册以来没有开展过任何业务，但经常为他人提供银行账户使用，他们怀疑总经理是否利用银信公司把华兴公司的钱转移到他自己的口袋里，他们准备继续搜集证据，必要时要寻求法律诉讼。李浩听了他们的意见，又查阅了以前年度的相关账项，了解到这种情况已经发生很久了，对财务报表的影响很大，按照谨慎性原则，注册会计师在审计工作底稿中详细记录了对此事项的询问及其产生的疑虑，但由于函证没有收到，注册会计师又不可能实施延长审计时间取证的程序，仅凭会计人员的表述及副总等的口头证据，不能完全支持注册会计师对虚构劳务支出及应付账款的疑虑，因此注册会计师出具了无法表示意见的审计报告。

案例提示：

在审计实务中，由于注册会计师既不是执法者，也不是管理者，注册会计师可综合采用各种办法实施询问程序，但询问时需要注意方式，以求最佳的询问效果。

案例分析：

请结合本案例阐述询问这一审计方法的使用。

二维码展示内容3-2

案例三　A国有企业内部控制审计

（一）案例背景

被审计单位为A国有企业，2023年5月委托信和事务所对其内部控制制度设计及执行情况进行专项审计咨询，项目为期20天。在审计过程中，项目组实施了访谈、查阅、实地观察、资产监盘等审计程序，并梳理A国有企业的各项制度、流程，抽取测试样本千余个。

（二）本次审计咨询工作简要程序

1.审计准备阶段，了解项目的审计咨询范围。该项目审计范围主要为公司各机关和业务部门，包括物资采购、资产管理、物业运行管理、工程管理、人力资源管理、预算管理、资金管理、行政管理等具体业务环节，还抽查了基层单位，并将2022年度及2023年1—3月的业务作为检查测试的工作重点，依据各业务流程将测试工作分布在整个业务链中，以达到测试整个流程的目的。此外还要与相关领导沟通方案，确认进场时间。

2.梳理内部控制建设情况及流程，确定重要控制点。A国有企业内部控制系统建设情况如下：2022年编印《A国有企业管理制度、办法汇编》，共分为3大部分15类91项，涵盖了公司章程、董事会工作规则、董事会议事规则、监事会议事规则和总经理办公会议事规则、工程项目管理办法、财务与会计管理办法、采购与供应管理办法、人力资源管理办法、资产管理办法、行政管理办法、纪检监察审计办法、法律事务管理办法等。2022年和2023年对内控制度汇编进行重新梳理，修订或新增共6项制度，包括员工培训管理办法、招标投标管理办法、人力资源管理办法、安全风险抵押办法、信访稳定工作责任抵押考核办法和闲置资产盘活及新项目开发管理办法等。

3.就重要控制点执行情况，选择测试部门和基层单位进行测试；对测试发现的问题缺陷类型进行定性分类，明确其为控制缺陷还是执行缺陷。

4.汇总测试结果，总结内控存在的问题，完成审计咨询报告。

（三）内部控制审计发现的问题

1.内部控制体系设计存在的缺陷

（1）资金活动。资金管理办法仅有资金管理的相关要求，但未对资金收支计划的编制、审批和拨付、超计划资金审批及拨付、资金使用的分析监督检查等具体管理流程和权限进行明确。制度中对大额资金使用未明确审批权限和流程。

（2）资产管理。在公司层面，存货管理制度仅要求基层单位建立存货管理岗位责任制、明确内部相关部门和岗位的职责权限，未对基层单位存货领用基本流程进行规范，流程管理职责模糊。

（3）工程项目管理。相关制度未对建设项目工程价款结算的流程和权限进行规范；也未对工程财务决算审计的期限进行规定；无完工项目的评估制度，只要验收合格即完工结束，没有后续的绩效与责任追究制度，这可能导致项目投资失控或不能实现预期效益。

（4）合同管理。合同管理办法未建立合同的后评估制度，不能及时发现合同违约等法律风险。对公司印章未建立相关管理规定，印章使用不当可能产生法律风险，导致公司利益受损。

2.企业内部控制执行情况及发现的问题

（1）合同管理。在合同订立、变更、解除或终止和纠纷处理等方面，公司各部门能按合同相关管理办法进行相关业务处理，且合同管理流程和职责明确。但是部分合同经办人员法律风险意识弱，相关部门合同审核管理不严谨，订购合同产品名称不明确可能引发合同纠纷。例如，2021年某项固定资产采购，价格偏高，比价采购审核不到位，合同结算条款笼统（未明确增值税发票税率、结算账期等）。

（2）人力资源管理。临时工管理不到位，可能存在舞弊风险。检查2022年3月临时工花名册与劳务派遣工资发放明细人员名单不符。存在未在花名册中实际已发放工资的临时工人员66人，差异主要为新增临时工；另有法律顾问将7 600元以2个临时工工资名义发放，合同是以律师事务所名义签订的，顾问咨询费用付至个人，临时工和财务管理不规范，且临时工未缴纳社保可能导致法律诉讼风险。

（3）存货管理方面。在实际中，未完全执行《招标投标管理办法》《物资采购比价审计管理办法》，存在审价不严谨情形。部分实物管理部门对存货入库与领用等未建立永续盘存账簿记录，且相关资料未妥善保存，以前年度存货出入库情况不能进行账实核对。制度规定各部门每月末进行各类存货盘点，实际未执行。

参考资料：闫国睿，李甲琳．国有企业内部控制审计案例分析［J］．河北企业，2022（8）：43-45.

二维码展示内容3-3

案例分析：

请结合上述内容，给出A国有企业完善内部控制管理的建议。

案例四　服装公司副总经理伪造加薪通知书私吞公司9万元

华美服装公司副总经理黄卫东“主动”给自己加工资，因涉嫌职务侵占被杭州市拱墅区检察院提起公诉，西城区人民法院依法受理了此案。

据称，黄卫东其实是个很能干的人，每月也有8 500元的收入，由于工作业绩好，2021年6月杭州分公司的总经理要给他加薪，并把加薪到1.18万元的方案报送给北京总公司。总公司领导认为：加薪过高，只同意给黄卫东加薪到1万元。黄卫东看到被总公司修正的加薪方案很不高兴。事后他找到公司人力资源部经理辉旭，二人都觉得总公司“不近人情”，决定“主动”加薪。

二人首先将北京总公司经理的签字剪下来，贴在公司加薪通知书上，再反复复印，将通知书发到公司财务部，说明黄卫东的工资为每月1.18万元。几天后，二人再次“行文”，要求再“补发”黄卫东3个月的工资。之后，两人利用同样手段，又将黄卫东的工资加到1.35万元，同时辉旭的工资也从每月9 000元提升到10 000元。不久，北京总公司派人到杭州分公司审计，心虚的黄卫东和辉旭遂主动向公司提出辞职，后被举报归案。拱墅区检察院指控二人共同侵占公司8.7万余元。

参考资料：李东，丁毅．伪造加薪通知书私吞5万　辞职仍被举报［N］．京华时报，2002-02-21.

二维码展示内容3-4

案例分析：

该案例揭示的作案手段其实十分简单，无非是黄卫东与公司人力资源部经理辉旭相互勾结，沆瀣一气，盗用公司经理签字从而达到自己给自己涨工资的目的。该案例耐人寻味，你认为引起你深思之处有哪些？

案例五 充分运用分析程序

琼民源案件是我国证券市场自建立以来最严重的一起证券欺诈案件。

1996年，琼民源虚构了5.66亿元利润、虚增资本公积6.57亿元。虚增的利润主要来源于：（1）将合作方香港冠联置业公司投入的股本及合作建房资金1.95亿元确认为收入；（2）通过三次循环转账手法，虚构收到转让北京民源大厦部分开发权收入2.7亿元；（3）将向开源公司转让民源大厦未建成的商场经营权所获得的5 000万元确认为收入；（4）将收到合作者的民源大厦的建设补偿费5 100万元确认为收入；（5）将从北京市富强新技术开发公司取得的厂房经营收入3 000万元确认为收入。上述虚构的结果导致公司的固定资产、在建工程、无形资产都大幅度增加，使其利润由1995年的67万元“猛增”至1996年的5.7093亿元，净资产收益率由1995年的0.034元/股增加到1996年的21.51元/股，股票价格也由3元/股飙升至30多元/股。面对这些人为的利润调整，承担琼民源1996年度财务报表审计业务的中华会计师事务所，出具了含有严重虚假内容的审计报告，误导了投资者，在社会上造成了恶劣影响，中华会计师事务所及其相关的审计人员因此受到了严厉的惩罚。

琼民源事件处理结果如下：（1）将制造虚假财务数据的有关材料移交司法机关，依法追究有关人员的刑事责任并建议其所在公司依照法定程序撤销其各项职务；对琼民源公司及有关董事处以警告。（2）建议由琼民源的控股股东民源海南公司的主管部门组成清理整顿小组，负责处理琼民源的日常工作，并依法召开琼民源临时股东大会，选举新的董事会。在新的董事会对已公布的虚假财务报告进行更正并重新披露后，依照有关规定向深交所申请复牌。（3）建议有关主管部门撤销直接为琼民源进行审计的中华会计师事务所，吊销其主要负责人的注册会计师资格证书。对中华会计师事务所处以警告，暂停其从事证券业务资格6个月，对该事务所在琼民源财务审计报告上签字的注册会计师，暂停其从事证券业务资格3年。对海南大正会计师事务所罚款30万元，暂停其从事证券相关资产评估业务的资格6个月，对负有直接责任的注册会计师，暂停其从事证券业务资格3年。（4）对民源海南公司和深圳有色金属财务公司分别处以警告，没收非法所得6 651万元和6 630万元，并各罚款200万元。建议有关部门对深圳有色金属财务公司的主要负责人和直接责任人给予行政处分。

1998年12月4日，北京的中关村宣布入主琼民源；1999年1月5日，琼民源临时股东大会授权董事会进行资产核查和公司重组；1999年6月8日，股东大会通过了“发起设立，定向发行，等量置换，新增发行”重组方案；1999年7月12日，中关村（证券代码：000931）上市，琼民源终止上市资格。

参考资料：

［1］茆洁．从琼民源案例看审计失败之原因［J］．中国商界（下半月），2010（1）：86；88.

［2］宋夏云，李长虹，曹迎泽．琼民源失败的原因及启示［J］．中国农业会计，2005（10）：35-37.

［3］万里霜，任黎鸿．上市公司年度审计报告中的喜与忧——从“琼民源”与“渝钛白”说起［J］．上海会计，1999（5）：50-51.

案例分析：

琼民源利用关联方交易虚增利润和资本公积的手段并不高明，但为什么CPA却视而不见？这里，我们撇开注册会计师是否遵循职业道德、是否存在故意舞弊行为，请你从风险审计的技术方法分析注册会计师应当吸取的教训有哪些？

二维码展示
内容3-5

案例六　严格控制函证程序

A公司是一家上市的精密仪器生产制造企业。近年来由于原材料上涨、国际供应链等问题连年发生经营损失。A公司为了掩盖重大经营损失的真相，将1 500万元的损失篡改为900万元的收益。其中615.6万元是通过减少应付账款来实现的，具体途径有：（1）通过虚构大约300家广告商，虚构预付广告费180万元；（2）伪造56张贷项通知单（红字发票）合计329.4万元；（3）虚构100个事项，伪造差价退款约106.2万元。作为审计该公司的C会计师事务所，由于执行了一些并无实效的审计程序，尤其是执行了无效的函证程序，而导致审计失败。

案例提示：

在审计实务中，审计人员实施函证不能只是机械地发函、收函，必须实质性地控制函证的整个程序，这样才能减少审计风险：①抽取的样本要从充分性和适当性上足以代表总体，抽样比例不能过低；②函证是为审计目的而设计的重要程序，应当由审计人员专业判断函证的对象、范围、方式，而不能听任客户的摆布；③无论实施函证时采取什么方法提高效率，如先电话确认，再以传真或电子邮件等发函，都必须保证审计人员与被询证者的直接沟通，同时应当保证收集到被询证者回函的原件；④当审计人员通过其他程序发现问题时，一定要重新考虑函证程序的适当性，追加审计程序对相关予以证实或消除；⑤如果函证结果表明审计存在差异，审计人员应当对函证结果进行分析和评价，查明差异原因，并追加审计程序予以证实或消除。

二维码展示
内容3-6

参考资料：

[1] 李连华. 内部控制学［M］. 厦门：厦门大学出版社，2020.

[2] 杨阳. 注册会计师审计失败问题研究［D］. 长沙：中南大学，2005.

案例分析：

请根据所学知识逐一分析上述函证事项。

案例七　审计抽样的运用

正大会计师事务所指派王宇注册会计师对夏华股份有限公司（以下简称夏华公司）2022年度财务报表进行审计，在对存货项目审计时发现其业务总体规模数量为1 000个，存货项目账面金额为1 000 000元，假设王宇利用审计抽样模型计算的样本规模为200个，经过对200个样本逐一实施审计程序后得到样本平均审定金额为960元，同时，王宇注册会计师在计划审计阶段评估的存货项目重要性水平为

28 000元。

二维码展示
内容3-7

案例分析：

（1）请代王宇注册会计师采用均值估计抽样方法推断存货项目的总体金额。

（2）请根据存货项目的重要性水平对其抽样结果进行评价。

模块四　风险评估与应对

一、实训目的

能够理解并掌握以重大错报风险的识别、评估和应对为审计工作主线的审计程序；能够掌握识别和评估财务报表层次以及各类交易、账户余额、列报认定层次的重大错报风险的方法，并能够针对已评估的重大错报风险确定总体应对措施，设计和实施进一步审计程序。

通过本模块实训，引导学生在签订审计业务约定书时秉持质疑的理念、保持职业怀疑态度；了解我国注册会计师行业服务中国式现代化状况，增强学生爱国主义精神，增强学生制度自信；通过本模块实训，培养学生的职业判断力，教育学生明辨是非，明辨事理，忠于职守，坚持客观公正的原则。

二、理论知识点

注册会计师应当了解被审计单位及其环境，以充分识别和评估财务报表重大错报风险，设计和实施进一步审计程序。

（一）风险评估的作用

了解被审计单位及其环境是必要程序，特别是为注册会计师在下列关键环节作出职业判断提供重要基础：

（1）确定重要性水平，并随着审计工作的进程评估对重要性水平的判断是否仍然适当；

（2）考虑会计政策的选择和运用是否适当，以及财务报表的列报是否适当；

（3）识别需要特别考虑的领域，包括关联方交易、管理层运用持续经营假设的合理性，或交易是否具有合理的商业目的等；

（4）确定在实施分析程序时所使用的预期值；

（5）设计和实施进一步审计程序，以将审计风险降至可接受的低水平；

（6）评价所获取审计证据的充分性和适当性。

（二）风险评估程序

注册会计师应当实施下列风险评估程序，以了解被审计单位及其环境：

1.询问被审计单位管理层和内部其他相关人员

注册会计师可以考虑向管理层和财务负责人询问下列事项：

（1）管理层所关注的主要问题，如新的竞争对手、主要客户和供应商的流失、新的税收法规的实施以及经营目标或战略的变化等。

（2）被审计单位最近的财务状况、经营成果和现金流量。

（3）可能影响财务报告的交易和事项，或者目前发生的重大会计处理问题，如重大的购并事宜等。

（4）被审计单位发生的其他重要变化，如所有权结构、组织结构的变化，以及内部控制的变化等。

2.分析程序

分析程序是指注册会计师通过研究不同财务数据之间以及财务数据与非财务数据之间的内在关系，对财务信息作出评价。分析程序还包括调查识别出的，与其他相关信息不一致或与预期数据严重偏离的波动和关系。

分析程序既可用作风险评估程序和实质性程序，也可用于对财务报表的总体复核。注册会计师实施分析程序有助于识别异常的交易或事项，以及对财务报表审计产生影响的金额、比率和趋势。在实施分析程序时，注册会计师应当预期可能存在的合理关系，并与被审计单位记录的金额、依据记录金额计算的比率或趋势相比较；如果发现异常或未预期到的关系，注册会计师应当在识别重大错报风险时考虑这些比较结果。

如果使用了高度汇总的数据，实施分析程序的结果仅可能初步显示财务报表存在重大错报风险，注册会计师应当将分析结果连同识别重大错报风险时获取的其他信息一并考虑。例如，被审计单位存在很多产品系列，各个产品系列的毛利率存在一定差异。对总体毛利率实施分析程序的结果仅可能初步显示销售成本存在重大错报风险，注册会计师需要实施更为详细的分析程序。例如，对每一产品系列进行毛利率分析，或者将总体毛利率分析的结果连同其他信息一并考虑。

3.观察和检查

观察和检查程序可以印证对管理层和其他相关人员询问的结果，并可提供有关被审计单位及其环境的信息，注册会计师应当实施下列观察和检查程序：

（1）观察被审计单位的生产经营活动；

（2）检查文件、记录和内部控制手册；

（3）阅读由管理层和治理层编制的报告；

（4）实地察看被审计单位的生产经营场所和设备；

（5）追踪交易在财务报告信息系统中的处理过程（穿行测试）。

（三）了解被审计单位及其环境

注册会计师应当从下列方面了解被审计单位及其环境：行业状况、法律环境、监管环境以及其他外部因素；被审计单位的性质；被审计单位对会计政策的选择和运用；被审计单位的目标、战略以及相关经营风险；被审计单位财务业绩的衡量和评价；被审计单位的内部控制。

1.行业状况、法律环境、监管环境以及其他外部因素

（1）了解行业状况有助于注册会计师识别与被审计单位所处行业有关的重大错报风险。注册会计师应当了解被审计单位的行业状况，主要包括：所处行业的市场供求与竞争；生产经营的季节性和周期性；产品生产技术的变化；能源供应与成本；行业的关键指标和统计数据。

（2）注册会计师应当了解被审计单位所处的法律环境与监管环境，主要包括：适用的会计准则、会计制度和行业特定惯例；对经营活动产生重大影响的法律法规及监管活动；对开展业务产生重大影响的政府政策，包括货币、财政、税收和贸易等政策；与被审计单位所处行业和所从事经营活动相关的环保要求。

（3）注册会计师应当了解影响被审计单位经营的其他外部因素，主要包括：宏观经济的景气度；利率和资金供求状况；通货膨胀水平及币值变动；国际经济环境和汇率变动。

2.被审计单位的性质

注册会计师应当了解被审计单位的性质，包括以下方面：所有权结构；治理结构；组织结构；经营活动；投资活动；筹资活动。

3.被审计单位对会计政策的选择和运用

注册会计师应当了解被审计单位对会计政策的选择和运用，包括下列方面：重要项目的会计政策和行业惯例；重大和异常交易的会计处理方法；在新领域和缺乏权威性标准或共识的领域，采用重要会计政策产生的影响；会计政策的变更；被审计单位何时采用，以及如何采用新颁布的会计准则和相关会计制度。

4.被审计单位的目标、战略以及相关经营风险

了解被审计单位的目标、战略以及相关经营风险，包括下列方面：被审计单位的目标、战略与经营风险；经营风险对重大错报风险的影响；被审计单位的风险评估过程；对小型被审计单位的考虑。

5.被审计单位财务业绩的衡量和评价

被审计单位管理层经常会衡量和评价关键业绩指标（包括财务和非财务的）、预算及差异分析、分部信息，分支机构、部门或其他层次的业绩报告以及与竞争对手的业绩比较。此外，外部机构也会衡量和评价被审计单位的财务业绩，如分析师的报告和信用评级机构的报告。

（1）在了解被审计单位财务业绩衡量和评价情况时，注册会计师应当关注下列信息：关键业绩指标；业绩趋势；预测、预算和差异分析；管理层和员工业绩考核与激励性报酬政策；分部信息与不同层次部门的业绩报告；与竞争对手的业绩比较；外部机构提出的报告。

（2）关注内部财务业绩衡量的结果。内部财务业绩衡量可能显示未预期到的结

果或趋势。在这种情况下，管理层通常会进行调查并采取纠正措施。与内部财务业绩衡量相关的信息可能显示财务报表存在错报风险，例如，内部财务业绩衡量可能显示被审计单位与同行业其他单位相比具有异常快的增长率或盈利水平。此类信息如果与业绩奖金或激励性报酬等因素结合起来考虑，可能显示管理层在编制财务报表时存在某种倾向的错报风险。因此，注册会计师应当关注被审计单位内部财务业绩衡量所显示的未预期到的结果或趋势、管理层的调查结果和纠正措施，以及相关信息是否显示财务报表可能存在重大错报。

（3）考虑财务业绩衡量指标的可靠性。如果拟利用被审计单位内部信息系统生成的财务业绩衡量指标，那么注册会计师应当考虑相关信息是否可靠，以及利用这些信息是否足以实现审计目标。许多财务业绩衡量中使用的信息可能由被审计单位的信息系统生成。如果被审计单位管理层在没有合理基础的情况下，认为内部生成的衡量财务业绩的信息是准确的，而实际上信息有误，那么根据有误的信息得出的结论也可能是错误的。如果注册会计师计划在审计中（如在实施分析程序时）利用财务业绩指标，那么应当考虑相关信息是否可靠，以及在实施审计程序时利用这些信息是否足以发现重大错报。

（4）对小型被审计单位的考虑。小型被审计单位通常没有正式的财务业绩衡量和评价程序，管理层往往以某些关键指标作为评价财务业绩和采取适当行动的基础，注册会计师应当了解管理层使用的关键指标。

6.被审计单位的内部控制

内部控制是被审计单位为了合理保证财务报告的可靠性、经营的效率和效果以及对法律法规的遵守，由治理层、管理层和其他人员设计与执行的政策及程序。在了解与审计相关的控制时，注册会计师应当综合运用询问和其他程序，以评价这些控制的设计，并确定其是否得到执行。内部控制包括下列要素：（1）控制环境；（2）风险评估过程；（3）信息系统与沟通；（4）控制活动；（5）对控制的监督。

对内部控制了解的深度，是指在了解被审计单位及其环境时对内部控制了解的程度，包括评价控制的设计，并确定其是否得到执行，但不包括对控制是否得到一贯执行的测试。对内部控制的了解流程，如图4-1所示。

（四）评估重大错报风险

1.识别和评估重大错报风险的审计程序

（1）在了解被审计单位及其环境（包括与风险相关的控制）的整个过程中，结合对财务报表中各类交易、账户余额和列报的考虑，识别风险；

（2）评估识别出的风险，并评价其是否更广泛地与财务报表整体相关，进而潜在地影响多项认定；

（3）结合对拟测试的相关控制的考虑，将识别出的风险与认定层次可能发生错报的领域相联系；

（4）考虑发生错报的可能性（包括发生多项错报的可能性），以及潜在错报的重大程度是否足以导致重大错报。

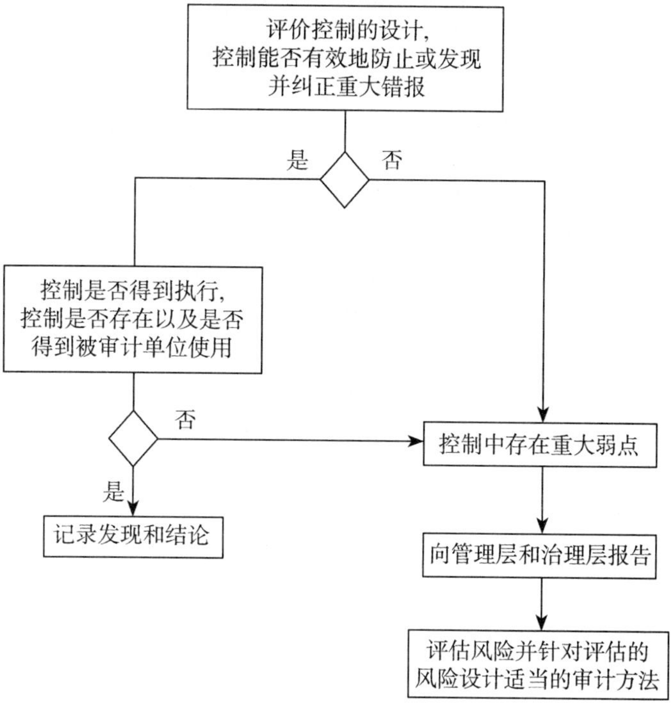

图4-1　内部控制了解流程

2.识别两个层次的重大错报风险

在对重大错报风险进行识别和评估后，注册会计师应当确定，识别的重大错报风险是与特定的某类交易、账户余额、列报的认定相关，还是与财务报表整体广泛相关，进而影响多项认定。

3.需要特别考虑的重大错报风险

在确定风险的性质时，注册会计师应当考虑下列事项：(1) 风险是否属于舞弊风险；(2) 风险是否与近期经济环境、会计处理方法和其他方面的重大变化有关；(3) 交易的复杂程度；(4) 风险是否涉及重大的关联方交易；(5) 财务信息计量的主观程度，特别是对不确定事项的计量存在较大区间；(6) 风险是否涉及异常或超出正常经营过程的重大交易。

（五）控制测试

控制测试指的是测试控制运行的有效性。在测试控制运行的有效性时，注册会计师应当从下列方面获取关于控制是否有效运行的审计证据：

(1) 控制在所审计期间的不同时点是如何运行的；

(2) 控制是否得到一贯执行；

(3) 控制由谁执行；

(4) 控制以何种方式运行（如人工控制或自动化控制）。

作为进一步审计程序的类型之一，控制测试并非在任何情况下都需要实施。当存在下列情形之一时，注册会计师应当实施控制测试：在评估认定层次重大错报风险时，预期控制的运行是有效的；仅实施实质性程序不足以提供认定层次充分、适当的审计证据。虽然控制测试与了解内部控制的目的不同，但两者采用审计程序的类型通常相同，包括询问、观察、检查和重新执行等。

（六）实质性程序

实质性程序是指注册会计师针对评估的重大错报风险，实施的直接用以发现认定层次重大错报的审计程序。因此，注册会计师应当针对评估的重大错报风险设计和实施实质性程序，以发现认定层次的重大错报。实质性程序包括对各类交易、账户余额、列报的细节测试以及实质性分析程序。

1.细节测试

细节测试是指对各类交易、账户余额、列报的具体细节进行的测试，目的在于直接识别财务报表认定是否存在错报。细节测试被用于获取与某些认定相关的审计证据，如存在、准确性、计价等。

2.实质性分析程序

实质性分析程序从技术特征上讲仍然是分析程序，主要是通过研究数据间关系评价信息，只是将该技术方法用作实质性程序，即用以识别各类交易、账户余额、列报及相关认定是否存在错报。实质性分析程序通常更适用于在一段时间内存在可预期关系的大量交易。

三、实训内容

实训一　了解内部控制

（一）实训所需条件

本实训所需资料如下：

审计人员对星光公司2022年度的财务状况进行审计。星光公司尚未采用计算机记账。审计人员于2022年11月对星光公司的内部控制制度进行了解和测试，并在相关的审计工作底稿中记录了了解和测试的事项，摘录如下：

1.星光公司产成品发出时，由销售部填制一式三联的出库单，仓库发出产成品后，将第一联出库单留存登记产成品卡片，第二联交销售部留存，第三联交会计部会计人员甲登记产成品总账和明细账。

2.会计人员乙负责开具未连续编号的销售发票。在开具销售发票之前，先核对装运凭证和相应的经批准的销售单，并根据已授权批准的商品价目表填写销售发票上的价格，根据装运凭证上的数量填写销售发票上的数量。

3.星光公司的材料采购需要经授权批准后方可进行。采购部根据经批准的请购单发出订购单。货物运达后，验收部门根据订购单的要求验收货物，并编制一式多联的连续编号的验收单。仓库根据验收单验收货物，在验收单上签字后，将货物移入仓库加以保管。验收单上有数量、品名、单价等要素。验收单一联交采购部登记采购明细账和编制付款凭单，付款凭单经批准后，及时交会计部；一联交会计部登记材料明细账；一联由仓库保留并登记材料明细账。会计部根据只附验收单的付款凭单登记有关账簿。

4.会计部审核付款凭单后，按约定时间支付采购款项。支付货款时，由会计人员开出付款凭证，交出纳员办理付款手续；出纳员付款后，在进货发票上加盖“付讫”戳记，再转交会计人员记账。

5.星光公司股东大会批准董事会的投资权限为1.5亿元以下，董事会的决定由总经理负责实施。总经理决定由证券部负责总额在1.5亿元以下的股票买卖。星光公司规定：企业划入营业部的款项由证券部申请，会计部审核，总经理批准后划入公司在营业部中开立的资金账户。经总经理批准，证券部从营业部资金账户中支取款项，此过程由会计部进行审核，且证券买卖、资金存取的会计记录都由会计部处理。

6.审计人员了解和测试投资的内部控制制度后发现：证券部在某营业部开户的有关协议及补充协议已经过会计部门审核。根据总经理的批准，会计部门已将1亿元汇入该户。证券部处理证券买卖会计记录，月底将证券买卖清单交给会计部门，会计部门据以汇总登记。

7.计划部根据批准，签发预先编号的生产通知单。生产部根据生产通知单填写一式四联的领料单。仓库发料后，其中一联留存，一联连同材料交还领料部，其余两联经仓库登记明细账后送会计部进行材料收发核算和成本核算。

8.星光公司设立了内部审计部，并直接对董事长负责。每年对子公司和各营业部进行审计，并出具内部审计报告。审计人员获取了2022年度所有的内部审计报告，经抽查表明，内部审计报告指出了内部控制存在的缺陷，并提出了改进意见。

9.星光公司设立现金出纳员和银行出纳员。银行出纳员负责到银行送取支票等票据，并登记银行存款日记账。月底银行出纳员取得银行对账单并编制银行存款余额调节表；员工报销，需根据审批手续报批，会计部对报销单据加以审核，现金出纳员见到加盖核准印章的支出凭据后付款。

10.星光公司未描述的其他内部控制无论在设计还是在运行方面都不存在缺陷。

（二）实训要求

1.根据上述摘录，请指出星光公司内部控制的缺陷，并提出改进建议。

2.根据上述材料，审计人员应该如何评价星光公司的控制风险，采用何种实质性程序（扩大，还是缩小），以及需要何种审计证据（多还是少）？

分析：

会计人员甲同时登记产成品总账和明细账，不相容职务未进行分离，注册会计师应建议星光公司由不同的会计人员登记产成品总账和明细账；销售发票未连续编号，不能保证所有销售业务都已记录或未被重复记录，注册会计师应建议星光公司对销售发票进行连续编号；付款凭单只附验收单，而未附订购单及供应商的发票等其他单据，会计部门无法核对采购事项是否真实，登记有关账簿时在金额或数量上就可能出现差错，注册会计师应建议星光公司将订购单和发票等与付款凭单一起交予会计部；证券部自己处理证券买卖的会计处理，业务的执行与记录的不相容职务未分离，并且未得到适当的授权与批准，月末会计部门汇总登记证券投资记录，未及时按每一种证券分别设立明细账，进行详细核算，注册会计师应建议星光公司由会计部门对投资进行核算，及时分品种设立明细账详细核算；银行出纳员编制银行存款余额调节表，不相容职务未分离，凭证和记录未得到控制，注册会计师应建议星光公司银行存款余额调节表由出纳员以外的其他会计人员编制。

（三）实训组织方法及步骤

将上课班级学生划分几组，每组3~5人，组成模拟审计小组。根据上述资料，讨论以上涉及哪些方面的内部控制，并评价被审计单位的重大错报风险。

（四）实训考核方法

按每组学生完成实训要求情况打分。

实训二　评估重大错报风险

（一）实训所需条件

本实训所需资料如下：

资料一：

星海公司主要从事小型电子消费品的生产和销售，产品销售以星海公司的仓库为交货地点。星海公司日常交易采用自动化信息系统（以下简称系统）和手工系统相结合的方式进行。系统自2021年以来没有发生变化。星海公司产品主要销售给国内各主要城市的电子消费品经销商。A和B注册会计师负责审计星海公司2022年度财务报表。A和B注册会计师在审计工作底稿中记录了所了解的星海公司及其环境的情况，部分内容摘录如下：

1.在2021年度实现销售收入增长10%的基础上，星海公司董事会确定2022年销售收入增长目标为20%。星海公司管理层实行年薪制，总体薪酬水平根据上述目标的完成情况上下浮动。星海公司所处行业2022年的平均销售增长率是12%。

2.星海公司财务总监已为星海公司工作超过6年，于2022年9月劳动合同到期后被星海公司的竞争对手高薪聘请。由于工作压力大，星海公司会计部门人员流动频繁，除会计主管服务期超过4年外，其余人员的平均服务期少于2年。

3.星海公司的产品面临快速更新换代的压力，市场竞争激烈。为巩固市场占有率，星海公司于2022年4月将主要产品（C产品）的销售价格下调了8%~10%。另外，星海公司在2022年8月推出了D产品（C产品的改良型号），市场表现良好，计划在2023年全面扩大产量，并在2023年1月停止C产品的生产。为了加快资金流转，星海公司于2023年1月针对C产品开始实施新一轮的降价促销策略，平均降价幅度达到10%。

4.星海公司销售的产品均由经客户认可的外部运输公司实施运输，运费由星海公司承担，但运输途中的风险仍由客户自行承担。由于受能源价格上涨的影响，2022年的运输单价比上年平均上升了15%，但运输商同意将运费结算周期从原来的30天延长至60天。

5.2022年度星海公司主要原材料的价格与上年度基本持平，供应商也没有大的变化，但是由于技术要求发生了变化，D产品所消耗的高档金属材料比C产品略有上升，使得D产品的原材料成本比C产品上升了3%。

6.除了2021年12月借入了2年期、年利率为6%的银行借款5 000万元外，星海公司没有其他借款。上述长期借款专门用于扩建现有的一条生产线，以满足D产品的生产需要。该生产线总投资6 500万元，于2021年12月开工，2022年7月完工投入使用（假设不考虑利息收入）。

资料二：

A和B注册会计师在审计工作底稿中记录了所获取的星海公司财务数据，部分内容摘录见表4-1。

表4-1　**星海公司部分财务数据**　单位：万元

项目	2022年		2021年	
	C产品	D产品	C产品	D产品
产成品	2 000	1 800	2 500	0
存货跌价准备	0		0	
主营业务收入	18 500	8 000	20 000	0
主营业务成本	17 000	5 600	16 800	0
销售费用——运输费	1 200		1 150	
利息支出	300		25	
减：利息资本化	250		25	
净利息支出	50		0	

（二）实训要求

针对资料一，结合资料二，假定不考虑其他条件，请逐项指出资料一中所列出的事项是否表明星海公司的财务报表可能存在重大错报风险。如果认为存在，请简要说明理由，并分别说明该风险是属于财务报表层次的还是认定层次的。如果属于认定层次，请指出相关事项与何种交易或账户的何种认定相关，将结果填入表4-2。

表4-2　　星海公司财务报表重大错报风险汇总表

事项序号	是否表明可能存在重大错报风险	理由	重大错报风险属于财务报表层次还是认定层次	交易或账户名称和认定
1				
2				
3				
4				
5				
6				

（三）实训组织方法及步骤

将上课班级学生划分几组，每组3~5人，组成模拟审计小组，对以上事项逐项进行讨论，并完成实训要求的内容。

（四）实训考核方法

按每组学生完成实训要求情况打分。

实训三　了解风险评估程序

（一）实训所需条件

本实训所需资料如下：

B公司是著名的塑料生产企业，主要生产垃圾桶和罐装产品包装盒，在20世纪90年代中期，该公司连续数年的年平均增长率都超过14%。

对B公司进行战略分析后发现，该公司对原油价格的波动非常敏感，因为塑料制品的一个重要原料是树脂，而树脂是由原油炼制而成的。但是B公司并没有采取任何控制原材料风险的措施——既没有集中采购，也没有与供应商签订长期的购买合同。而实际上，该公司作为重要的树脂消费商之一，以其采购规模，完全可以通过谈判获得更加优惠的价格。但是该公司并没有利用集中采购所能赋予它的定价能力，而是在全球10个地方分别采购原材料。当原油价格上涨时，B公司只能把增加的成本转嫁给客户。

该公司也未能有效地管理与国内较大几个零售商的关系。几个较大的零售商联合起来拒绝接受价格上涨，并把B公司的产品放在了靠里的货架上，而将B公司的低价竞争对手E公司的产品置于最好的货架上。

B公司另一个战略方面的问题是制定的利润增长目标太高——试图维持14%的年增长率。实现目标的难度给管理层带来了巨大的压力，而这一点对内部控制环境十分不利。

分析：

基于上述的情况来看，审计师可以作出合理的财务业绩预期：销售增长放缓、销售毛利收窄、利润降低、研发费用需要增加等。假如出现与预期不一致的情形，例如这一年的销售毛利反而比去年增加了等，审计师就要加以注意。

同时，审计师估计B公司可能会通过降低产品质量来降低产品成本，从而达到业绩增长的目标。这就需要对产品成本结构进行深层次的分析，看该公司是否通过改变产品配方来压缩成本；如果发现产量过大而且销售不力，那么库存就应该会有所增加。这些都是需要加以考虑的情况。

（二）实训要求

通过上述资料，分析B公司存在哪些方面的风险，并指出针对这些风险，注册会计师在执行审计工作时应该采取何种措施来合理应对这些风险。在分析的过程中，注意理解风险评估程序在整个审计工作过程中的重要作用。

（三）实训组织方法及步骤

将上课班级学生划分几组，每组3~5人，组成模拟审计小组，对上述被审计单位及其环境的情况所涉及的风险以及应对措施进行讨论。

（四）实训考核方法

按每组学生完成实训要求情况打分。

实训四　风险的应对

（一）实训所需条件

本实训所需资料如下：

星光公司为国内一家拟首次发行股票并上市的股份公司，主要从事天然彩棉的研究和开发。公司的主要产品为以天然彩棉为核心的初级产品以及终端产品，初级产品为彩棉种子、彩色皮棉等，终端产品为彩色棉纱、彩棉服装等。公司的重要财务数据（未审数）见表4-3。

表4-3　**星光公司重要财务数据**　金额单位：万元

项目	2023年2月末	2022年年末	2021年年末	2020年年末
资产总额	48 979	48 805	27 300	17 905
其中：存货	25 098	25 169	13 441	11 965
应收账款	5 237	4 392	3 453	699
主营业务收入	1 848	17 216	10 069	5 617
主营业务利润	867	6 911	2 802	825
其中：种子利润		3 971	2 359	
毛利率（%）	47	40	28	15
净利润	234	3 702	1 409	202

1.存货及主营业务成本

（1）盘点结果：存货数量账实基本相符。

（2）产品成本计算和结转方法：对联产品成本的计量，按照联产品销售市价比例法确定各产品的入账成本，符合有关规定；存货的发出计价和成本结转采用加权移动平均法按月进行计算。

（3）存货期末价值：期末市价均高于成本，无须计提存货跌价准备。

2.收入

（1）合同显示，2021年以前公司提供种子给种植单位，按照合同的约定价格收购籽棉，并保证种植单位每亩收益不低于100元，不足部分由公司补足，此时向种植单位转移种子未做销售处理。

（2）2020年12月，公司取得种子经营许可证后，合同明确了种子销售给种植单位以后，不再保证种植单位最低收益，公司仅按合同约定价格收购籽棉。公司具体确认种子收入的时点为销售合同已签订、棉种已出库转移给对方、发票已开出或价款已收到。

（3）注册会计师未发现重大问题，据此出具了标准无保留意见的审计报告。

根据以上材料，作简要的分析如下：

1.行业环境的分析

天然彩棉为高科技项目，处于开发初期，国内外同类产品的开发应用也处在尚未成熟、未大规模推广的阶段。该阶段的特点为：研发费用高昂、规模经济效益尚未形成；虽然产品符合人们对于天然环保概念潮流的追求，但是能否成为传统白色棉花的替代品或以后棉纺织品的主流无法定论，经营前景存在较大的不确定性；公司是国内较早推出该产品的企业之一，且经营规模是国内最大的。

2.企业经营活动的性质分析

公司的主要产品为彩色棉花的研究开发和相关产品的生产销售。该产品的特点为天然彩色，符合人们对天然环保潮流的追求，但是与传统的白色棉花相比，使用价值与经济价值的比较优势不明显。不过，财务报表显示，其主要产品的毛利率接近50%，远远超过传统白色棉花产业的平均水平。由于开发初期的科研开发费用高昂、规模经济效益尚未形成，高额的利润率存在被质疑的理由。

3.经营模式的分析

公司的初级产品是彩棉种子、彩色皮棉等，采取销售彩棉种子给各种植单位，然后收购籽棉，加工成彩色皮棉、棉种等系列产品再进行销售的方式。终端产品为彩色棉纱、彩棉服装等，也是向加工单位提供彩色皮棉等原材料，加工成各种终端产品后，由公司统一对外销售的方式。显然，公司的主要经营模式为委托加工。

4.重要的会计政策分析

（1）收入确认分析。公司的产品生产属于委托加工模式，所生产的原材料或初级产品的对外转移，在实质上不构成销售，在此阶段不能确认相关销售收入。

然而，同为委托加工，星光公司对交易确认的方法横向、纵向的不一致，已经显示出操纵利润的成分。加之种子的销售利润分别占2021年度、2020年度主营业务利润的84.19%、57.46%，占公司净利润的167%、107%。因而，基本上可以判定星光公司在操纵收入。

（2）成本确认与计量的分析。星光公司按照联产品的销售市价比例法来计算联产品的成本，用加权移动平均法计算产品成本的结转，表面上产品成本的确认符合有关规定，但从行业环境角度来看，由于星光公司在国内处于垄断地位，销售价格实际上完全由公司自行确定，相关的产品售价并非真正意义上的市场价格，缺乏一定的公允性，在此价格基础之上确定的联产品成本失去了可靠的基础。

同样，虽然存货期末价值根据报告日前后的销售发票验证，表明了存货的期末价值均高于成本价，但是由于此市价实际上也并非真正意义上的市场公允价格，存货跌价准备的确定也存在一定的问题。

（二）实训要求

根据以上实训材料和分析，利用对风险评估及应对的理解和掌握，对材料中存在的问题进行讨论，并提出合理的审计建议。

（三）实训组织方法及步骤

将上课班级学生划分几组，每组3~5人，组成模拟审计小组。

（四）实训考核方法

按每组学生完成实训要求情况打分。

四、案例专栏

案例一　康乐舒公司审计案例

康乐舒公司为是福建晋江地区的一家大型企业，主要业务为生产和销售陶瓷制品，如茶壶、茶杯、陶瓷摆件、卫浴等产品。该公司2022年度未经审计的财务报表显示的资产总额为94 355万元，销售收入为41 650万元，利润总额为8 417万元。

自2019年以来，康乐舒公司历年的财务报表均由天健瑞华会计师事务所审计。2022年4月初，在执行完康乐舒公司2021年度财务报表审计业务、提交了无保留意见审计报告后，天健瑞华会计师事务所与康乐舒公司签订了其2022年度财务报表的审计业务约定书，并委派执行2021年度财务报表审计的注册会计师杨欣宇和马晴晴继续负责该项审计业务。

基于康乐舒公司2022年度的经营计划，该公司在本年度将进行全方位的改革。新的管理层上任时，向公司治理层及股东代表大会作出了将本年度销售收入比上年提高25%，否则将扣发全体高层管理人员全年奖金的承诺。天健瑞华会计师事务所的业务负责人意识到这些情况将全面影响康乐舒公司的环境，故特别要求注册会计师杨欣宇和马晴晴对康乐舒公司及其环境进行全面、深入的了解，并根据了解的情况于2022年年末制定康乐舒公司2022年度财务报表的审计计划。

在了解康乐舒公司及其环境、评估重大错报风险时，注册会计师杨欣宇和马晴晴发现康乐舒公司2022年度主要发生了下列事项和情况：

（1）2021年以来，康乐舒公司所在地用于优质瓷器所需的特殊泥土初步显示出枯竭的迹象。为维持正常经营，康乐舒公司自2021年10月起派出专家在全国各地寻找该种特殊泥土。2022年3月，经专家建议，并经董事会决定，康乐舒公司出资4 850万元在辽宁省朝阳地区设立分公司，利用当地泥土生产瓷器。

（2）2022年年初，为提高存货管理水平，康乐舒公司出资165万元为各个仓储部门配置了计算机信息系统，该系统使康乐舒公司各仓库之间实现了内部联网，出库单、入库单由原先的人工填写改为计算机打印。

（3）为寻找新的生产原料，康乐舒公司决定出资1 250万元在四川省广元地区建立化学材料研究基地，用于研究在当地泥土中添加化学原料，以改善泥土的品质的试验。该基地已于2022年1月份开始运行。

（4）2022年5月，为开展多种经营，康乐舒公司与明珠、宏宇两家上市公司签订合作协议，联合开发新型卫浴产品。协议规定明珠公司出资7 926万元作为研发及宣传经费、宏宇公司出资3 215万元建立营销网络，而康乐舒公司则以其拥有的专利权的使用权出资，并派出6名工程师作为研发的主要人员。这6名工程师的工资仍由康乐舒公司负责。开发成功后，康乐舒公司应获得税后利润的30%。

（5）2022年6月，为充分利用闲置资金，降低公司的经营风险，康乐舒公司向新疆和田地区某玉石开采企业投资3 860万元，开展和田玉开采与销售业务。

（6）为提高会计核算质量，预防重大差错的发生，2022年6月30日，财务部门按公司分管财务的副总经理的指示在财务部门内部进行了定期的人员轮换，此次轮换变更了所有财务人员的工作内容。为配合此次财务人员内部轮换，内部审计在轮换后的连续三个月内加大了复核与核查的力度。

（7）康乐舒公司设在中国香港的销售分公司连续多年来业绩不佳，2021年全年亏损达到252万元。2022年第一季度亏损额达到98万元。2022年5月，公司董事会决定出售该分公司。9月，已同当地T公司办理出售该分公司的全部手续，由此取得的3 451万元款项已被直接用作康乐舒公司的流动资金。

（8）2022年年末，康乐舒公司化学材料研究基地周边的居民联名向当地环保机构举报，要求查处该基地大面积污染当地土质、致使周边数十平方千米农作物大量枯死、地下水源受到污染的情况。当地环保部门已立案调查。

（9）2022年12月20日，康乐舒公司将库存的268万元生产必需的C化学添加剂返销给该原料的供应商锦成公司，双方为此签订了销售协议。但到2022年12月31日，该批材料仍存放在康乐舒公司的仓库。注册会计师向销售部门负责人询问该笔材料转让业务时，相关人员出示了锦成公司提供的要求康乐舒公司2022年前暂不发货的文件。

（10）为实现2022年年初向董事会作出的本年度销售收入比上年提高25%、否则扣发全体高管人员全年奖金的承诺，2022年12月中旬，康乐舒公司总经理亲自参与销售部门的工作，并以诱人的优惠条件吸引新、老客户于2022年年底之前签订销售合同、预付部分货款。部分客户受优惠条件的吸引，已提前预付货款，并同意次年提货。对于这一阶段发生的新的销售业务，财务人员根据总经理的批示进行了特殊处理。

参考资料：刘圣妮，东奥会计在线编写组. 2018年注册会计师考试最后六套题［M］. 北京：北京科学技术出版社，2018.

案例分析：

1.逐一分析（1）~（10）中各种情况，指出每种情况是否都表明或导致康乐舒公司财务报表存在重大错报风险？对于导致或存在重大错报风险的情况，请进一步指出是否导致康乐舒公司经营风险的增加，简要说明原因。

2.逐一分析（1）~（10）中各种情况，哪些情况导致特别风险？如属于特别风险，请指出其最可能的原因。

3.根据以上材料回答下列问题：

（1）指出在财务报表审计中，注册会计师通常最关心的舞弊类型及舞弊发生的因素。

（2）针对以上资料，指出哪种情况最可能存在舞弊、该舞弊所属的类型、该舞弊最可能导致财务报表的哪一个项目产生重大错报。

（3）针对（2）中确定的舞弊类型及涉及的财务报表项目，结合舞弊因素的细类进行说明，并将答案填入表4-4中。

表4-4 **舞弊因素及细类**

<table>
<tr><th>舞弊发生的因素</th><th>舞弊风险因素细类</th><th>具体说明</th></tr>
<tr><td rowspan="2">压力</td><td></td><td></td></tr>
<tr><td></td><td></td></tr>
<tr><td rowspan="2">机会</td><td></td><td></td></tr>
<tr><td></td><td></td></tr>
<tr><td>借口</td><td></td><td></td></tr>
</table>

4.根据以上材料回答下列问题：

（1）针对要求3（2）中确定的财务报表项目，指出在循环审计的体系下，注册会计师杨欣宇和马晴晴应结合哪个项目进行审计？

（2）假定以前年度上述项目的内部控制设计有效且一贯执行，注册会计师是否可以因此而减少对2022年11月之前的业务实施实质性程序？简要说明原因。

（3）为应对（1）中项目的重大错报风险，请代注册会计师杨欣宇和马晴晴列示具有不可预见性的进一步审计程序。

二维码展示
内容4-1

案例二 重大错报风险的认定

姜胜晨注册会计师负责对五维公司2022年度财务报表进行审计。五维公司从事机电产品的生产和销售，主要原材料均在国内采购，产品主要自营出口到美国。

资料一：姜胜晨注册会计师在审计工作底稿中记录了所了解的五维公司情况及其环境，部分内容摘录如下：

（1）五维公司产品以美元定价，人民币对美元汇率由2022年年初的7.3：1升至2022年6月的6.8：1，之后基本保持稳定。五维公司产品的销售价格自2021年年初至2022年9月基本稳定。自2022年10月起，受金融危机的影响，五维公司的出口订单数量和销售收入均出现较大幅度的减少，2022年第四季度与前三个季度相比，主要产品的平均销售价格下降了约7%，但五维公司2022年度未审财务报表显示其依然完成了65 000万元营业收入和7 300万元毛利的经营目标。

2021年年初至2022年8月，五维公司主要原材料的采购价格基本稳定。2022年9月至10月，主要原材料价格平均下跌了约5%。

（2）五维公司预计主要原材料价格在2022年年底前很可能止跌回升，因此在2022年9月至10月进行了大量采购，以满足2023年2月底前的生产需求。但2022年10月之后，相关原材料市场价格实际上继续下跌。

（3）2022年7月，由于发生重大施工安全事故，五维公司于2022年1月开工建设的电机生产线被有关部门勒令停建整顿。2022年年末，有关部门同意五维公司重新开工，但受宏观经济影响，电机生产线拟生产产品的市场前景不佳，五维公司董事会决定暂不启动电机生产线的建设，并于2022年年末按期向银行归还了1年期、年利率为7%的1 000万元专项借款。

（4）2022年12月，五维公司决定淘汰一批账面价值为98万元的旧检验设备，并与受让方签订了不可撤销的转让协议，转让价格为15万元。2023年1月，五维公司向受让方移交该批检验设备，并收讫转让款。

（5）五维公司在2021年年末以每股12元的价格购入100万股乙公司股票，购入时并没有明确的持有意图。2022年年末，乙公司因期货交易发生巨额亏损而濒临破产，股价出现大幅下跌，由年初的每股12元跌至年末的每股2元。

（6）根据五维公司与丙银行签订的贷款框架协议，丙银行自2022年1月至2023年1月向五维公司提供累计金额不超过20 000万元的流动资金贷款额度。2023年1月，丙银行终止与五维公司的贷款协议。五维公司正在寻求维持日常经营活动所需资金的来源，但尚未取得实质性进展。

资料二：姜胜晨注册会计师在审计工作底稿中记录了所获取的五维公司财务数据，部分内容摘录见表4-5、表4-6和表4-7。

表4-5　　利润表部分项目财务数据　　单位：人民币万元

项　目	2022年（未审数）	2021年（已审数）
营业收入	65 030	55 320
营业成本	57 720	48 180
资产减值损失	958	901
其中：应收账款	220	190
存货	673	657
固定资产	65	54

表4-6　　资产负债表部分项目财务数据　　单位：人民币万元

项　目	2022年12月31日（未审数）	2021年12月31日（已审数）
存货账面余额	15 752	6 073
减：存货跌价准备	600	530
存货账面价值	15 152	5 543
其他权益工具投资	200	1 200
其中：乙公司股票公允价值	200	1 200
其他权益工具投资账面价值	200	1 200

表4-7　　主要项目增减变化数据　　单位：人民币万元

项　目	2022年年初数（已审数）	本年增加（未审数）	本年减少（未审数）	2022年年末数（未审数）
在建工程——电机生产线	0	962	0	962
减：在建工程减值准备	0	0	0	0
在建工程账面价值	0	962	0	962
其中：利息资本化	0	70	0	70
固定资产原价				
其中：房屋建筑物	5 370	340	217	5 493
机器设备	8 912	160	73	8 999
小计	14 282	500	290	14 492
减：累计折旧				

续表

项　目	2022年年初数（已审数）	本年增加（未审数）	本年减少（未审数）	2022年年末数（未审数）
其中：房屋建筑物	2 933	170	126	2 977
机器设备	3 465	901	65	4 301
小计	6 398	1 071	191	7 278
减：固定资产减值准备	183	65	70	178
固定资产账面价值	7 701			7 036
资本公积（其他权益工具投资公允价值变动）	0	0	1 000	1 000

资料三：姜胜晨注册会计师在审计工作底稿中记录了拟实施的实质性程序，部分内容摘录如下：

（1）计算本年重要产品的毛利率，与上年比较，检查是否存在异常，各年之间是否存在较大波动，查明原因。

（2）获取产品销售价格目录，检查售价是否符合价格政策。

（3）抽取本年一定数量的发运凭证，检查存货出库日期、品名、数量等是否与销售发票、销售合同、记账凭证等一致。

（4）抽取本年一定数量的营业收入记账凭证，检查入账日期、品名、数量、单价、金额等是否与销售发票、发运凭证、销售合同等一致。

（5）独立测算主要存货项目的年末可变现净值，将测算结果与五维公司的计算结果进行比较，分析差异原因。

（6）将存货跌价准备本年计提数与资产减值损失相应明细项目的发生额核对是否相符。

（7）获取暂时闲置固定资产的相关证明文件，并观察其实际状况，检查是否已按规定计提折旧。

（8）获取持有待售固定资产的相关证明文件，检查对预计净残值的调整是否恰当、会计处理是否正确。

（9）查阅资本支出预算、公司相关会议决议等，检查本年增加的在建工程是否全部得到记录。

（10）向相关金融机构函证其他权益工具投资年末数量。

参考资料：高顿财经研究院. CPA审计十年真题研究手册［M］. 广州：广东经济出版社有限公司，2023.

二维码展示
内容4-2

案例分析：

1.针对资料一第（1）项至第（6）项，结合资料二，假定不考虑其他条件，逐项判断资料一所列事项是否可能表明存在重大错报风险。如果认为存在，简要说明理由，分别说明该风险属于财务报表层次还是认定层次。如果认为属于认定层次，指出相关事项主要与哪些账户（仅限于营业收入、营业成本、资产减值损失、存货、其他权益工具投资、在建工程、固定资产、累计折旧和资本公积）的哪些认定相关。将答案直接填入表4-8。

表4-8　**重大错报风险认定**

资料一所列事项序号	是否可能表明存在重大错报风险（是/否）	理由	重大错报风险层次（财务报表层次/认定层次）	账户及相关认定
（1）				
（2）				
（3）				
（4）				
（5）				
（6）				

2.针对资料一第（1）项至第（6）项，结合资料二，假定不考虑其他条件，逐项判断资料三所列实质性程序对发现根据资料一识别的认定层次重大错报是否直接有效。如果直接有效，指出资料三所列实质性程序与资料一的第几个事项的认定层次重大错报风险直接相关，并简要说明理由。将答案直接填入表4-9。

二维码展示
内容4-3

表4-9　**事项认定层次重大错报风险相关性**

资料三所列实质性程序序号	资料三所列实质性程序对发现根据资料一识别的认定层次重大错报是否直接有效（是/否）	与资料一的第几个事项的认定层次重大错报风险直接相关	理由
（1）			
（2）			
（3）			
（4）			
（5）			
（6）			
（7）			
（8）			
（9）			
（10）			

案例三　销售业务审计的进一步审计程序

1.被审计单位背景资料简介

Y公司是一家生产和销售高端清洁用品的民营企业，其产品主要用于星级酒店宾馆和大型饭店。除了在北京、上海直接向终端客户销售外，在全国其他地区均向省级或市级经销商销售。

Y公司提供的财务报表显示：2022年度销售收入为112 655 260元，比上一年增长21%（比董事会制定的当年预算目标增长20%）。2022年12月31日，应收账款余额为39 560 810元，组成情况如下：共有226个客户，其中9个客户（均为省级经销商）的余额在100万元以上，占应收账款总额的38%，其余客户的余额均小于30万元，此外，余额为10万元以上且账龄超过1年的应收账款客户有15个。2022年12月31日，坏账准备余额为1 879 830元。公司采用账龄分析法和个别认定法相结合的方式计提坏账准备，其中账龄分析法提取比例如下：6个月以上1年以下为10%，1年以上2年以下为50%，2年以上为100%，相关应收账款、坏账准备、销售收入以及应收账款周转天数见表4-10。

表4-10　**Y公司财务资料表**　金额单位：元

项目＼年份	2022	2021
应收账款	39 560 810	27 765 338
坏账准备	−1 879 830	−1 707 400
销售收入	112 655 260	93 103 520
应收账款周转天数（天）	108	92

该公司2022年度的税前利润为8 475 623元，总体重要性水平为423 781元（税前利润的5%）。

2.注册会计师对销售业务流程的风险评估和进一步审计程序的方案

由于销售业务的重要性及固有风险，注册会计师认为销售收入和应收账款层次的“存在或发生”和“准确性”认定存在重大错报风险。

被审计单位2022年以放宽授信额度来增加销售收入，导致货款回收速度放慢，应收账款余额大幅度上升，但坏账准备余额与2021年基本持平。注册会计师认为应收账款的计价认定存在特别风险，即年末坏账准备的提取很可能不够。

基于以前年度对该公司的了解，以及2022年度对该公司环境、经营状况、内部控制等的了解和评估，注册会计师决定对应收账款采用综合性审计方案。

该公司在各主要业务流程及财务报告编制中采用了计算机信息系统，注册会计师在2022年度审计中测试了信息系统一般控制并认为信息系统一般控制是有效的。

注册会计师对销售收入、应收账款余额和坏账准备余额实施了以下进一步审计程序：（1）控制测试；（2）评估针对特别风险的控制；（3）实质性程序。下面分别予以介绍。

3.控制测试

（1）设计和实施控制测试。注册会计师从销售流程中选取了一些关键的控制进行测试。

业绩评价控制测试。所测试的控制：销售主管每月审核按客户分列的销售收入（包括与上月销售额和本月预算额的比较）和应收账款（包括当月货款回收金额和月末余额）汇总表，对其中的重大差异和异常情况进行跟进分析，编制分析报告并呈报销售经理和总经理。总经理与销售经理审阅后讨论解决措施。

相关的财务报表认定：销售收入的发生、准确性、完整性以及应收账款的存在、准确性。

测试程序：该控制是月度控制，注册会计师决定选取2月、6月、10月、11月这四个月份测试该控制。注册会计师分别与总经理和销售经理就上述四个月份的分析报告进行讨论，证实他们确实审阅了该报告并对重大差异和异常情况进行了调查和跟进。事后注册会计师还通过询问销售经理和相关销售人员印证了当时所采取的跟进措施。销售收入和应收账款汇总表由财务系统自动生成并与当月财务报表的销售收入总额和应收账款余额一致，注册会计师核对了上述四个月份的财务报表，证实无误。

测试结果：该控制有效运行，注册会计师对该控制可以信赖。

人工控制测试。所测试的控制：对每一笔销售收入，销售部专职秘书将客户订单、客户已签收的送货单（所有货物由物流公司运送）以及发票（计算机发票由销售部门开具）上的客户名称、货物品种、数量、价格进行核对，并在发票记账联盖“核对确认无误”章，交给财务部门作为确认销售收入的凭证。对于数据不符的交易则进行调查并调整。

相关的财务报表认定：销售收入的发生、准确性以及应收账款的存在、准确性。

测试程序：该控制为人工控制，每天发生数次，注册会计师为了获取较高程度的保证，决定抽取每月5个共60个样本。该测试是双重目的的测试，既可测试控制运行的有效性，也是针对销售收入的细节测试。注册会计师询问了执行该控制的销售部专职秘书和负责记录销售收入的会计人员，确认该控制确实得到执行。注册会计师从销售收入明细账中抽取60笔交易，核对客户订单、客户已签收的送货单以及发票，以检查有关信息是否一致，发票记账联上是否有“核对确认无误”章，以及入账金额是否准确。

测试结果：没有发现例外情况。该控制有效运行，注册会计师对该控制可以信赖。

自动化应用控制测试。所测试的控制：订单分为“待批准”、“已批准”和“已执行”三种状态。订单一经批准就会自动生成相应的送货单；已发货的订单在系统中被设置为“已执行”状态，每月月末系统会自动配比当月的“已执行”订单、送货单和当月入账的销售收入（均有订单号索引），对未确认收入的订单生成“已执行订单未入账报告”。财务人员对该报告进行跟踪调查，补记漏记的销售收入。

相关的财务报表认定：销售收入的完整性。

测试程序：注册会计师在上年度审计中已经测试了该控制并证明该控制的运行是有效的。本年度注册会计师了解到该控制没有发生变化。注册会计师本年度已经测试了信息技术一般控制的运行有效性，因而不必再测试该自动化控制。该控制还包括人工控制的成分，即财务人员的跟进程序。

测试结果：注册会计师对该人工控制进行测试，结果显示控制有效（此处不作详细说明）。

（2）控制测试结果及其对实质性程序的影响。综合以上控制测试的结果，针对销售收入的发生、准确性和完整性认定及应收账款的存在和准确性认定的控制是有效运行的，注册会计师对控制有较高程度的信赖，只需要从实质性程序中获取较低程度的保证。

4.评价针对特别风险的控制

注册会计师了解到管理层为了应对应收账款账龄变长及由此带来的坏账增加的风险，采取了与账款逾期1年以上的客户签订还款协议的方式，要求客户对归还旧账的时间和金额作出书面承诺。如果客户未按照协议执行，则暂停供货。该控制每月执行。注册会计师认为该控制的设计是适当的，并证实该控制确实得以执行。考虑到审计程序的效率，决定不测试该控制而直接对年末应收账款、坏账准备余额实施细节测试。

5.实质性程序

（1）对销售收入及应收账款实施实质性分析程序（略）。

（2）对应收账款和坏账准备实施细节测试。

①应收账款函证。由于从控制测试中获得了较高程度的信赖，注册会计师只需要从细节测试中获取较低程度的保证。因此，注册会计师决定采用选取特定项目进行测试的方法选取函证样本，符合下列条件之一的选为样本：a.应收账款余额在100万元以上的客户；b.年购买500万元以上的客户；c.应收账款余额在10万元以上但账龄超过1年的客户。有35个客户符合上述条件，总金额为18 593 581元，覆盖率为47%。函证结果如下：

26个客户回函确认无误；

3个客户回函存在付款时间性差异，即年末客户已付款而被审计单位尚未收到，经查看次年1月初银行对账单确认无误；

6个客户没有回函。

前两项29个客户回函总金额为13 272 566元，函证的实际覆盖率为34%。

②对上述没有回函的应收账款余额5 321 015元实施替代程序，查看了期后收款。截至审计现场工作结束，共收回货款2 866 390元，对剩余的金额2 454 625元查看了相应的原始凭证（订单、发货单、发票、还款协议、与客户的往来信件

等），没有发现差异。替代程序的实际覆盖率为13%。

③应收账款余额函证及替代程序的总体覆盖率为47%。对于没有函证的53%，由于相关控制是有效运行的，实施实质性分析程序未发现误差，注册会计师判断重大错报风险水平较低，因而可接受一个较高的检查风险水平。对于未函证的53%的应收账款，注册会计师采用审计抽样（一个相对较小的样本即可）的方法予以函证，结果是推断的错报未超过应收账款可容忍错报。

④验证应收账款账龄分析报告的准确性。注册会计师采取审计抽样的方法，选取40笔交易检查销售发票并验证是否归入正确的账龄期间。测试结果没有发现错误，可以证实账龄分析报告的准确性。

⑤向总经理和销售经理询问他们对应收账款可收回性的评估；重新计算坏账准备的提取；对账龄较长而未提取坏账准备的应收账款余额，查看还款协议和实际付款记录。注册会计师发现有一笔339 465元账龄超过2年的应收账款，该客户签订的还款协议承诺2022年12月31日之前支付100 000元，到审计现场工作结束时（2023年3月）仍未支付，目前被审计单位已停止向对方供货。另一笔133 282元账龄未满6个月的应收账款，该客户是一家连锁餐厅，最近因资金链出现问题，拖欠租金和供应商货款而被起诉，该笔货款很可能无法收回。对上述两笔可能无法收回的应收账款共计472 747元被审计单位均未计提坏账准备。注册会计师建议作审计调整并计划向被审计单位管理层报告该事项。

⑥销售收入截止测试（略）。

案例四　会计师事务所的质量管理

精益会计师事务所的质量管理体系部分内容摘录如下：

（1）项目合伙人应当对会计师事务所分派的每项审计业务的总体质量负责。

（2）合伙人工薪及晋升制度规定，连续3年业务收入额在事务所排名前十的项目经理晋升为合伙人。

（3）只有完成项目质量复核，才能签署业务报告，项目质量复核形成的工作底稿的归档工作应当在报告日前完成。

（4）如果项目合伙人和项目质量复核人员存在意见分歧，应以项目质量复核人员的意见为准。

（5）组成部分注册会计师基于集团审计的目的对组成部分出具审计报告，如果组成部分审计报告日早于集团审计报告日，会计师事务所应当自集团审计报告日起对组成部分审计工作底稿至少保存十年。

案例分析：针对上述第（1）项至（5）项，逐项指出精益会计师事务所的质量管理体系的内容是否恰当。如不恰当，简要说明理由。

二维码展示
内容4-4

模块五　销售与收款循环审计

一、实训目的

了解销售与收款循环的主要审计流程；了解销售与收款循环涉及的主要交易事项和主要会计账户；掌握销售与收款循环涉及的实质性程序方法；熟练运用各种审计技术方法；熟悉各种常用审计工作底稿的编制。

通过本模块实训，培养学生法治精神以及职业谨慎、职业怀疑、职业判断等职业精神，增强学生审计职业认同感。

二、理论知识点

（一）销售与收款循环的特性

1.涉及的主要业务活动

（1）接受顾客订货单。顾客提出订货要求是整个销售与收款循环的起点。从法律上讲，这是购买某种货物的一项申请。顾客的订单只有在符合企业管理层的授权标准时，才能被接受。管理层一般都列出了已批准销售的顾客名单。销售单管理部门在决定是否同意接受某顾客的订单时，应追查该顾客是否被列入这份已经批准销售的顾客名单。如果该顾客未被列入顾客名单，则通常需要由销售单管理部门的主管来决定是否同意销售。很多企业在批准了顾客订货单之后，下一步就应编制一式多联的销售单。销售单是管理层有关销售交易的"存在或发生"认定的凭据之一，也是此笔销售的交易轨迹的起点。

（2）批准赊销信用。对于赊销业务，赊销批准是由信用管理部门根据管理层的赊销政策，以及对每个顾客的已授权的信用额度来进行的。信用管理部门的职员在收到销售单管理部门的销售单后，即将销售单与该顾客已被授权的赊销信用额度以及至今尚欠的账款余额加以比较。执行人工赊销信用检查时，还应合理划分工作职责，以切实避免销售人员为扩大销售而使企业承受不适当的信用风险。企业应对每个新顾客进行信用调查，包括获取信用评审机构对顾客信用等级的评定报告。无论批准赊销与否，都要求被授权的信用管理部门人员在销售单上签署意见，然后再将已签署意见的销售单送回销售单管理部门。设计信用批准控制的目的是降低坏账风险，因此，这些控制与应收账款净额的“计价和分摊”认定有关。

（3）按销售单供货。企业管理层通常要求商品仓库只有在收到了经过批准的销售单时才能供货。设立这项控制程序的目的是防止仓库在未经授权的情况下擅自发货。因此，经批准的销售单的一联通常应送达仓库，作为仓库按销售单供货和发货给装运部门的授权依据。

（4）按销售单装运货物。将按经批准的销售单供货与按销售单装运货物职责相分离，有助于避免装运职员在未经授权的情况下装运产品。此外，装运部门职员在装运之前，还必须进行独立验证，以确定从仓库提取的商品都附有经批准的销售单，并且，所提取商品的内容与销售单一致。装运凭证是指一式多联的、连续编号的提货单，可由电脑或人工编制。按序归档的装运凭证通常由装运部门保管。装运凭证提供了商品确实已装运的证据，因此，它是证实销售交易“存在或发生”认定的另一种形式的凭据。而定期检查以确定在编制的每张装运凭证后均已附有相应的销售发票，则有助于保证销售交易“完整性”认定的正确性。

（5）向顾客开具账单。开具账单包括编制和向顾客寄送事先连续编号的销售发票。这项功能所针对的主要问题是：是否对所有装运的货物都开具了账单（即“完整性”认定问题）；是否只对实际装运的货物才开具账单，有无重复开具账单或虚构交易（即“存在或发生”认定问题）；是否按已授权批准的商品价目表所列价格计价开具账单（即“计价和分摊”认定问题）。

为了降低开具账单过程中出现遗漏、重复、错误计价或其他差错的风险，应设立以下控制程序：

①开具账单部门职员在编制每张销售发票之前，应独立检查是否有装运凭证和相应的经批准的销售单。

②应根据已授权批准的商品价目表编制销售发票。

③独立检查销售发票计价和计算的正确性。

④将装运凭证上的商品总数与相对应的销售发票上的商品总数进行比较。

这些控制程序有助于确保用于记录销售交易的销售发票的正确性。因此，这些控制与销售交易的“存在或发生”、“完整性”以及“计价和分摊”认定有关。销售发票副联通常由开具账单的部门保管。

（6）记录销售。在手工会计系统中，记录销售的过程包括区分赊销、现销，按销售发票编制转账凭证或库存现金、银行存款收款凭证，再据以登记销售明细账和应收账款明细账或库存现金、银行存款日记账。记录销售的控制程序包括以下内容：

①只依据附有有效装运凭证和销售单的销售发票记录销售。这些装运凭证和销售单应能证明销售交易的发生及其发生的日期。

②控制所有事先连续编号的销售发票。

③独立检查已处理销售发票上的销售金额同会计记录金额的一致性。

④记录销售的职责应与处理销售交易的其他功能相分离。

⑤对记录过程中所涉及的有关记录的接触予以限制，以减少未经授权批准的记录发生。

⑥定期、独立检查应收账款明细账与总账的一致性。

⑦定期向顾客寄送对账单，并要求顾客将任何例外情况直接向指定的未涉及执行或记录销售交易循环的会计主管报告。

这些控制与“存在或发生”、“完整性”以及“计价和分摊”认定有关。

（7）办理和记录库存现金、银行存款收入。这项功能涉及的是有关货款收回，库存现金、银行存款的记录以及应收账款减少的活动。在办理和记录库存现金、银行存款收入时，最应关心的是货币资金失窃的可能性。货币资金失窃可能发生在货币资金收入登记入账之前或入账之后。处理货币资金收入时最重要的是要保证全部货币资金都必须如数、及时地登入库存现金、银行存款日记账或应收账款明细账，并如数、及时地将库存现金存入银行。在这方面银行汇款通知单起着很重要的作用。

（8）办理和记录销售退回、销售折让和现金折扣。顾客如果对商品不满意，销售企业一般都会同意退货，或给予一定的销售折让；顾客如果提前支付货款，销售企业则可能会给予一定的现金折扣。发生此类事项时，必须经授权批准，并应确保与办理此事有关的部门和职员各司其职，分别控制实物流和会计处理。在这方面严格使用贷项通知单无疑会起到关键的作用。

（9）注销坏账。不管赊销部门的工作如何主动，顾客因宣告破产、死亡等原因而不支付货款的事仍有发生。销售企业若认为某项货款再也无法收回，就必须注销这笔货款。对于这些坏账，正确的处理方法应该是获取货款无法收回的确凿证据，经适当审批后及时作出会计调整。

（10）提取坏账准备。坏账准备提取的数额必须能够抵补企业以后无法收回的本期销售货款。

2.涉及的主要会计账户

销售与收款循环涉及的资产负债表项目主要包括应收票据、应收账款、长期应收款、预收款项、应交税费等；所涉及的利润表项目主要包括营业收入、税金及附加、销售费用等。

3.涉及的主要凭证与会计记录

（1）顾客订货单。顾客订货单即顾客提出的书面购货要求。企业可以通过销售人员或其他途径，如采用电话、信函和向现有的及潜在的顾客发送订货单等方式接受订货，取得顾客订货单。

（2）销售单。销售单是列示顾客所订商品的名称、规格、数量以及其他与顾客订货单有关信息的凭证，作为销售方内部处理顾客订货单的凭据。

（3）发运凭证。发运凭证即在发运货物时编制的，用以反映发出商品的规格、数量和其他有关内容的凭据。发运凭证的一联寄送给顾客，其余联由企业保留。这种凭证可用作向顾客开具账单的依据。

（4）销售发票。销售发票是一种用来表明已销售商品的名称、规格、数量、价格、销售金额、运费和保险费、开票日期、付款条件等内容的凭证。销售发票的一联寄送给顾客，其余联由企业保留。销售发票也是在会计账簿中登记交易的基本凭据。

（5）商品价目表。商品价目表是列示已经授权批准的、可供销售的各种商品的价格清单。

（6）贷项通知单。贷项通知单是一种用来表示由于销售退回或经批准的折让而引起的应收销货款减少的凭证。这种凭证的格式通常与销售发票的格式相同，只不过它不是用来证明应收账款的增加，而是用来证明应收账款的减少。

（7）应收账款明细账。应收账款明细账是用来记录每个顾客各项赊销、还款、销售退回及折让的明细账。各应收账款明细账的余额合计数应与应收账款总账余额相等。

（8）主营业务收入明细账。主营业务收入明细账是一种用来记录销售交易的明细账。它通常记载和反映不同类别产品或劳务的销售总额。

（9）折扣与折让明细账。折扣与折让明细账是一种用来核算企业销售商品时，按销售合同的规定，为及早收回货款而给予顾客的现金折扣和因商品品种、质量等原因给予顾客的销售折让情况的明细账。当然，企业也可以不设置折扣与折让明细账，而将该类业务直接记录于主营业务收入明细账。

（10）汇款通知书。汇款通知书是一种与销售发票一起寄给顾客，由顾客在付款时再寄回销售单位的凭证。这种凭证注明顾客姓名、销售发票号码、销售单位开户银行账号以及金额等内容。如果顾客没有将汇款通知书随同货款一并寄回，一般应由收受邮件的人员在拆开邮件时再代编一份汇款通知书。采用汇款通知书能使现金立即存入银行，可以改善对资产保管的控制。

（11）库存现金日记账和银行存款日记账。库存现金日记账和银行存款日记账是用来记录应收账款的收回或现销收入以及其他各种现金、银行存款收入和支出的日记账。

（12）坏账审批表。坏账审批表是一种用来批准将某些应收款项注销为坏账的，仅在企业内部使用的凭证。

（13）顾客月末对账单。顾客月末对账单是一种按月定期寄送给顾客的用于购销双方定期核对账目的凭证。顾客月末对账单上应注明应收账款的月初余额、本月各项销售交易的金额、本月已收到的货款、各贷项通知单的数额以及月末余额等内容。

（14）转账凭证。转账凭证是指记录转账业务的记账凭证，它是根据有关转账业务（即不涉及库存现金、银行存款收付的各项业务）的原始凭证编制的。

（15）收款凭证。收款凭证是指用来记录库存现金和银行存款收入业务的记账凭证。

（二）主要运用的审计程序

在进行销售与收款循环控制测试和实质性程序时，通常会运用以下审计程序：检查记录或文件；检查有形资产；观察；询问；函证；重新计算以及分析程序等。

三、实训内容

实训一　销售与收款循环的控制测试

（一）实训所需条件

本实训所需资料如下：

津桥会计师事务所的审计师李明编制对华西公司2022年财务报表审计项目的审计计划前，需要研究和评价华西公司的与销售业务有关的内部控制。

资料一：

华西公司为了扩大销售渠道，在甲地区设立了一家销售网点，委派当地人员赵涛担任该网点的经理，网点的会计则由公司本部直接委派会计人员王军前往担任。为满足经营需要，华西公司在工商银行甲分行开设了专门账户，供该销售网点支付相关费用。

公司规定，销售网点的支票由会计人员王军保管，财务章由赵涛掌管。使用支票支付费用须由赵涛和王军共同签发，并指定王军持签发的支票到银行办理支取手续。作为会计人员，王军除登记银行存款日记账外，每月还必须按时从银行取得对账单进行核对。支票存根、作废支票、银行对账单等均由王军保管。王军每月必须编制库存现金支出报告送交公司总部。

资料二：

经了解相关内部控制后，注册会计师李明决定将开具销售发票这一环节作为控制测试的重点。这一环节具体包括填制连续编号的销售发票并向顾客寄送。

（二）实训要求

1.分析华西公司库存现金支出内部控制中存在的一个最严重的缺陷，指出这一缺陷可能导致错报的具体情况，并提出具有针对性的改进建议。

2.对于开具销售发票这一环节，谈论注册会计师应主要关心的问题。这些问题分别与管理层对销售业务的何种认定相对应。

3.为了减少开具销售发票过程中出现的重复、遗漏、错误计价或其他差错，提出华西公司应设立的控制程序。

4.针对资料二，讨论注册会计师李明应针对这一环节的内部控制实施的控制测试程序。

分析：

1.会计人员王军同时拥有管账（银行存款日记账）、管钱（银行存款的支取）、管物（支票、支票存根、作废支票）以及账实核对（银行对账单的取得及核对）的职权，严重违反了不相容职务分离的基本控制原则，极易造成贪污银行存款的情况发生。具体地说，王军可以利用支付费用时由赵涛签发的支票取得银行存款而加以贪污，同时向赵涛声称支票作废而另行签发。因作废支票由王军保管，赵涛无法察觉此种舞弊行为；银行对账单的核对及银行存款余额调节表的编制均由王军负责，致使这种舞弊不能通过与银行的核对而被察觉；交公司总部的库存现金支出报告亦由王军编写及呈送，又必然导致公司总部对王军的失察。可见，由于王军集各种不相容职务于一身，通常内部控制难以发现舞弊，包括银行存款日记账与支票存根的核对、日记账与对账单的核对、拨入金额与支付金额的核对等关键内部控制均名存实亡。

2.为了减少开具销售发票过程中出现的重复、遗漏、错误计价或者其他错误，可以考虑设立的控制程序有：（1）在开具每张销售发票之前，开票人员应独立检查是否存在装运凭证和相应的经批准的销售单；（2）应根据已授权的商品价目表和装运凭证上的价格和商品数量编制销售发票等。

3.通常，对于销售与收款循环的内部控制测试，有以下审计程序可供选择：

（1）抽取一定数量的业务，分别找出各笔业务相对应的所有凭证和会计记录，做如下一系列检查。如抽取销售发票，做如下检查：

①核对销售发票、销售合同、销售订单所载明的商品名称、规格、数量、价格是否一致。

②核查销售合同、赊销是否经核准。

③核对相应的送货单副本，检查销售发票日期与送货日期是否一致。

④检查销售发票中所列商品的单价，并与商品价目表核对是否一致。

⑤复核销售发票中列示的数量、单价和金额。

⑥从销售发票追查至销售记账凭证或销售记账凭证汇总表。

⑦从销售记账凭证或销售记账凭证汇总表追查至总分类账及明细分类账。

⑧检查销售订单是否经过一定的审批程序。

⑨检查销售发票是否由复核人员复核并标记。

（2）抽取一定时期内的销售发票，检查其是否连续编号，作废发票的处理是否正确。

（3）抽取送货单，并与相关的销售发票核对，检查已发出商品是否均已向顾客开出发票。

（4）检查销售退回、折让、折扣的核准：

①检查销售退回是否具有对方税务局开具的有关证明。

②检查销售退回和折让是否附有按顺序编号并经主管人员核准的贷项通知单。

③检查退回商品是否具有仓库退货验收报告。

④核对退回商品冲销的会计记录是否正确。

⑤检查销售退回与折让的批准与贷项通知单的签发职责是否分离。

⑥检查现金折扣是否经过适当授权，授权人与收款人的职责是否分离。

（5）抽取收款凭证，做如下检查：

①是否将记录收款与保管现金的职务分离。

②收到货款是否开具收款收据。

③是否定期核对记账、过账和送存银行的金额。

④是否定期编制银行存款余额调节表，其编制人是否与出纳保持职务分离。

⑤是否定期与顾客对账。

（6）抽取部分顾客档案资料，检查是否有相关的信用额度报告并经过适当的审批。如果是新顾客，检查被审计单位是否及时建立了顾客档案并对顾客的信用作出合理、适当的审批。

（7）核查被审计单位的坏账准备计提控制。抽取一定量的坏账准备计提业务，检查是否存在坏账准备计提审核程序。核查坏账是否经过一定的审批，并追查至应收账款账户。

（三）实训组织方法及步骤

将上课班级学生划分几组，每组3~5人，组成模拟审计小组，完成上述实训要求的内容。

（四）实训考核方法

按每组学生完成实训要求情况打分。

实训二　营业收入审计的实质性程序

（一）实训所需条件

本实训所需资料如下：

资料一：

华光公司2022年未审计利润表及2021年已审计利润表有关数据见表5-1。

表5-1　2021年和2022年利润表相关数据　单位：万元

项　目	2022年度（未审数）	2021年度（审定数）
一、营业收入	104 300	58 900
减：营业成本	91 845	53 599
税金及附加	560	350
销售费用	2 800	1 610
管理费用	2 380	3 260
财务费用	180	150
加：其他收益	0	0
投资收益	980	0
公允价值变动收益	0	0
资产减值损失	0	0
资产处置收益	0	0
二、营业利润	7 515	−69
加：营业外收入	100	150
减：营业外支出	260	300
三、利润总额	7 355	−219
减：所得税费用	1 838.75	0
四、净利润	5 516.25	−219

资料二：

华光公司2022年1—12月份未经审计的主营业务收入和主营业务成本金额见表5-2。

表5-2　　主营业务收入和主营业务成本金额　　单位：万元

月份	主营业务收入	主营业务成本
1	7 800	7 566
2	7 600	6 764
3	7 400	6 512
4	7 700	6 768
5	7 800	6 981
6	7 850	6 947
7	7 950	7 115
8	7 700	6 830
9	7 600	6 832
10	7 900	7 111
11	8 100	7 280
12	18 900	15 139
合计	104 300	91 845

资料三：

注册会计师在实施实质性程序时，抽查到以下销售业务：

（1）销售给A公司硬件计904万元（含税，适用的增值税税率为13%）。相关合同约定：签订合同后支付100万元，出具安装验收报告后支付200万元，试运行一个月并检验合格后支付604万元，交货日期为2022年11月20日。实际执行情况是：华光公司于2022年11月15日发货，经双方签字盖章的安装验收报告日期为2022年12月25日，发票日期为2022年12月25日。截至2022年12月31日，华光公司已经收取货款300万元，确认2022年度该项销售收入800万元，相关凭证见表5-3至表5-6和图5-1。

表5-3　　销售产品出库单

购货单位：A公司　　2022年11月15日　　编号：1201

产品编号	产品名称	型号规格	单位	数量	单价	金额	备注
	1号产品		台	100	70 000.00	7 000 000.00	
备注				结算方式	支票	运输方式	自提

第三联　财务记录

部长：王丽　　发货：田杨　　制单：马成

黑龙江省增值税专用发票

No.4005012

101041209　　　　开票日期：2022 年 12 月 25 日

全国统一发票监制章 国家税务总局 黑龙江省税务局

购买方	名　　称：A 公司 纳税人识别号：370982310042173 地 址 、电 话：大连市解放路 12 号 0411-22621414 开户行及账号：工行泰西营业部 2403115433				密码区	7<108<372/*+43-+953*+*56>/ 7-6/+7274653850/*+1-85<0-6 491+92+7>8/4/<*743-/152*<+ 6>1/194>+31>46171*1*8<3/1>		
货物或应税劳务、服务名称	规格型号	单位	数量	单价	金额	税率	税额	
1 号产品		台	100	80 000.00	8 000 000.00	13%	1 040 000.00	
合计					8 000 000.00		1 040 000.00	
价税合计（大写）：⊗玖佰零肆万元整					（小写）¥9 040 000.00			
销售方	名　　称：黑龙江华光股份有限公司 纳税人识别号：230103789103026 地 址 、电 话：哈尔滨香坊区 99 号 0451-55617123 开户行及账号：工行珠江办事处 035101082172				备注	黑龙江华光股份有限公司 230103789103026 发票专用章		

第一联 记账联

收款人：　　　　复核：孙佳　　　　开票人：陈红　　　　销售方：（章）

图5-1　增值税专用发票

表 5-4

记　账　凭　证

2022 年 12 月 25 日　　　　记字第 1 号

摘　要	会计科目		记账	借方金额											记账	贷方金额										
	总账科目	明细科目	√	亿	千	百	十	万	千	百	十	元	角	分	√	亿	千	百	十	万	千	百	十	元	角	分
销售1号产品	应收账款	A公司				9	0	4	0	0	0	0	0	0												
	主营业务收入																	8	0	0	0	0	0	0	0	0
	应交税费	应交增值税（销项税额）																1	0	4	0	0	0	0	0	0
合　计					¥	9	0	4	0	0	0	0	0	0			¥	9	0	4	0	0	0	0	0	0

附单据 2 张

会计主管：钱庄　　记账：赵丽　　出纳：张平　　审核：孙佳　　制单：陈红

表 5-5

记　账　凭　证

2022 年 12 月 25 日　　　　记字第 2 号

摘　要	会计科目		记账	借方金额											记账	贷方金额										
	总账科目	明细科目	√	亿	千	百	十	万	千	百	十	元	角	分	√	亿	千	百	十	万	千	百	十	元	角	分
销售1号产品	主营业务成本					7	0	0	0	0	0	0	0	0												
	库存商品	1号产品																7	0	0	0	0	0	0	0	0
合　计					¥	7	0	0	0	0	0	0	0	0			¥	7	0	0	0	0	0	0	0	0

附单据 2 张

会计主管：钱庄　　记账：赵丽　　出纳：张平　　审核：孙佳　　制单：陈红

表 5-6

记　账　凭　证

2022 年 12 月 31 日　　　　记字第 3 号

摘要	会计科目		记账	借方金额											记账	贷方金额										
	总账科目	明细科目	√	亿	千	百	十	万	千	百	十	元	角	分	√	亿	千	百	十	万	千	百	十	元	角	分
收到货款	银行存款	工行				3	0	0	0	0	0	0	0	0												
	应收账款	A公司																3	0	0	0	0	0	0	0	0
合计					¥	3	0	0	0	0	0	0	0	0			¥	3	0	0	0	0	0	0	0	0

附单据 2 张

会计主管：钱庄　　记账：赵丽　　出纳：张平　　审核：孙佳　　制单：陈红

（2）销售给B公司硬件计1 130万元（含税，适用的增值税税率为13%）。相关合同约定：签订合同后支付300万元，出具安装验收报告后支付830万元，交货日期为2022年12月26日。实际执行情况为：经双方签字盖章的安装验收报告日期为2022年12月29日，发票日期为2022年12月29日。截至2022年12月31日，华光公司已经收到货款1 130万元，并确认2022年度该项销售收入1 000万元。注册会计师在审计时，未取得该项销售业务的发货单据，华光公司解释的理由为供货单位接受华光公司指令直接将货物发运至B公司。相关发票如图5-2、表5-7和表5-8所示。

黑龙江省增值税专用发票

（印章：国家税务总局 黑龙江省税务局）

No.4005011

101041209　　　　开票日期：2022 年 12 月 29 日

购买方
名　　称：B 公司
纳税人识别号：370982310042175
地 址 、电 话：大连市高尔基路 11 号 0411-88222288
开户行及账号：工行西岗区营业部 3853113693

密码区：
7<108<372/*+43-+953*+*56>/
7-6/+7274653850/*+1-85<0-6
491+92+7>8/4/<*743-/152*<+
6>1/194>+31>46171*1*8<3/1>

货物或应税劳务、服务名称	规格型号	单位	数量	单价	金额	税率	税额
2 号产品		台	1 000	10 000.00	10 000 000.00	13%	1 300 000.00
合计					10 000 000.00		1 300 000.00

价税合计（大写）：⊗壹仟壹佰叁拾万元整　　（小写）¥11 300 000.00

销售方
名　　称：黑龙江华光股份有限公司
纳税人识别号：230103789103026
地 址 、电 话：哈尔滨香坊区 99 号 0451-55617123
开户行及账号：工行珠江办事处 035101082172

备注：（印章：黑龙江华光股份有限公司 230103789103026 发票专用章）

第一联　记账联

收款人：　　复核：孙佳　　开票人：陈红　　销售方：（章）

图5-2　增值税专用发票

表5-7

记 账 凭 证

2022年12月31日　　　　记字第4号

摘要	会计科目		记账	借方金额											记账	贷方金额										
	总账科目	明细科目	√	亿	千	百	十	万	千	百	十	元	角	分	√	亿	千	百	十	万	千	百	十	元	角	分
销售2号产品	银行存款	B公司			1	1	3	0	0	0	0	0	0	0												
	主营业务收入																1	0	0	0	0	0	0	0	0	0
	应交税费	应交增值税（销项税额）																1	3	0	0	0	0	0	0	0
合计				¥	1	1	3	0	0	0	0	0	0	0		¥	1	1	3	0	0	0	0	0	0	0

附单据1张

会计主管：钱庄　　记账：赵丽　　出纳：张平　　审核：孙佳　　制单：陈红

表5-8

记 账 凭 证

2022年12月31日　　　　记字第5号

摘要	会计科目		记账	借方金额											记账	贷方金额										
	总账科目	明细科目	√	亿	千	百	十	万	千	百	十	元	角	分	√	亿	千	百	十	万	千	百	十	元	角	分
销售2号产品	主营业务成本					9	0	0	0	0	0	0	0	0												
	库存商品	2号产品																9	0	0	0	0	0	0	0	0
合计					¥	9	0	0	0	0	0	0	0	0			¥	9	0	0	0	0	0	0	0	0

附单据1张

会计主管：钱庄　　记账：赵丽　　出纳：张平　　审核：孙佳　　制单：陈红

（3）销售给再集成商C公司硬件计1 695万元（含税，适用的增值税税率为13%）。相关合同约定：该批货物直接发运至C公司的客户D公司，安装调试由C公司负责；C公司在签订合同后支付200万元，剩余货款1 495万元在C公司收取D公司货款后一次性支付。实际执行情况是：华光公司于2022年12月18日发货，发票日期为2022年12月18日，无安装验收报告。截至2022年12月31日，华光公司已经收取货款200万元，2022年度确认该项销售收入1 500万元。相关发票和产品出库单如图5-3和表5-9至表5-11所示。

黑龙江省增值税专用发票

101041209　　　　　　　　　　　　　　　　　　No.4005011

国家税务总局 黑龙江省税务局

开票日期：2022 年 12 月 18 日

购买方	名　　称：C 公司 纳税人识别号：370982310041269 地 址 、电 话：大连市天河路 88 号 0411-99226622 开户行及账号：工行天河营业部 2403005433				密码区	7<108<372/*+43-+953*+*56>/ 7-6/+7274653850/*+1-85<0-6 491+92+7>8/4/<*743-/152*<+ 6>1/194>+31>46171*1*8<3/1>		
货物或应税劳务、服务名称	规格型号	单位	数量	单价	金额	税率	税额	
3 号产品		台	1 000	15 000.00	15 000 000.00	13%	1 950 000.00	
合计					15 000 000.00		1 950 000.00	
价税合计（大写）：⊗壹仟陆佰玖拾伍万元整					（小写）￥16 950 000.00			
销售方	名　　称：黑龙江华光股份有限公司 纳税人识别号：230103789103026 地 址 、电 话：哈尔滨香坊区 99 号 0451-55617123 开户行及账号：工行珠江办事处 035101082172				备注	黑龙江华光股份有限公司 230103789103026 发票专用章		

第一联　记账联

收款人：　　　　复核：孙佳　　　　开票人：陈红　　　　销售方：（章）

图5-3　增值税专用发票

表 5-9

销售产品出库单

购货单位：C 公司　　　　2022 年 12 月 18 日　　　　编号：1202

产品编号	产品名称	型号规格	单位	数量	单价	金额	备注
	3 号产品		台	1 000	14 000.00	14 000 000.00	
备注			结算方式	支票	运输方式	自提	

第三联　财务记录

部长：王丽　　　　发货：田杨　　　　制单：马成

表 5-10

记　账　凭　证

2022 年 12 月 31 日　　　　记字第 6 号

摘　要	会计科目		记账	借方金额											记账	贷方金额										
	总账科目	明细科目	√	亿	千	百	十	万	千	百	十	元	角	分	√	亿	千	百	十	万	千	百	十	元	角	分
销售3号产品	应收账款	C公司			1	4	9	5	0	0	0	0	0	0												
	银行存款	工行				2	0	0	0	0	0	0	0	0												
	主营业务收入																1	5	0	0	0	0	0	0	0	0
	应交税费	应交增值税（销项税额）																1	9	5	0	0	0	0	0	0
合　计				￥	1	6	9	5	0	0	0	0	0	0		￥	1	6	9	5	0	0	0	0	0	0

附单据 2 张

会计主管：钱庄　　记账：赵丽　　出纳：张平　　审核：孙佳　　制单：陈红

表5-11

记 账 凭 证

2022年12月31日　　　　记字第7号

摘要	会计科目		记账	借方金额											记账	贷方金额										
	总账科目	明细科目	√	亿	千	百	十	万	千	百	十	元	角	分	√	亿	千	百	十	万	千	百	十	元	角	分
销售3号产品	主营业务成本				1	4	0	0	0	0	0	0	0	0												
	库存商品	3号产品															1	4	0	0	0	0	0	0	0	0
合计				¥	1	4	0	0	0	0	0	0	0	0		¥	1	4	0	0	0	0	0	0	0	0

附单据2张

会计主管：钱庄　　记账：赵丽　　出纳：张平　　审核：孙佳　　制单：陈红

（4）销售给F公司硬件计1 243万元（含税，适用的增值税税率为13%）。相关合同约定：签订合同后支付300万元，货物发出后支付943万元，交货日期为2022年11月28日。实际执行中，华光公司于2022年12月29日向F公司开具发票。截至2022年12月31日，华光公司已经收取货款300万元，确认该项销售收入1 100万元。注册会计师在审计中注意到，上述货物尚存放在华光公司的仓库，华光公司为此提供了一份F公司2022年11月28日的传真，内容为："由于本公司原因，自贵公司购进的硬件暂存贵公司，货物的所有权即日起转移至本公司。"相关发票和记账凭证如图5-4、表5-12和表5-13所示。

黑龙江省增值税专用发票　　No.4005014

（国家税务总局 黑龙江省税务局 监制章）

101041209　　开票日期：2022年12月29日

购买方	名　称：F公司 纳税人识别号：370982310048432 地址、电话：大连市清泉路99号 0411-22222262 开户行及账号：工行天洋营业部 2403115432	密码区	7<108<372/*+43-+953*+*56>/ 7-6/+7274653850/*+1-85<0-6 491+92+7>8/4/<*743-/152*<+ 6>1/194>+31>46171*1*8<3/1>

货物或应税劳务、服务名称	规格型号	单位	数量	单价	金额	税率	税额
4号产品		台	1 000	11 000.00	11 000 000.00	13%	1 430 000.00
合计					11 000 000.00		1 430 000.00
价税合计（大写）：⊗壹仟贰佰肆拾叁万元整						（小写）¥12 430 000.00	

销售方	名　称：黑龙江华光股份有限公司 纳税人识别号：230103789103026 地址、电话：哈尔滨香坊区99号 0451-55617123 开户行及账号：工行珠江办事处 035101082172	备注	（黑龙江华光股份有限公司 230103789103026 发票专用章）

第一联 记账联

收款人：　　复核：孙佳　　开票人：陈红　　销售方（章）

图5-4　增值税专用发票

表 5-12

记　账　凭　证

2022 年 12 月 29 日　　　　记字第 8 号

摘　要	会计科目		记账	借方金额											记账	贷方金额										
	总账科目	明细科目	√	亿	千	百	十	万	千	百	十	元	角	分	√	亿	千	百	十	万	千	百	十	元	角	分
销售 4号产品	应收账款	F公司				9	4	3	0	0	0	0	0	0												
	银行存款	工行				3	0	0	0	0	0	0	0	0												
	主营业务收入																1	1	0	0	0	0	0	0	0	0
	应交税费	应交增值税 （销项税额）																1	4	3	0	0	0	0	0	0
合　计				¥	1	2	4	3	0	0	0	0	0	0		¥	1	2	4	3	0	0	0	0	0	0

附单据 2 张

会计主管：钱庄　　记账：赵丽　　出纳：张平　　审核：孙佳　　制单：陈红

表 5-13

记　账　凭　证

2022 年 12 月 29 日　　　　记字第 9 号

摘　要	会计科目		记账	借方金额											记账	贷方金额										
	总账科目	明细科目	√	亿	千	百	十	万	千	百	十	元	角	分	√	亿	千	百	十	万	千	百	十	元	角	分
销售 4号产品	主营 业务成本					8	0	0	0	0	0	0	0	0												
	库存商品	4号产品																8	0	0	0	0	0	0	0	0
合　计					¥	8	0	0	0	0	0	0	0	0			¥	8	0	0	0	0	0	0	0	0

附单据 2 张

会计主管：钱庄　　记账：赵丽　　出纳：张平　　审核：孙佳　　制单：陈红

（5）销售给控股股东 G 公司硬件计 3 390 万元（含税，适用的增值税税率为 13%）。发货单、发票、安装验收报告、销售合同核对后无异常，货款已于 2022 年 12 月全部收到。2022 年度，华光公司确认该项销售收入 3 000 万元，销售成本 1 800 万元。2022 年度，同类硬件主要销售给非关联方，其加权平均毛利率为 10%。相关发票和记账凭证如表 5-14、图 5-5、表 5-15 和表 5-16 所示。

表 5-14

销售产品出库单

购货单位：G公司　　　　2022年11月28日　　　　编号：1203

产品编号	产品名称	型号规格	单位	数量	单价	金额	备注
	5号产品		台	3 000	6 000.00	18 000 000.00	
备注			结算方式	支票	运输方式	自提	

第三联　财务记录

部长：王丽　　　　发货：田杨　　　　制单：马成

黑龙江省增值税专用发票

No.4005017

101041209　　　　开票日期：2022年12月1日

（全国统一发票监制章　国家税务总局　黑龙江省税务局）

购买方	名　　称：G公司 纳税人识别号：370982310046972 地 址 、 电 话：大连市鞍山街66号 0411-88888444 开户行及账号：工行阳光营业部 2433115435	密码区	7<108<372/*+43-+953*+*56>/ 7-6/+7274653850/*+1-85<0-6 491+92+7>8/4/<*743-/152*<+ 6>1/194>+31>46171*1*8<3/1>

货物或应税劳务、服务名称	规格型号	单位	数量	单价	金额	税率	税额
5号产品		台	3 000	10 000.00	30 000 000.00	13%	3 900 000.00
合计					30 000 000.00		3 900 000.00
价税合计（大写）：⊗叁仟叁佰玖拾万元整					小写：¥33 900 000.00		

销售方	名　　称：黑龙江华光股份有限公司 纳税人识别号：230103789103026 地 址 、 电 话：哈尔滨香坊区99号 0451-55617123 开户行及账号：工行珠江办事处 035101082172	备注	（黑龙江华光股份有限公司　230103789103026　发票专用章）

第一联　记账联

收款人：　　　　复核：孙佳　　　　开票人：陈红　　　　销售方（章）

图5-5　增值税专用发票

表 5-15

记　账　凭　证

2022年12月1日　　　　记字第10号

摘要	总账科目	明细科目	记账√	借方亿	千	百	十	万	千	百	十	元	角	分	记账√	贷方亿	千	百	十	万	千	百	十	元	角	分
销售5号产品	银行存款	G公司			3	3	9	0	0	0	0	0	0	0												
	主营业务收入																3	0	0	0	0	0	0	0	0	0
	应交税费	应交增值税（销项税额）																3	9	0	0	0	0	0	0	0
合计				¥	3	3	9	0	0	0	0	0	0	0		¥	3	3	9	0	0	0	0	0	0	0

附单据 2 张

会计主管：钱庄　　记账：赵丽　　出纳：张平　　审核：孙佳　　制单：陈红

表 5-16

记 账 凭 证

2022 年 12 月 1 日　　　　记字第 11 号

摘要	会计科目		记账	借方金额											记账	贷方金额										
	总账科目	明细科目	√	亿	千	百	十	万	千	百	十	元	角	分	√	亿	千	百	十	万	千	百	十	元	角	分
销售5号产品	主营业务成本				1	8	0	0	0	0	0	0	0	0												
	库存商品	5号产品															1	8	0	0	0	0	0	0	0	0
合　计				¥	1	8	0	0	0	0	0	0	0	0		¥	1	8	0	0	0	0	0	0	0	0

附单据 2 张

会计主管：钱庄　　记账：赵丽　　出纳：张平　　审核：孙佳　　制单：陈红

（6）销售给 H 公司硬件计 2 034 万元（含税，增值税适用税率为 13%）。发货单、发票、安装验收报告、销售合同核对后无异常。截至 2022 年 12 月 31 日，已收到货款 1 000 万元，尚有 1 034 万元货款未收到。2022 年度，华光公司确认该项销售收入 1 800 万元。注册会计师在对应收 H 公司的 1 034 万元应收款项进行函证时，H 公司回函表示已经退货。经检查，华光公司已于 2023 年 1 月 10 日冲减了当月销售收入 1 800 万元，并冲减相关销售成本。相关发票和记账凭证如表 5-17、图 5-6、表 5-18 至表 5-21 所示。

表 5-17

销售产品出库单

购货单位：H 公司　　　　2022 年 12 月 10 日　　　　编号：1204

产品编号	产品名称	型号规格	单位	数量	单价	金额	备注
	6号产品		台	1 000	15 000.00	15 000 000.00	
备注				结算方式	支票	运输方式	自提

第三联　财务记录

部长：王丽　　　　发货：田杨　　　　制单：马成

黑龙江省增值税专用发票

No.4005018

101041209 开票日期：2022 年 12 月 31 日

全国统一发票监制章 国家税务总局 黑龙江省税务局

购买方	名　　称：H 公司 纳税人识别号：370982310046960 地 址 、电 话：大连市西安路 58 号 0411-66333322 开户行及账号：工行西安路营业部 240311547	密码区	7<108<372/*+43-+953*+*56>/ 7-6/+7274653850/*+1-85<0-6 491+92+7>8/4/<*743-/152*<+ 6>1/194>+31>46171*1*8<3/1>

货物或应税劳务、服务名称	规格型号	单位	数量	单价	金额	税率	税额
6 号产品		台	1 000	18 000.00	18 000 000.00	13%	2 34 000.00
合计					18 000 000.00		2 340 000.00
价税合计（大写）：⊗贰仟零叁拾肆万元整					小写：¥20 340 000.00		

销售方	名　　称：黑龙江华光股份有限公司 纳税人识别号：230103789103026 地 址 、电 话：哈尔滨香坊区 99 号 0451-55617123 开户行及账号：工行珠江办事处 035101082172	备注	黑龙江华光股份有限公司 230103789103026 发票专用章

第一联 记账联

收款人：　　复核：孙佳　　开票人：陈红　　销售方（章）

图5-6　增值税专用发票

表 5-18

记 账 凭 证

2022 年 12 月 31 日　　记字第 12 号

摘要	会计科目		记账	借方金额											记账	贷方金额										
	总账科目	明细科目	√	亿	千	百	十	万	千	百	十	元	角	分	√	亿	千	百	十	万	千	百	十	元	角	分
销售6号产品	应收账款	H公司			1	0	3	4	0	0	0	0	0	0												
	银行存款	工行			1	0	0	0	0	0	0	0	0	0												
	主营业务收入																1	8	0	0	0	0	0	0	0	0
	应交税费	应交增值税（销项税额）																2	3	4	0	0	0	0	0	0
合计				¥	2	0	3	4	0	0	0	0	0	0		¥	2	0	3	4	0	0	0	0	0	0

附单据 2 张

会计主管：钱庄　　记账：赵丽　　出纳：张平　　审核：孙佳　　制单：陈红

表 5-19

记　账　凭　证

2022 年 12 月 31 日　　　　记字第 13 号

摘要	会计科目		记账	借方金额											记账	贷方金额										
	总账科目	明细科目	√	亿	千	百	十	万	千	百	十	元	角	分	√	亿	千	百	十	万	千	百	十	元	角	分
销售6号产品	主营业务成本				1	5	0	0	0	0	0	0	0	0												
	库存商品	6号产品															1	5	0	0	0	0	0	0	0	0
合计				¥	1	5	0	0	0	0	0	0	0	0		¥	1	5	0	0	0	0	0	0	0	0

附单据 2 张

会计主管：钱庄　记账：赵丽　出纳：张平　审核：孙佳　制单：陈红

表 5-20

记　账　凭　证

2023 年 1 月 10 日　　　　记字第 14 号

摘要	会计科目		记账	借方金额											记账	贷方金额										
	总账科目	明细科目	√	亿	千	百	十	万	千	百	十	元	角	分	√	亿	千	百	十	万	千	百	十	元	角	分
6号产品退回	主营业务收入				1	8	0	0	0	0	0	0	0	0												
	应交税费	应交增值税——销项税额				2	3	4	0	0	0	0	0	0												
	银行存款																1	0	0	0	0	0	0	0	0	0
	应收账款	H公司															1	0	3	4	0	0	0	0	0	0
合计				¥	2	0	3	4	0	0	0	0	0	0		¥	2	0	3	4	0	0	0	0	0	0

附单据 2 张

会计主管：钱庄　记账：赵丽　出纳：张平　审核：孙佳　制单：陈红

表 5-21

记　账　凭　证

2023 年 1 月 10 日　　　　记字第 15 号

摘要	会计科目		记账	借方金额											记账	贷方金额										
	总账科目	明细科目	√	亿	千	百	十	万	千	百	十	元	角	分	√	亿	千	百	十	万	千	百	十	元	角	分
6号产品退回	库存商品	6号产品			1	5	0	0	0	0	0	0	0	0												
	主营业务成本																1	5	0	0	0	0	0	0	0	0
合计				¥	1	5	0	0	0	0	0	0	0	0		¥	1	5	0	0	0	0	0	0	0	0

附单据 2 张

会计主管：钱庄　记账：赵丽　出纳：张平　审核：孙佳　制单：陈红

（7）销售给J公司硬件计1 017万元（含税，适用的增值税税率为13%）。发货单、发票、安装验收报告、销售合同核对后无异常。截至审计时，货款全部未收到。2022年度，华光公司确认该项销售收入900万元。注册会计师在对应收J公司1 017万元的应收账款进行函证时，J公司回函予以确认，但在注册会计师进行电话询证时，J公司相关人员表示从未与华光公司发生业务往来，不存在欠付华光公司债务的情况。相关销售产品出库单和记账凭证见表5-22至表5-24。

表5-22　　**销售产品出库单**

购货单位：J公司　　2022年12月31日　　编号：1205

产品编号	产品名称	型号规格	单位	数量	单价	金额	备注
	7号产品		台	1 000	8 000.00	8 000 000.00	
备注				结算方式	支票	运输方式	自提

第三联 财务记录

部长：王丽　　发货：田杨　　制单：马成

表5-23　　**记　账　凭　证**

2022年12月31日　　记字第16号

摘要	会计科目		记账	借方金额											记账	贷方金额										
	总账科目	明细科目	√	亿	千	百	十	万	千	百	十	元	角	分	√	亿	千	百	十	万	千	百	十	元	角	分
销售7号产品	应收账款	J公司			1	0	1	7	0	0	0	0	0	0												
	主营业务收入																	9	0	0	0	0	0	0	0	0
	应交税费	应交增值税（销项税额）																1	1	7	0	0	0	0	0	0
合计				¥	1	0	1	7	0	0	0	0	0	0		¥	1	0	1	7	0	0	0	0	0	0

附单据2张

会计主管：钱庄　　记账：赵丽　　出纳：张平　　审核：孙佳　　制单：陈红

表5-24　　**记　账　凭　证**

2022年12月31日　　记字第17号

摘要	会计科目		记账	借方金额											记账	贷方金额										
	总账科目	明细科目	√	亿	千	百	十	万	千	百	十	元	角	分	√	亿	千	百	十	万	千	百	十	元	角	分
销售7号产品	主营业务成本					8	0	0	0	0	0	0	0	0												
	库存商品	7号产品																8	0	0	0	0	0	0	0	0
合计					¥	8	0	0	0	0	0	0	0	0			¥	8	0	0	0	0	0	0	0	0

附单据2张

会计主管：钱庄　　记账：赵丽　　出纳：张平　　审核：孙佳　　制单：陈红

（二）实训要求

1.通过实施分析性复核程序，确定重点审计领域。

请对资料一进行分析后，指出利润表中的重点审计领域，并简要说明理由；对资料二分析后，指出主营业务收入和主营业务成本的重点审计领域，并简要说明理由。

分析：

（1）根据资料一，主营业务收入在2021年的基础上增长了77%，而2022年度经营形势与2021年度相比并未发生重大变化。所以，主营业务收入的增长属于异常情况；主营业务成本在2021年的基础上增长了71%，且毛利率从2021年度的9%提高到2022年度的12%，而2022年度经营形势与2021年度相比并未发生重大变化；管理费用方面，在机构、人员亦未发生重大变化，且在销售收入大幅度增长的情况下，管理费用由3 260万元下降到2 380万元，下降了27%；2021年度公司并未有投资方面的收益，2022年度却取得了大额的投资收益。

（2）根据资料二，计算每个月的毛利率，并根据分析性复核的情况，确定主营业务收入和主营业务成本的重点审计领域，并指出可能存在的问题。根据上述计算结果可以发现，华光公司2022年1月份的毛利率比较低，12月份的毛利率偏高，出现了异常波动，应将这两个月的主营业务收入和主营业务成本确定为重点审计领域。由于2022年的1月和12月分别是年初和年尾的两个月。年初的毛利率偏低同时年末的毛利率偏高，说明该企业可能存在对主营业务收入和主营业务成本的提前确认入账问题。所以，审计师应注意这两个月销售业务的发生日期，对主营业务收入和主营业务成本进行截止测试。

2.注册会计师在了解华光公司销售与收款循环内部控制后，准备对华光公司销售业务的内部控制进行测试，以验证其能否确保已入账的销售确系已经实现的销售。请列示该项测试的主要程序。

3.针对资料三中第1~6项销售业务，请分别判断华光公司已经确认的销售收入是否正确，并说明理由；若无法形成审计结论，请指出应进一步实施的审计程序；若不能确认，给出相应的调整建议。

分析：

（1）根据合同条款，该项销售收入应在检验合格时确认，即签署安装验收报告后一个月。而该交易中验收报告的签收日期为12月25日。

（2）由于注册会计师未取得该销售业务的发货单据，难以确认销售收入的实现。应追加审计程序，如向被审计单位索取要求供货单位直接将货物发运至B公司的书面指令及其他相关文件；结合采购业务的审计，以确定公司确已从供货单位采购该批货物；还应向B公司发函，询证B公司确于2022年12月31日前收到该批货物；检查安装过程中所形成的相关记录及所发生费用的相关凭证，以确定安装验收报告的真实性。

（3）由于该销售收入的确认取决于C公司收入的确认，只有C公司确认了收入才表明商品所有权上的主要风险和报酬转移了，经济利益能够流入企业。所以华光公司收入的确认时机应与C公司收入的确认时机相同。注册会计师应要求被审计单位提供经D公司认可的C公司收入确认时的书面资料，以及C公司收入确认的直接证据，向公司函证截至2022年12月31日的应收账款余额，以证实应收账款的真实性。

（4）由于注册会计师发现货物仍存放在华光公司的仓库，仅凭一纸传真，还不能证明产品的所有权真正转移。注册会计师应实施进一步审计程序：向F公司函证截至2022年12月31日的应收账款余额，以证实应收账款的真实性；向F公司函证2022年11月28日传真的真实性；检查期后发货记录及期后账簿记录，以取得期后发货、收款或是进行销售冲回的证据。

（5）根据会计制度的有关规定，在主要销售给非关联方的情况下，应按对非关联方销售的加权平均价格作为对关联方之间同类交易的计量基础，并据以确认收入；实际交易价格超过确认为收入的部分，计入资本公积。

（6）根据会计准则，资产负债表日以前已确认收入的销售，在资产负债表日后至财务报告批准报出日已经退回，应作为调整事项，进行相关的账务处理。因此，对该项销售退回，应冲减2022年度的销售收入和相关销售成本。

4.针对资料三中第7项销售业务，请指出是否应进一步实施审计程序。若已经证实该项销售业务是虚构的，给出注册会计师应当采取的措施。

（三）实训组织方法及步骤

将上课班级学生划分几组，每组3~5人，组成模拟审计小组，完成以上实训要求的内容，并对以下事项进行讨论。

1.运用学习过的审计方法，结合上述资料进行审阅，找出其存在的问题。

2.分析程序的重要作用有哪些？利用分析程序发现数据中的异常波动，需要对哪些具体的账目以及凭证资料实施追加的审计程序？

3.引导学生思考其他可供选择的实质性程序。

4.对于以上需要调整的地方，作出调整方案，填入下面的凭证（见表5-25）。

表5-25

记 账 凭 证

年 月 日 字第 号

摘要	会计科目		记账	借方金额											记账	贷方金额										
	总账科目	明细科目	√	亿	千	百	十	万	千	百	十	元	角	分	√	亿	千	百	十	万	千	百	十	元	角	分
合计																										

附单据 张

会计主管： 记账： 出纳： 审核： 制单：

（四）实训考核方法

按每组学生完成实训要求情况打分。

实训三 应收账款审计的实质性程序

（一）实训所需条件

本实训所需资料如下：

星光公司的主营业务为生产、销售电风扇。审计人员李明在审查星光公司2022年应收账款明细账时，发现两个明细账户有异常情况：（1）宏达商场明细账，2022年12月31日借方余额80 000元，本年无发生额。（2）金星水泥厂明细账，2022年12月31日贷方余额75 000元，本年无发生额，见表5-26、表5-27。

表5-26

明 细 账

会计科目 应收账款 明细科目 宏达商场 子目＿＿＿＿

2022年		凭证号	摘要	借方										贷方										核对号	借或贷	余额									
月	日			千	百	十	万	千	百	十	元	角	分	千	百	十	万	千	百	十	元	角	分			千	百	十	万	千	百	十	元	角	分
12	1		期初余额				8	0	0	0	0	0	0												借				8	0	0	0	0	0	0
12	31		本年累计				8	0	0	0	0	0	0												借				8	0	0	0	0	0	0
			结转下年																																

表5-27

明 细 账

会计科目 应收账款 明细科目 金星水泥厂 子目＿＿＿＿

2022年		凭证号	摘要	借方										贷方										核对号	借或贷	余额									
月	日			千	百	十	万	千	百	十	元	角	分	千	百	十	万	千	百	十	元	角	分			千	百	十	万	千	百	十	元	角	分
12	1		期初余额														7	5	0	0	0	0	0		贷				7	5	0	0	0	0	0
12	31		本年累计														7	5	0	0	0	0	0		贷				7	5	0	0	0	0	0
			结转下年																																

（二）实训要求

1.指出宏达商场明细账可能存在哪些问题，并提出相应的处理意见。

2.金星水泥厂明细账可能存在什么问题，进一步审查此项应收账款的真实性。

3.金星水泥厂明细账中如果存在舞弊，如何审查并进行账项调整？

分析：

1.宏达商场明细账可能存在的问题有：货款因产品质量问题导致商场全部拒

付；货款纯属虚构；可能是记账错误，应为向其他单位收款；可能货款已收到，未及时销账。注册会计师应当发询证函，或亲自到宏达商场了解情况。如果是产品质量纠纷，应组织双方协调解决；如果是记账错误，应当及时更正，未销账的应当及时销账；如果是虚构的业务，应当提请管理层给予足够的关注，调整有关账目。

2.金星水泥厂的货款可能是2022年以前预收的货款，考虑到电风扇的产品性质，一般不可能预收货款一年以后仍不发货。注册会计师应深入了解该批产品销售的相关情况。查阅产品销售收入明细账、产品成本明细账、发运凭证以及实地查看产品仓库等。

（三）实训组织方法及步骤

将上课班级学生划分几组，每组3~5人，组成模拟审计小组。

1.根据宏达商场明细账，编制应收账款询证函，见表5-28。

表5-28 **企业询证函** 索引号：

编号：__________

__________公司：

本公司聘请的________会计师事务所正在对本公司________年度财务报表进行审计，按照中国注册会计师审计准则的要求，应当询证本公司与贵公司的往来账项等事项。下列信息出自本公司账簿记录，如与贵公司记录相符，请在本函下端“信息证明无误”处签章证明；如有不符，请在“信息不符”处列明不符项目；如存在与本公司有关的未列入本函的其他项目，也请在“信息不符”处列出这些项目的金额及详细资料。回函请直接寄至××会计师事务所。

回函地址： 邮编：

联系人： 电话： 传真：

1.本公司与贵公司的往来账项列示如下：

单位：元

截止日期	贵公司欠	欠贵公司	备注

2.其他事项

本函仅为复核账目之用，并非催款结算。若款项在上述日期之后已经付清，仍请及时函复为盼。

发函公司（盖章）：

年 月 日

结论：

1.信息证明无误。	2.信息不符，请列明不符项目及具体内容。
（被询证单位盖章） 年 月 日 经办人：	（被询证单位盖章） 年 月 日 经办人：

2.若上述宏达商场明细账的记录属于工作人员的记录错误，货款已收到，请作出相应的调整。

3.若经过一定的审计程序发现，金星水泥厂的应收账款明细账属虚构业务，请作出相应的调整，填入下列记账凭证（见表5–29）。

表5–29　　**记　账　凭　证**

年　　月　　日　　　　　　字第　　号

摘　要	会计科目		记账	借方金额											记账	贷方金额										
	总账科目	明细科目	√	亿	千	百	十	万	千	百	十	元	角	分	√	亿	千	百	十	万	千	百	十	元	角	分
合　计																										

附单据　张

会计主管：　　记账：　　出纳：　　审核：　　制单：

（四）实训考核方法

按每组学生完成实训要求情况打分。

实训四　应收账款审计的实质性程序——函证

（一）实训所需条件

本实训所需资料如下：

津桥会计师事务所接受东方公司的委托，负责审计该公司2022年的财务报表。注册会计师李明了解和测试了与应收账款相关的内部控制，并将控制风险评估为高水平。注册会计师李明取得了2022年12月31日的应收账款明细账，并于2023年1月15日采用肯定式函证方式对所有重要客户发出询证函。注册会计师李明将与函证结果相关的重要异常情况汇总于表5–30。

表5–30　　**应收账款函证汇总表**

异常情况	函证编号	客户名称	函证余额（元）	回函日期	回函内容
（1）	22	甲	300 000	2023年1月22日	购买东方公司300 000元货物属实，但款项已于2022年12月25日用支票支付
（2）	56	乙	500 000	2023年1月19日	因产品质量不符合要求，根据购货合同，于2022年12月23日将货物退回
（3）	64	丙	640 000	2023年1月19日	2022年12月10日收到东方公司委托本公司代销的货物640 000元，尚未销售
（4）	82	丁	900 000	2023年1月18日	采用分期付款方式购货900 000元，根据购货合同，已于2022年12月25日付款300 000元
（5）	134	戊	600 000	因地址错误被退回	

（二）实训要求

针对上述各种异常情况，请问注册会计师李明应分别实施哪些重要的审计程序？分别讨论异常情况可能存在的问题，提出相应的解决办法。

（三）实训组织方法及步骤

将上课班级学生划分几组，每组3~5人，组成模拟审计小组。

（四）实训考核方法

按每组学生完成实训要求情况打分。

实训五　坏账准备审计的实质性程序

（一）实训所需条件

本实训所需资料如下：

星光公司原来采用应收账款余额百分比法核算坏账，坏账准备按应收款项（包括应收账款和其他应收款）余额的5%计提。为了更加合理地核算坏账，星光公司董事会决定自2022年开始改按账龄分析法计提坏账准备：账龄1年以内的，按其余额的10%计提坏账准备；账龄为1~2年的，按其余额的20%计提坏账准备；账龄为2~3年的，按其余额的40%计提坏账准备；账龄为3年以上的，按其余额的80%计提坏账准备。星光公司尚未根据董事会的决定按账龄分析法核算坏账，其2022年年末未经审计的应收账款账面价值为借方余额15 200万元，其中应收账款账面余额为借方余额16 000万元，坏账准备余额为贷方余额800万元（年初余额为贷方余额600万元）；其他应收款的年末余额和经审计的年初余额均为零。星光公司2022年应收账款账龄资料见表5-31。

表5-31　**星光公司2022年应收账款账龄结构表**

账　龄	年初账面余额（万元）	年末账面余额（万元）
1年以内	3 000	9 000
1~2年	5 000	2 000
2~3年	4 000	3 000
3年以上	0	2 000
合　计	12 000	16 000

（二）实训要求

根据以上资料，提出调整建议。相关的分录填写在下面的凭证中（见表5-32）。

（三）实训组织方法及步骤

将上课班级学生划分几组，每组3~5人，组成模拟审计小组。

（四）实训考核方法

按每组学生完成实训要求情况打分。

表 5-32

记 账 凭 证

年 月 日 字第 号

摘要	会计科目		记账	借方金额											记账	贷方金额										
	总账科目	明细科目	√	亿	千	百	十	万	千	百	十	元	角	分	√	亿	千	百	十	万	千	百	十	元	角	分
合计																										

附单据 张

会计主管： 记账： 出纳： 审核： 制单：

实训六 其他账户审计的实质性程序

（一）实训所需条件

本实训所需资料如下：

某企业由于产品适销对路，企业效益较好，企业领导人为了做到稳中有增，人为地控制利润增长幅度，便授意财会部门将200万元的销售收入不予入账，长期作未达账项处理；将1 400万元销售收入挂在往来账，长期作预收款项处理，会计分录见表5-33。

表 5-33

记 账 凭 证

2022年12月31日 转字第3号

摘要	会计科目		记账	借方金额											记账	贷方金额										
	总账科目	明细科目	√	亿	千	百	十	万	千	百	十	元	角	分	√	亿	千	百	十	万	千	百	十	元	角	分
预收货款	银行存款	工行			1	4	0	0	0	0	0	0	0	0												
	预收账款																1	4	0	0	0	0	0	0	0	0
合计				¥	1	4	0	0	0	0	0	0	0	0		¥	1	4	0	0	0	0	0	0	0	0

附单据 2 张

会计主管：钱庄 记账：赵丽 出纳：张平 审核：孙佳 制单：陈红

（二）实训要求

1.审计人员应怎样分析上述业务？

2.审计人员对于上述业务应怎样审查？

分析：

1.企业会计人员按领导的旨意，将已经实现的销售收入不按现行会计制度的规定进行账务处理。对上述事项的审查，应首先核对银行存款未达账项及预收账款的余额，并加以分析。在正常情况下，银行未达账项一般不会拖得太长，对长时间的未达账项，审计人员必须查明原因。

2.如果预收账款的贷方余额较大，就要核对预收账款明细账，并通过对预收账款明细账的分析和判断加以确定是否存在舞弊。还要注意，预收账款一般不会通过托收承付和委托银行收款的方式结算。

3.如果以上问题出现在当年，应调增销售收入，再分别计算和结转销售成本和税金。如果是以前年度发生的，应调整相关账户。

（三）实训组织方法及步骤

将上课班级学生划分几组，每组3~5人，组成模拟审计小组。

将上述预收账款的分录按照本年发生和以前年度发生两个方面进行调整，分录写在下面的凭证中（见表5-34）。

表5-34

记 账 凭 证

年 月 日 字第 号

摘 要	会计科目		记账	借方金额											记账	贷方金额										
	总账科目	明细科目	√	亿	千	百	十	万	千	百	十	元	角	分	√	亿	千	百	十	万	千	百	十	元	角	分
合 计																										

附单据 张

会计主管： 记账： 出纳： 审核： 制单：

（四）实训考核方法

按每组学生完成实训要求情况打分。

四、案例专栏

案例一　常虹电器有限公司应收账款审计

审计人员王伟审查常虹电器有限公司2022年应收账款账户时，发现有两个明细账户有异常情况。

其中：（1）辽阳市弘达商场明细账，2022年12月31日借方余额80 000元，本年无发生额。经检查，此款是2020年弘达商场向该电器公司购买电扇发生的货款。（2）丹东市水泥厂明细账，2021年12月31日贷方余额为75 000元，本年无发生额。经查，2022年12月31日仍为贷方余额750 00元。

参考资料：

［1］袁旭．应收账款审计问题研究［D］．长春：吉林财经大学，2022.

［2］黄挺．应收账款审计风险浅议［J］．合作经济与科技，2016（24）：184-185.

二维码展示内容5-1

案例分析：

（1）弘达商场明细账中可能存在什么问题，并提出相应的处理意见。

（2）水泥厂明细账中可能存在什么问题，如何进一步审查此款的真实性？

（3）水泥厂明细账中如果存在舞弊，如何审查并进行账项调整？

案例二　宏硕公司应收账款函证

审计人员黄小明对宏硕公司的应收账款进行审计，该企业应收账款账户有100户，除有10户应收账款每户超过1 000万元外，其余90户都在300万元左右。审计人员首先对应收账款内部控制进行调查、研究和评价，发现各控制点均有良好的控制。

参考资料：

［1］王美红．应收账款函证的应用分析［J］．经济师，2019（8）：95-96.

［2］李凤，等．审计基础与实务学习指导与习题［M］．北京：高等教育出版社，2019.

案例分析：

1.请确定函证的范围和对象，并说明理由。

2.起草一份积极式询证函。

3.假定回函全部收到，但复函中有6户提出如下意见：

（1）无法复核；

（2）所欠余额221 000元已于当年12月25日支付；

（3）大体一致；

（4）经查，12月30日第467号发票（金额为253 000元）系目的地交货，本公司收货日期是次年1月5日，因此询证函所称12月30日欠款之事与事实不符；

（5）本公司曾于10月份预付款86 000元，足以抵付对账单所列两张发票的金额56 000元；

（6）所购货物从未收到。

二维码展示
内容5-2

假设您是注册会计师黄小明，针对以上情况，你应该做何种处理？

案例三　华信公司销售与收款循环内部控制审计案例

注册会计师李倩在审计准备阶段，通过问卷调查的形式对华信公司的销售与收款循环进行了解，并将其记入销售与收款循环备忘录，见表5-35。

表5-35　　**销售与收款循环备忘录**

被审计单位名称：华信公司　　编制者：李倩　2023年2月15日　页次：

会计截止日：2022年12月31日　复核者：张谦　2023年2月15日　索引号：X5-1

对销售与收款循环的描述	可能存在的缺陷	建议改进措施
1.销售部门收到顾客的订单后，由经理刘佳（张一凡）就品种、规格、数量、价格、付款条件、结算方式等详加审核、签章，然后交仓库办理发货手续。 2.仓库发运任何商品出库，均必须由管理员王志（李志）根据经批准的订单，填制一式四联的销货单。在各联上签章后，第一联代包装发运单，由工作人员依单配货、包装，随货交顾客，第二联送会计部，第三联送应收账款专管员王华，第四联则由王志（李志）按编号顺序连同订单一并归档，长期保存，作为盘存的依据。 3.会计部收到销货单后，根据单上的资料，开具一式两联的销货发票，其中第一联寄送顾客，第二联交王华，作为记账和收款的凭证。 4.应收账款专管员王华收到销货发票第二联后，将其与销货单第三联核对，如无错误，即据以登记销货客户明细账，然后将两者一并按顾客姓名归档，长期保存		

参考资料：斯尔教育．飞越必刷题-审计［M］．广州：广东经济出版社，2022.

案例分析：

二维码展示
内容5-3

1.根据上述情况，指出华信公司销售与收款循环可能存在的缺陷并提出改进措施，请将答案填写在表5-35中。

2.李倩是否需要对华信公司销售与收款循环进行控制测试，请说明理由。

模块六　购货与付款循环审计

一、实训目的

了解购货与付款循环审计中所涉及的主要经济业务活动及留下的主要凭证和记录，掌握购货与付款循环内部控制测试的主要方法。了解应付账款审计的目标，掌握应付账款的实质性程序和具体审计方法。了解固定资产和累计折旧审计的目标，掌握固定资产和累计折旧的实质性程序和具体审计方法。

通过本模块实训，培养学生的判断力，教育学生用马克思主义的立场、观点和方法分析问题，明辨是非，明辨事理。

二、理论知识点

（一）购货与付款所涉及的主要业务

请购商品和劳务、编制订购单、验收商品、存储已验收的商品存货、编制付款凭单、确认与记录负债、付款、记录库存现金和银行存款支出。

（二）购货与付款循环所涉及的主要凭证和会计记录

购货与付款循环所涉及的凭证和会计记录主要有：请购单、订购单、验收单、付款凭单、供应商发票、供应商对账单、应付账款明细账、相关存货类别明细账、库存现金日记账、银行存款日记账等。

（三）购货与付款循环内部控制的基本内容

1.适当的职务分离

请购与采购职务的分离，付款审批人和付款执行人不能同时办理寻求供应商和比价业务，负责采购的人员不能担任验收工作，商品的采购、存储和使用人不能同时担任账务的记录工作，审核人员应同付款人员分离，记录应付账款的人员不能同时担任付款业务。

2.正确的授权审批

生产计划部门应当根据顾客订货单或者销售预测和存货需求的分析作出生产授权，没有经过正确审批的请购单，采购部门不得购买货物。采购款项的支付应经过有关授权人员的审批，审批人员不得超越审批权限审批采购支付。

3.充分的凭证和记录

同一事项的请购单、订购单、验收单以及供货商的发票要一应俱全，并且订购单和验收单均应事先连续编号并登记入账，企业所有的购货业务应当准确、及时地登记入账。

（四）应付账款审计目标

（1）确定应付账款的发生和偿还记录是否完整；

（2）确定应付账款的期末余额是否正确；

（3）确定应付账款在财务报表上的披露是否恰当。

（五）应付账款的实质性程序

1.索取或编制应付账款审定表

注册会计师应获取或编制应付账款审定表（见表6-1），复核其加计是否正确，并将审定表数与明细账、报表数进行核对，在连续审计的情况下，还应将应付账款的期初余额与上期的工作底稿进行核对。

表6-1 **应付账款审定表**

<table>
<tr><td colspan="4">被审计单位：____________
项目：____________
编制：____________
日期：____________</td><td colspan="3">索引号：____________
财务报表截止日/期间：____________
复核：____________
日期：____________</td></tr>
<tr><td rowspan="2">项目名称</td><td rowspan="2">期末未审数</td><td colspan="2">审计调整</td><td rowspan="2">期末审定数</td><td rowspan="2">上期期末审定数</td><td rowspan="2">索引号</td></tr>
<tr><td>借方</td><td>贷方</td></tr>
<tr><td>一、关联方</td><td></td><td></td><td></td><td></td><td></td><td></td></tr>
<tr><td></td><td></td><td></td><td></td><td></td><td></td><td></td></tr>
<tr><td></td><td></td><td></td><td></td><td></td><td></td><td></td></tr>
<tr><td></td><td></td><td></td><td></td><td></td><td></td><td></td></tr>
<tr><td></td><td></td><td></td><td></td><td></td><td></td><td></td></tr>
<tr><td>小 计</td><td></td><td></td><td></td><td></td><td></td><td></td></tr>
<tr><td>二、非关联方</td><td></td><td></td><td></td><td></td><td></td><td></td></tr>
<tr><td></td><td></td><td></td><td></td><td></td><td></td><td></td></tr>
<tr><td></td><td></td><td></td><td></td><td></td><td></td><td></td></tr>
<tr><td></td><td></td><td></td><td></td><td></td><td></td><td></td></tr>
<tr><td>小 计</td><td></td><td></td><td></td><td></td><td></td><td></td></tr>
<tr><td>合 计</td><td></td><td></td><td></td><td></td><td></td><td></td></tr>
<tr><td colspan="7">审计结论：</td></tr>
</table>

2.核对应付账款账簿与相关凭证

3.实施分析程序

对本期期末应付账款余额与上期期末余额进行比较，观察增减幅度，分析波动原因。计算应付账款与存货、流动负债总额的比例，并与前期相应指标相比较，评价应付账款的整体合理性。计算应付账款增减额并与存货、主营业务收入的增减额相比较，评价应付账款增减变动的合理性。

4.函证应付账款

进行函证时，应注意以下事项：

（1）函证对象。注册会计师应当对银行存款、借款（包括零余额账户和在本期内注销的账户）及与金融机构往来的其他重要账户实施函证程序。一般地，注册会计师会选取较大金额的债权人，或在资产负债表日金额很小，甚至为零，但是企业重要的供货商，上一年度有业务往来而本年度没有业务的主要供货商，没有按时寄送对账单和存在关联方交易的债权人作为函证对象。

（2）函证方式。函证最好采用积极形式，并具体说明应付金额。如果注册会计师认为取得积极式询证函回函是获取充分、适当的审计证据的必要程序，则替代程序不能提供注册会计师所需要的审计证据。在这种情况下，如果未获取回函，注册会计师应当按照《中国注册会计师审计准则第1502号——在审计报告中发表非无保留意见》的规定，确定其对审计工作和审计意见的影响。

（3）函证的控制与评价。注册会计师必须对函证的过程进行控制，要求债权人直接回函，并根据回函情况编制与分析函证结果汇总表，对未回函的，应考虑是否再次发函。如果认为函证很可能无效，注册会计师应当实施替代审计程序，获取相关、可靠的审计证据。

5.查找未入账的应付账款

未入账的应付账款主要通过以下方式查找：

（1）结合存货监盘，检查被审计单位在资产负债表日是否存在有材料入库凭证但未收到购货发票的经济业务。

（2）检查资产负债表日后收到的购货发票，关注购货发票的日期，确认其入账时间是否准确。

（3）检查资产负债表日后应付账款明细账贷方发生额的相应凭证，确认其入账时间是否准确。

（4）检查时，注册会计师还可以通过询问被审计单位的会计和采购人员、查阅资本预算及工作通知单和基建合同的方式来进行。

如果注册会计师通过这些审计程序发现存在某些未入账的应付账款，应将有关情况详细记入审计工作底稿，然后根据其重要性确定是否需要建议被审计单位进行相应的调整。

6.审查债权人对账报告单

注册会计师执行这一程序的目的有两个：一是确保应付账款截止日期的正确性；二是在途商品是否分行列表，并研究其重要性以确定是否应予记入账册。

7.其他测试程序

（1）检查应付账款是否存在借方余额，如有，应查明原因，必要时建议被审计单位做重分类调整。

（2）结合预付账款的明细账余额，查明是否存在应付账款和预付账款两面同时挂账的项目。

（3）检查应付账款长期挂账的原因，作出分析。

（4）检查带有现金折扣的应付账款是否按发票上记载的全部应付账款入账，获得现金折扣时，是否冲减财务费用项目。

（5）被审计单位与债权人进行债务重组的，应结合债务重组事项的专项审计，检查有关的会计处理是否正确。

（6）关注是否存在应付关联方账款。

（7）对于用非记账本位币结算的应付账款，检查其采用的折算汇率是否正确。

8.验明应付账款在资产负债表上的披露是否恰当

“应付账款”项目在资产负债表上的反映是根据“应付账款”和“预付账款”账户所属明细账户的期末贷方余额的合计数填列。注册会计师应当将企业的应付账款的填列同会计准则相比较，以发现不当之处。

（六）固定资产审计目标

（1）确定固定资产是否存在；

（2）确定固定资产是否归被审计单位所有；

（3）确定固定资产增减变动的记录是否完整；

（4）确定固定资产的计价是否恰当；

（5）确定固定资产的期末余额是否正确；

（6）确定固定资产在财务报表上的披露是否恰当。

（七）固定资产实质性程序

1.编制分析表并比较相关的账户记录

这里的分析表一般是指固定资产审定表（见表6-2）和固定资产、累计折旧及减值准备明细表（见表6-3），注册会计师取得或编制分析表是因为分析表可以清晰地反映出固定资产的增减变动情况、固定资产折旧的计提情况和固定资产的减值情况等，为固定资产的取得、处置和出售等提供进一步的证据。

表6-2 **固定资产审定表**

被审计单位：____________　　索引号：____________

项目：____________　　财务报表截止日/期间：____________

编制：____________　　复核：____________

日期：____________　　日期：____________

项目名称	期末未审数	审计调整		期末审定数	上期期末审定数	索引号
		借方	贷方			
一、固定资产原价合计						
其中：房屋、建筑物						
运输工具						

续表

项目名称	期末未审数	审计调整		期末审定数	上期期末审定数	索引号
		借方	贷方			
电子设备						
办公设备						
二、累计折旧合计						
其中：房屋、建筑物						
运输工具						
电子设备						
办公设备						
三、固定资产减值准备合计						
其中：房屋、建筑物						
运输工具						
电子设备						
办公设备						
四、账面价值合计						
其中：房屋、建筑物						
运输工具						
电子设备						
办公设备						
审计结论：						

表6-3　**固定资产、累计折旧及减值准备明细表**

被审计单位：________	索引号：E152
项目：________	财务报表截止日/期间：________
编制：________	复核：________
日期：________	日期：________

项目名称	期初余额	本期增加	本期减少	期末余额	备注
一、固定资产原价合计					
其中：房屋、建筑物					
运输工具					
电子设备					
办公设备					

续表

项目名称	期初余额	本期增加	本期减少	期末余额	备注
二、累计折旧合计					
其中：房屋、建筑物					
运输工具					
电子设备					
办公设备					
三、固定资产减值准备合计					
其中：房屋、建筑物					
运输工具					
电子设备					
办公设备					
四、账面价值合计					
其中：房屋、建筑物					
运输工具					
电子设备					
办公设备					
编制说明：备注栏可填列固定资产的使用年限、剩余使用年限、残值率和年折旧率等情况。					
审计说明：					

2.实施分析程序

在设计和实施实质性分析程序时，无论单独使用或与细节测试结合使用，注册会计师都应当：

（1）考虑针对所涉及认定评估的重大错报风险和实施的细节测试（如有），确定特定实质性分析程序对于这些认定的适用性。

（2）考虑可获得信息的来源、可比性、性质和相关性以及与信息编制相关的控制，评价在对已记录的金额或比率作出预期时使用数据的可靠性。

（3）对已记录的金额或比率作出预期，并评价预期值是否足以精确地识别重大错报，即一项错报单独或连同其他错报可能导致财务报表产生重大错报。

（4）确定已记录金额与预期值之间可接受的，且无须按相关准则的要求作进一步调查的差异额。

注册会计师在进行固定资产的分析性复核时主要会从以下几个方面考虑：

（1）将本期折旧费用、维修费用分别与历史数据进行比较。

（2）将预算中的资本性支出与实际的情况进行比较。

（3）进行比率分析，并与本企业的历史数据和同行业的平均水平进行比较。

3.审计固定资产的增加和减少

（1）固定资产增加的审查可以从两个方面着手：确定新增固定资产的会计记录是否正确；确定新增固定资产是否实际存在。注册会计师会从固定资产明细账中抽查一定的样本，进行实地观察，取得或编制新增固定资产抽查情况表。

（2）固定资产减少包括出售、报废、毁损、对外投资、捐赠等多种形式，注册会计师一般会根据董事会和其他管理部门的会议记录，确认重要资产处理的合理性，然后通过抽查有关原始凭证及相关的会议记录，确定固定资产的减少是否有授权批准，会计处理是否正确，编制固定资产清理检查明细表。

4.实地观察固定资产盘点

实施实地观察审计程序时，注册会计师可以以固定资产明细分类账为起点，追查至实地以验证会计记录中的固定资产是否真实存在，也可以以实地为起点，追查至固定资产明细账，以获取实际存在的固定资产是否均已入账的证据。

5.分析保养和维修费用

抽查固定资产明细账、长期待摊费用等账户，确定被审计单位资本性支出与收益性支出的划分是否恰当，维修保养费用的账务处理是否合理。

6.检查固定资产是否已在资产负债表上恰当披露

根据会计制度、会计准则的要求，确定固定资产、累计折旧等项目在资产负债表上的列示是否恰当。

（八）累计折旧的审计目标

（1）确定折旧的处理政策和方法是否符合相关规定，是否一贯遵循；

（2）核实累计折旧增减变动的记录是否完整；

（3）审查折旧方法的使用是否前后一致，计算是否正确；

（4）确定累计折旧的期末余额是否正确；

（5）确定累计折旧的披露是否恰当。

（九）累计折旧的实质性程序

1.确定被审计单位折旧政策的恰当性

审查所用的折旧政策和方法是否符合国家有关财务会计制度，折旧方法是否符合相应固定资产的实际使用状况，前后各期的折旧政策和方法是否一致。

2.获取或编制累计折旧分类汇总表

获取或编制固定资产及累计折旧余额明细表，复核加计数是否正确，并与明细账和总账的余额核对是否相符。实际工作中，固定资产及累计折旧余额明细表已在固定资产的审计过程中取得。

3.实施分析性复核程序

注册会计师应根据被审计单位固定资产的分类情况，计算分析以下比率：

（1）计算本期计提折旧额占固定资产原值的比率，并与上期比较，分析本期折旧计提额的合理性和准确性。

（2）计算累计折旧占固定资产原值的比率，评估固定资产的老化率，结合固定资产减值准备，分析固定资产损失发生是否合理。

4.查验本期折旧费用的计提和分配是否正确

注册会计师应审查折旧的计提范围，查明有无故意将未使用固定资产列为使用中固定资产而多提折旧，注册会计师还应当对本期折旧的计提进行复算，以便于注册会计师重点检查本期增加或减少的固定资产的折旧计提情况。注册会计师应检查折旧费用的分配是否合理，是否符合一贯性原则，并结合有关成本费用账户的审计，查明所计提的折旧费用是否全部转入本期成本或费用。

5.验明累计折旧的披露是否恰当

注册会计师应当注意检查企业是否在财务报表附注中分类披露累计折旧在本期的增减变化。

（十）其他相关账户审计

1.预付账款审计

（1）预付账款的审计目标：确定预付账款是否存在；确定预付账款是否归被审计单位所有；确定预付账款增减变动的记录是否完整；确定预付账款期末余额是否正确；确定预付账款在财务报表上的披露是否恰当。

（2）预付账款的内部控制测试：了解和描述预付账款的内部控制制度；评价预付账款的内部控制；对预付账款内部控制的测试可以比对应收账款来进行。具体测试时还应抽查购货合同、购货发票、入库单、验收报告、付款凭证、记账凭证等，测试其内部控制的健全性和有效性。

（3）预付账款的实质性程序：核对预付账款明细账与总账余额是否一致；获取或编制预付账款明细表，复核加计是否正确，并与报表数、总账数和明细账合计数核对是否相符；同时请被审计单位协助，在预付账款明细表上标出截至审计日已收到货物并冲销预付账款的项目；分析预付账款及余额构成，根据审计策略选择大额或异常的预付账款重要项目（包括零账户），函证其余额是否正确，并根据回函情况编制函证结果汇总表；审查预付账款是否根据协议、合同的规定预付，有关凭证和会计记录是否齐全，数额计算有无差错和遗漏；分析明细账余额，检查预付账款长期挂账的原因；审查预付账款的合法性，检查预付账款是否已在资产负债表上恰当披露。

2.工程物资审计

（1）工程物资的审计目标：确定工程物资是否存在；确定工程物资是否归被审计单位所有；确定工程物资增减变动的记录是否完整；确定工程物资的期末余额是否正确；确定工程物资在财务报表上的披露是否恰当。

（2）工程物资的实质性程序：获取或编制工程物资明细表，复核加计是否正确，并与报表数、总账数和明细账合计数核对是否相符；实地盘点工程物资，确定其是否存在，并观察是否有呆滞、积压物资；抽查若干工程物资采购合同、发票、货物验收单等原始凭证，检查其是否经过授权审批，会计处理是否正确；结合在建工程审计，检查物资领用手续是否齐全，会计处理是否正确；检查被审计单位是否对工程物资定期盘点，对盘盈、盘亏的处理是否及时、是否符合规定，会计处理是否正确；检查工程完工后剩余的工程物资在转入存货时是否将其所含增值税进项税额进行了正确的分离；检查工程物资在资产负债表上的披露是否恰当。

3.在建工程审计

（1）在建工程的审计目标：确定在建工程是否存在；确定在建工程是否归被审计单位所有；确定在建工程增减变动的记录是否完整；确定计提在建工程减值准备的方法和比例是否恰当，在建工程减值准备的计提是否充分；确定在建工程的期末余额是否正确；确定在建工程在财务报表上的披露是否恰当。

（2）在建工程的实质性程序：获取或编制在建工程明细表，复核加计是否正确，并与报表数、总账数和明细账合计数核对是否相符；检查本期在建工程的增加数和减少数；检查已完工项目实际成本及其账务处理的合规、合法性，审查报废工程的处理是否合规、合法；检查在建工程期末余额的构成内容，并实地观察工程现场，确定在建工程是否存在；检查在建工程减值准备的计提；结合银行借款等的检查，了解在建工程是否存在抵押、担保等情况；检查在建工程在资产负债表上的披露是否恰当。

4.固定资产清理审计

（1）固定资产清理的审计目标：确定固定资产清理的记录是否完整；反映的内容是否正确；确定固定资产清理的期末余额是否正确；确定固定资产清理在财务报表上的披露是否恰当。

（2）固定资产清理的实质性程序：获取或编制固定资产清理明细表，复核加计是否正确，并与报表数、总账数和明细账合计数核对是否相符；检查固定资产清理的发生是否有正当理由，是否经有关技术部门鉴定，固定资产清理的发生和转销是否经授权批准，相应的会计处理是否正确；检查固定资产清理是否长期挂账；检查固定资产清理是否已在资产负债表上恰当披露。

5.应付票据审计

（1）应付票据的审计目标：确定应付票据的发生和偿还记录是否完整；确定应付票据期末余额是否正确；确定应付票据在财务报表上的披露是否恰当。

（2）应付票据的内部控制及其内部控制测试：

①签发票据必须经过适当的授权批准手续，审批内容有票据金额、利率、偿付条件等。

②票据的经办人、记账人、署名人应分工负责。

③对本金和利息的偿还应实行适当控制。

④应付票据业务应有正确的凭证、保管和记录。

⑤应付票据应有定期的、独立的内部检查。

（3）应付票据的实质性程序：获取或编制应付票据明细表、复核加计是否正确，并检查其与应付票据登记簿、报表数、总账数和明细账合计数是否相符；选择应付票据重要项目（包括余额为零的账户），函证其余额是否正确，并根据回函情况，编制函证结果分析汇总表；实施实质性分析程序；检查应付票据备查簿，抽查若干重要原始凭证，确定其是否真实，会计处理是否正确；审查应付票据的原始凭证，并核对有关会计记录；复核带息应付票据利息是否足额计提，其会计处理是否正确；查明逾期未兑付应付票据的原因，有无违法乱纪的行为，检查是否存在抵押票据的情形，如有抵押的票据，应作出记录，并提请被审计单位作必要的披露；检查应付票据是否已在资产负债表上恰当披露。

三、实训内容

实训一　购货与付款循环的内部控制审计（一）

（一）实训所需条件

本实训所需资料如下：

注册会计师张诚对A公司的购货与付款循环进行内部控制测试，通过对购货与付款循环的相应会计凭证、原始凭证等记录的抽样测试，形成了购货与付款循环内部控制测试工作底稿，见表6-4。

表6-4　购货与付款循环内部控制测试工作底稿

被审计单位：______		索引号：ZI10
项目：______		财务报表截止日/期间：______
编制：______		复核：______
日期：______		日期：______
序号	测试过程记录	索引号
1	测试情况：随机抽取2022年1—12月开出的购货合同60份，与请购单、供应商发票、验收报告、入库单、付款凭证、记账凭证相核对，并追查至明细账和总账，测试相符率为100%	Y2—2
2	固定资产和在建工程的内部控制测试： (1) 抽查本年度新增加的10项固定资产和2项在建工程，均有预算，并经过董事会授权批准； (2) 在建工程中付款均具有发票或其他原始凭证； (3) 在建工程中借款费用（利息、汇兑损益）资本化的计算方法正确，资本化金额合理； (4) 完工工程已转入固定资产，办理竣工验收和移交使用手续； (5) 固定资产折旧方法为直线法，折旧率符合规定，前后期一致； (6) 固定资产的毁损、报废、清理经过技术鉴定和授权批准； (7) 固定资产每年盘点一次	Y2—3
3	付款业务的检查与库存现金和银行存款内部控制测试结果相符	Y7—3
测试结论：该循环测试相符率高，可适当简化实质性程序		

（二）实训要求

1.注册会计师在对购货与付款循环进行控制测试时，应该如何设计控制测试？

分析：

注册会计师在对购货与付款循环进行控制测试时，应从购货与付款循环的关键控制点着手设计控制测试，在实务中，注册会计师根据具体情况实施相应的测试程序，相应形成不同的审计工作底稿，来支持购货与付款循环内部控制测试表，见表6-5。

表6-5 **购货与付款循环内部控制测试表**

主要的业务活动	关键控制点	可能的控制测试
1.请购商品和劳务	由经授权的专门机构或人员填制请购单，每张请购单应经过对这类支出负预算责任的主管人员签字批准	检查授权和批准的情况
2.编制订购单	订购单一式多联，并预先连续编号，经授权的采购人员签名	抽查订购单连续编号情况
3.验收商品	收到货物时，应由独立于采购、仓储、运输职能的验收部门或人员验收，根据订购单验收商品，并编制一式多联的验收报告单	检查验收报告单后附的请购单、订购单
4.存储已验收的商品	将保管与采购的其他职责相分离，只有经过授权的人员才能接近保管的资产	检查入库单，观察接近资产的情况
5.编制付款凭单与进行账务处理	每张凭单都应与订购单、验收单和供应商发票相匹配，独立检查每日的凭单汇总表和有关记账凭证上的金额的一致性	检查与每张凭单相匹配的订购单、验收单和供应商发票，审查执行独立检查的证据，重新执行独立检查
6.支付负债	支票签署人应复核支持性凭单的完整性和批准情况，支票签发后应立即盖章注销已付款凭单和支持性凭证	观察支票签署人对支持性凭证进行的独立检查，检查已付款凭单上的“已付讫”印章，重新执行独立检查
7.记录现金支出	定期独立编制银行存款余额调节表，独立检查支票的日期和记账的日期	审查银行存款余额调节表，重新执行独立检查

2.注册会计师根据控制测试的结果可以得出什么结论？

分析：

注册会计师通过控制测试的结果，确定出计划控制风险的评估水平，然后根据固有风险和控制风险的综合水平确定出可接受的检查风险。如果可接受的检查风险高，实质性程序以分析性复核和交易测试为主，测试的样本量较小；如果可接受的检查风险中等，实质性程序结合分析性复核、交易测试和余额测试进行，测试的样本量适中；如果可接受的检查风险低，实质性程序以余额测试为主，测试的样本量较大。本案例中控制测试结果认为，可适当简化实质性程序，即意味着可接受的检查风险高，实质性程序以分析性复核和交易测试为主，测试的样本量较小。

（三）实训组织方法及步骤

将上课班级学生划分几组，每组3~5人，组成模拟审计小组。

1.各组选出组长，担任该审计项目经理，然后由其分配审计任务，赋权组员分别为该审计中的审计助理。

2.按照组长的赋权分别完成上述审计工作底稿的编制。

（四）实训考核方法

采取百分制的方式评定成绩，具体分值分配标准为：

（1）实验态度是否认真，比重20%；

（2）实验操作是否完成，结果是否正确，比重40%；

（3）实验报告是否严谨，比重30%；

（4）实验过程出勤情况，比重10%。

实训二　购货与付款循环的内部控制审计（二）

（一）实训所需条件

本实训所需资料如下：

注册会计师接受委托审计华兴公司2022年财务报表，在了解华兴公司及其环境时，在工作底稿中记录了采购交易的如下事项：

（1）华兴公司的各个部门根据自己的需求，分别填制请购单，采购部门收到经过审批的请购单后，发出订购单并委派相关人员询价。

（2）采购部门编制订购单，分别送交供应商、负责验收的部门、提交请购单的部门和负责采购业务结算的应付凭单部门。

（3）收到货物后，验收部门首先比较所收商品与请购单上的要求是否相符，如商品的品名、摘要、数量、到货时间等，然后盘点商品并检查商品有无损坏。

（4）在编制付款凭单时，应付凭单部门首先确定供应商发票的内容与相关的验收单、订购单的一致性。

（5）财务部门为保证及时记录应付账款，指定记录应付账款的财务人员同时记录存货明细账。

（二）实训要求

假定不考虑其他事项，请逐项判断以上内部控制是否存在缺陷，如存在缺陷，请说明正确做法。

分析：

（1）存在缺陷。企业在发出订购单前，需要先询价，确定供应商，然后发出经过批准的订购单。

（2）没有缺陷。

（3）存在缺陷。验收部门首先应比较所收商品与订购单上的要求是否相符。

（4）没有缺陷。

（5）存在缺陷。记录应付账款的财务人员应与记录存货明细账的人员职务分离。

（三）实训组织方法及步骤

将上课班级学生划分几组，每组3~5人，组成模拟审计小组。

1.各组选出组长，担任该审计项目经理，然后由其分配审计任务，赋权组员分别为该审计中的审计助理。

2.按照组长的赋权分别完成上述审计工作底稿的编制。

（四）实训考核方法

采取百分制的方式评定成绩，具体分值分配标准为：

1.实验态度是否认真，比重20%；

2.实验操作是否完成，结果是否正确，比重40%；

3.实验报告是否严谨，比重30%；

4.实验过程出勤情况，比重10%。

实训三　应付账款审计（一）

（一）实训所需条件

本实训所需资料如下：

新华会计师事务所在审计北方公司的2022年度财务报表时，由注册会计师刘梅、林政负责审计该公司的“应付账款”项目。在审计过程中发现以下问题：

（1）审计人员发现该公司“应付账款”中含有本期估价入库的价值250万元的货款，经审验，未附有具体的名称、品种、数量及金额。

（2）在审验过程中发现该公司应付明辉公司货款10.5万元，因北方公司财务状况不佳，账龄已有2年，据被审计单位有关人员介绍，双方已签订“债务重组”协议，明辉公司同意以北方公司生产的C产品含税价款9.04万元抵偿（C产品的成本为7万元），上述经济事项双方已经履行，未按有关规定进行会计处理，北方公司在“应付账款”反映的明辉公司欠款仍为9.04万元。

（3）审计过程还发现在“应付账款”中，天天公司600万元，账龄已有3年；凯利公司500万元，账龄已有2年，审计人员通过查阅原始凭证和询问有关人员，未能取得充分审计证据可以证明经济业务的经济性质，无法判定负债的存在认定。

（4）审计人员在审计时，为了防止北方公司低估负债，查证企业是否存在未入账的应付账款，实施了以下审计程序：

检查北方公司在资产负债表日是否有未处理的与抬头不符、与合同不符等不相符购货发票，有材料入库凭证但未收到购货发票等的经济业务；检查资产负债表日后收到的购货发票，确认其入账时间是否正确；检查资产负债表日后应付账款明细账贷方发生额的相应凭证，确认其入账时间是否正确；询问北方公司的会计和采购人员；查阅北方公司的资本预算、工作通知和基建合同等。

发现2022年12月31日购入的F货物100万元，并已包括在当年12月31日的实物盘点范围内，而购货发票于2023年1月2日才收到，计入了2023年1月份的账内，2022年12月无进货和对应的负债记录。于是，审计人员提请该公司调整相应的会计分录和报表数额。其会计调整分录为：

借：原材料——F　　1 000 000

　　应交税费——应交增值税（进项税额）　　130 000

　贷：应付账款　　1 130 000

（5）在审计北方公司2022年度财务报表将近结束时，北方公司的财务主管提出不必抽查2023年付款记账凭证来证实2022年的会计记录，其理由如下：2022年度的有些发票收到得比较晚，不能计入12月份的付款记账凭证，公司已经全部用转账分录入账，年后由公司内部审计人员进行了抽查，公司愿意提供无漏记负债业务的说明书。审计人员在执行抽查未入账债务程序时，因客户已利用转账分录将2023年迟收发票入账的事实而改变原定程序。

（二）实训要求

1.指出资料（1）中存在的问题，并提出解决方法。

分析：

由于客观存在的各种原因，企业生产使用或销售了未付款而办理入库的材料或商品，因而形成库存的负数，应当说是属于比较正常的情况。为了正确地反映企业资产、负债的状况，按照制度的规定每月月终或年终，要办理估价入库的会计处理。估价的方法是根据材料仓库或商品仓库保管人员提供的收货记录，包括收货日期、收货品名、数量等资料清单，由采购人员按照合同价格或市场价格进行计算，提交财务部门进行会计处理，而不能有任何的随意性。对此，审计人员的审计处理为：

①应在审验过程中取得被审计单位办理估价入库的详细资料，确认其存在和计算的正确性。

②被审计单位如仅按存货某一项目所结存的负数估价入账“应付账款”，则应要求其更正，并进行补充会计处理和调整财务报表相关项目的数额。

③如被审计单位由于存在使用未付款及未入库而形成的存货，其实际金额与财务报表披露的数额（实质上影响到应付账款的数额）有较大的差异，则审计人员应当以适当的方式表达自己的意见。

2.指出资料（2）中存在的问题，并提出解决方法。

分析：

根据《企业会计准则第12号——债务重组》债务人的会计处理：以资产清偿债务方式进行债务重组的，债务人应当在相关资产和所清偿债务符合终止确认条件时予以终止确认，所清偿债务账面价值与转让资产账面价值之间的差额计入当期损益。根据以上规定，北方公司的会计处理见表6-6、表6-7。

表 6-6

记　账　凭　证

2022年10月10日　　　　记字第5号

摘要	会计科目		记账	借方金额											记账	贷方金额										
	总账科目	明细科目	√	亿	千	百	十	万	千	百	十	元	角	分	√	亿	千	百	十	万	千	百	十	元	角	分
销售货物	应付账款	明辉公司					1	0	5	0	0	0	0	0												
	主营业务收入																			8	0	0	0	0	0	0
	应交税费	应交增值税——销项税额																		1	0	4	0	0	0	0
	营业外收入	债务重组收益																		1	4	6	0	0	0	0
合计						¥	1	0	5	0	0	0	0	0				¥	1	0	5	0	0	0	0	0

附单据 2 张

会计主管：钱庄　　记账：赵丽　　出纳：张平　　审核：孙佳　　制单：陈红

表 6-7

记　账　凭　证

2022年10月10日　　　　记字第6号

摘要	会计科目		记账	借方金额											记账	贷方金额										
	总账科目	明细科目	√	亿	千	百	十	万	千	百	十	元	角	分	√	亿	千	百	十	万	千	百	十	元	角	分
销售货物	主营业务成本							7	0	0	0	0	0	0												
	库存商品																			7	0	0	0	0	0	0
合计							¥	7	0	0	0	0	0	0					¥	7	0	0	0	0	0	0

附单据 2 张

会计主管：钱庄　　记账：赵丽　　出纳：张平　　审核：孙佳　　制单：陈红

为此，审计人员的审计处理为：

①审计人员应将审验情况提请被审计单位按照《企业会计准则第12号——债务重组》（财会〔2019〕9号）的规定进行会计调整，并对财务报表相关项目的数额进行调整。

②审计人员应将审验情况和被审计单位的调整处理情况，详细记录于审计工作底稿。

③如被审计单位拒绝调整，则注册会计师应考虑出具保留意见的审计报告。

3.指出资料（3）中存在的问题，并提出解决方法。

分析：

根据审计准则的要求，为确认被审计单位负债项目的存在，审计人员必须取得充分适当的审计证据，对上述经济事项除应查明业务的性质，获取对方确认性的询证回函外，必要时审计人员还应补充必要的替代性审计程序（追索原始凭证及经办人的事项说明，通过发函或电询取得天天公司和凯利公司的相应凭证等）。如果认为函证很可能无效，注册会计师应当实施替代审计程序，获取相关、可靠的审计证据。

为此，审计人员的审计处理为：

注册会计师应在最大可能的情况下，通过被审计单位的配合获取可以证明负债项目存在的审计证据。如被审计单位无法提供充分适当的证据证明其存在，则注册会计师应当考虑出具保留意见的审计报告。

4.分析说明审计人员在审计负债类项目和审计资产类项目时应注意哪些不同。

分析：

审计人员审计负债类项目和审计资产类项目不同，其主要的不同点表现在：

①资产类项目的审计侧重于防止企业高估资产来调节利润，而负债类项目的审计则侧重于防止低估负债，低估负债经常伴随着低估成本费用，达到高估利润的目的。

②资产类项目由于大多数具有实物形态，可以使用观察和盘点等审计方法，而负债类项目由于可能与千差万别的经济业务形成有关，但却没有具体的实物形态，所以不能使用观察和盘点等审计方法。

③资产类项目在高估时往往需要虚构或篡改凭证，留下查证的证据，一旦注册会计师查证出来，被审计单位无法抵赖，但负债类项目的低估往往是藏匿凭证，不会留下确凿的证据，一旦注册会计师关注这类事项，被审计单位往往以各种理由辩解，不容易分辨是无意或是故意造成的。

因此，注册会计师在审计负债类项目时，应设计一些特殊审计程序来查找未入账的负债项目，这里，审计人员专门为查找未入账的应付账款而实施审计，发现问题，及时解决。

5.指出资料（5）中存在的问题，并提出解决方法。

分析：

尽管委托人对迟收账单以转账方式入账，简化了审计人员对未入账债务的抽查，也减少了进一步调整的可能性，但这不影响审计人员抽查2023年付款记账凭证，审计人员通过实施该项测试，可以查明有关2022年的验收单、卖方发票是否均已包括在转账分录内。客户提供的无漏记债务声明书不能作为正当的审计程序，仅提供给审计人员额外的保证，作为一种内部证据，其证明力较弱，故无法减轻审计人员应做抽查的责任。如果审计人员已查明内部审计人员具有专业胜任能力和合理的独立性，并且已经抽查了未入账的债务，在和内部审计人员讨论其程序的性质、时间、范围并审阅其工作底稿后，审计人员可减少本身拟进行的未入账债务抽查工作，但只是减少，决不能取消该抽查工作。审计人员在审查未入账债务时，还可以通过如下途径进行：检查未归档的购货发票，现有的契约、合约、议事录、律师的账单和信件往来；与客户职员商讨；抽查截止日期的有关账户，如存货、固定资产等。

（三）实训组织方法及步骤

将上课班级学生划分几组，每组3~5人，组成模拟审计小组。

1.各组选出组长，担任该审计项目经理，然后由其分配审计任务，赋权组员分别为该审计中的审计助理。

2.按照组长的赋权分别完成上述审计工作底稿的编制。

（四）实训考核方法

采取百分制的方式评定成绩，具体分值分配标准为：

1.实验态度是否认真，比重20%；

2.实验操作是否完成，结果是否正确，比重40%；

3.实验报告是否严谨，比重30%；

4.实验过程出勤情况，比重10%。

实训四　应付账款审计（二）

（一）实训所需条件

本实训所需资料如下：

天宇会计师事务所自2023年开始接受华盛股份有限公司（以下简称华盛公司）董事会委托，对华盛公司进行年度财务报表审计。根据双方签订的审计业务约定书，于2023年3月10—20日对华盛公司2022年度的财务报表进行审计。华盛公司的通信地址是大连市沙河口区龙江路117号，邮编是116023，电话是0411-83678900。审计人员李明和张楠负责应付账款的审计测试与取证工作。他们在进行审计工作时发现如下问题：

（1）审查“应付账款”明细账时，发现其债权人诚信公司仅12月份贷方发生额就高达160万元，相当于前11个月合计数200万元的80%。经核对发现，12月25日1 057号凭证记录金额为120万元，会计分录为：

借：银行存款　　　　1 200 000

　贷：应付账款——诚信公司　　　　1 200 000

所附原始凭证为银行存款进账单和销售发票。经查系该公司隐匿销售收入的行为。

（2）审计人员采用肯定式函证方式对所有重要客户发出询证函。审计人员将与函证结果相关的重要异常情况汇总于表6-8。

表6-8　函证结果汇总表

异常情况	函证编号	客户名称	询证余额（元）	回函日期	回函内容
（1）	22	甲	300 000	2023年3月13日	购买华盛公司300 000元货物属实，但款项已于2022年12月25日用支票支付
（2）	56	乙	500 000	2023年3月15日	因产品质量不符合要求，根据购货合同，于2022年12月28日将货物退回
（3）	134	戊	600 000	因地址错误，被退回	

审计人员针对以上情况实施了如下替代程序：

①审计人员检查2022年12月25日及以后的银行存款对账单和银行存款日记账，确定该货物验收入库的日期，最终确定资产负债表日该应付账款是存在的。

②审计人员首先检查销售退回的有关文件资料，其次检查退回货物的验收入库，最后检查有关会计处理是否正确。

③审计人员首先查明退函的原因，其次执行替代程序或执行追查程序，以确认应付账款是不存在的。

（3）应付账款明细账中红星公司贷方余额为1 000 000元，为华盛公司临时借入款项，用于结算工程价款。

（4）审计人员还发现有一笔长期挂账的应付账款，记录应付大海公司200 000元，审计人员发出询证函，而经过调查了解到，大海公司已经于两年前破产。

（5）经查应付账款明细账和总账发现，记账人员将一笔200 000元的应付账款错记成应收账款，但是明细账没有错，总账出现错误。

（二）实训要求

1.请代审计人员填写大海公司的询证函（见表6-9）。

表6-9 **企业询证函**

编号：________

____________公司：

本公司聘请的________会计师事务所正在对本公司________年度财务报表进行审计，按照中国注册会计师审计准则的要求，应当询证本公司与贵公司的往来账项等事项。下列信息出自本公司账簿记录，如与贵公司记录相符，请在本函下端“信息证明无误”处签章证明；如有不符，请在“信息不符”处列明不符项目；如存在与本公司有关的未列入本函的其他项目，也请在“信息不符”处列出这些项目的金额及详细资料。回函请直接寄至××会计师事务所。

回函地址：

邮编： 联系人：

电话： 传真：

1.本公司与贵公司的往来账项列示如下：

单位：元

截止日期	贵公司欠	欠贵公司	备注

2.其他事项：

本函仅为复核账目之用，并非催款结算。若款项在上述日期之后已经付清，仍请及时函复为盼。

发函公司（盖章）： 年 月 日

结论：

1.信息证明无误。 （被询证单位盖章） 年 月 日 经办人：	2.信息不符，请列明不符项目及具体内容。 （被询证单位盖章） 年 月 日 经办人：

2.根据以上资料请代审计人员填制应付账款审定表、应付账款明细账户审定表（见表6-10和表6-11）。

表6-10　　**应付账款审定表**

被审计单位：	索引号：F041
项目：	财务报表截止日/期间：
编制：	复核：
日期：	日期：

项目名称	期末未审数	审计调整		期末审定数	上期期末审定数	索引号
		借方	贷方			
一、关联方						
小计						
二、非关联方						
小计						
合计						

审计结论：

表6-11 应付账款明细账户审定表

被审计单位：________	索引号：F042
项目：________	财务报表截止日/期间：________
编制：________	复核：________
日期：________	日期：________

单位名称	期初余额	本期增加	本期减少	期末余额	账龄				备注
					1年以内	1~2年	2~3年	3年以上	
一、关联方									
小计									
二、非关联方									
小计									
合计									

3.若华盛公司执意不对有关账户进行调整，请代审计人员考虑审计报告的类型，并对具体内容加以说明。

（三）实训组织方法及步骤

将上课班级学生划分几组，每组3~5人，组成模拟审计小组。

1.各组选出组长，担任该审计项目经理，然后由其分配审计任务，赋权组员分别为该审计中的审计助理。

2.按照组长的赋权分别完成上述审计工作底稿的编制。

（四）实训考核方法

采取百分制的方式评定成绩，具体分值分配标准为：

1.实验态度是否认真，比重20%；
2.实验操作是否完成，结果是否正确，比重40%；
3.实验报告是否严谨，比重30%；
4.实验过程出勤情况，比重10%。

实训五　固定资产审计（一）

（一）实训所需条件

本实训所需资料如下：

天宝会计师事务所在接受美佳股份有限公司（以下简称美佳公司）审计时，由注册会计师钱成负责审计该公司的“固定资产”项目，审计过程中发现如下问题：

（1）该公司的固定资产盘点资料不全，因此注册会计师无法确认被审计单位的盘点情况。

（2）注册会计师在抽盘实物时发现账面有一辆汽车无实物，询问有关人员得知，该车系ABC银行委托T公司出面购买的，现该车由该银行使用。钱成追加审计程序查明“其他应付款”账户确有该银行贷方余额22万元。

（3）钱成在按盘点表抽盘的同时还采用了现场“以物查账”的方法，发现美佳公司现用的营业楼的扩建部分，已投入使用3年，固定资产账面无此项目，补充审计程序查验该项目仍在“在建工程”账户反映，因此，“固定资产”账面未能反映资产的实际使用，同时也未相应计提折旧。

（4）注册会计师在审计“固定资产”项目时，在抽盘过程中发现美佳公司接受了Y单位捐赠的客货两用车2辆，未按制度规定进行会计处理，所以“固定资产”账面也未反映这2辆车的存在。

（5）在审计“固定资产”和“累计折旧”项目时，发现固定资产本年度增加数内有接受B单位作为投资转入的固定资产，价值为1 300万元（系经过评估后双方确认的价值，评估原值为1 625万元，累计折旧为325万元），美佳公司的会计处理如下：

借：固定资产　　13 000 000

　贷：实收资本　　13 000 000

美佳公司按财务制度的规定年限确定年折旧率。

（6）另外，注册会计师还发现美佳公司将当期发生的装潢、装修的费用作为固定资产的改良支出，计入了固定资产的价值。

（二）实训要求

1.针对资料（1）中的情况，注册会计师应当如何处理？

分析：

《企业会计准则》中规定“企业出售、转让、报废固定资产或发生固定资产毁损，应当将处置收入扣除账面价值和相关税费后的金额计入当期损益。企业固定资产盘亏造成的损失应当计入当期损益”，被审计单位如未对固定资产进行清查盘点，对固定资产是否存在盈亏、实际数量多少、金额多大均无法确认。为此，注册会计师的审计处理为：

①应要求被审计单位提供盘点清单或组织清查盘点，确定固定资产是否存在盘盈、盘亏或毁损。

②在要求被审计单位组织盘点的同时，根据被审计单位的具体情况适当增大抽查的比例和数量，依据抽盘的结果确定对被审计单位固定资产数量、金额的认定。

③如被审计单位既不能提供盘点清单又不积极配合注册会计师的抽盘，使注册会计师不能取得必要的审计证据，注册会计师除应在审计工作底稿内详细记录审验情况外，还可对此发表保留意见或否定意见的审计报告。

2.针对资料（2）中的情况，注册会计师应当如何处理？

分析：

无论出于何种原因，美佳公司出面代ABC银行购买汽车，该银行支付款项购买后由银行使用，这种做法不符合有关法规的规定。因此，不论办理牌照的户名是不是美佳公司，其权属都无法确认归被审计单位所有，注册会计师不能确认其存在和所有权的归属。对此，注册会计师的审计处理为：

①应根据审验结果，提请被审计单位按客观存在的事实，冲销账面的固定资产和其他应付款的数额。

②应将审验情况和被审计单位的调整情况详细记录于审计工作底稿。

③如被审计单位拒绝调整，注册会计师应考虑出具保留意见或否定意见的审计报告。

3.针对资料（3）中的情况，注册会计师应当如何处理？

分析：

根据财政部的有关规定“已具备竣工验收条件的项目，3个月内不办理竣工验收和固定资产移交手续的，视同项目已正式投产”。由于美佳公司未按规定及时结转固定资产，不仅使资产的结构不能被如实反映，且未能及时通过计提折旧使资金及时得到补偿。因此，注册会计师的审计处理为：

①应根据审验情况扩大审计范围，结合被审计单位“在建工程”项目的审计，确认在建工程是否存在类似的情况。如有类似的情况应一并要求被审计单位进行补充会计处理并调整财务报表相应项目的数额。

②应将审验情况和被审计单位的调整情况详细记录于审计工作底稿。

③如被审计单位拒绝调整，注册会计师应考虑出具保留意见或否定意见的审计报告。

4.针对资料（4）中的情况，注册会计师应当如何处理？

分析：

根据《企业会计准则》的规定，接受捐赠的固定资产应按同类资产的市场价格或者有关凭据确定固定资产价值。接受捐赠固定资产时发生的各项费用应当计入固定资产价值，美佳公司未按有关规定将接受捐赠的汽车入账，形成账外物资，也不符合《会计法》的有关规定，为此，注册会计师应采取的审计处理措施为：

①应要求被审计单位按照制度规定补充会计处理（即美佳公司应在接受捐赠物资的同时，按所确定的价值借记“固定资产”账户，贷记“营业外收入”账户），并对财务报表相关项目数额进行调整。

②应将审验情况和被审计单位的调整处理情况详细记录于审计工作底稿。

③如被审计单位拒绝调整，注册会计师应考虑出具保留意见的审计报告。

5.针对资料（5）中的情况，注册会计师应当如何处理？

分析：

根据《企业会计准则第4号——固定资产》第十一条“投资者投入固定资产的成本，应当按照投资合同或协议约定的价值确定，但合同或协议约定价值不公允的除外”的规定，美佳公司按评估确认的价值作为固定资产的入账价值无误，贷记“实收资本（或股本）”账户应按照双方约定的份额入账，有发票的反映增值税进项税额的情况，最后按差额贷记“资本公积”账户。固定资产确认入账价值以后的第二个月，应该按照相关规定计提固定资产折旧。一般固定资产分类折旧年限表中机器设备折旧年限为10—14年，假设美佳公司规定该设备计提折旧年限为12年，则美佳公司应补提相关折旧费用。

相应地，注册会计师的审计处理为：

①应提请被审计单位按照会计准则相关规定进行补充会计处理，并对财务报表相关项目数额进行调整。

②应将审验情况和被审计单位处理调整情况详细记录于审计工作底稿。

③如被审计单位拒绝调整，注册会计师应考虑出具保留意见的审计报告。

6.针对资料（6）中的情况，注册会计师应当如何处理？

分析：

一般情况下，对原有的固定资产进行改建、扩建、改造所发生的支出，可以根据《企业会计准则第4号——固定资产》第六条的规定“与固定资产有关的后续支出，符合本准则第四条规定的确认条件的，应当计入固定资产成本；不符合本准则第四条规定的确认条件的，应当在发生时计入当期损益”的原则进行确定。固定资产的装修、装潢等支出，仅是对原有固定资产的外观和环境的改善，并未改变固定资产的功能，不符合固定资产后续支出资本化的条件，因此该支出不应当计入固定资产的价值。另外，根据有关规定，固定资产的装修、装潢的净支出按装修、装潢后的固定资产的耐用年限分期摊销。因此，美佳公司的装修、装潢支出应计入递延资产（长期待摊费用）。

相应地，注册会计师的审计处理为：

①应提请被审计单位按照制度规定进行补充会计处理，并对财务报表相关项目数额进行调整。

②应将审验情况和被审计单位处理调整情况详细记录于审计工作底稿。

③如被审计单位拒绝调整，注册会计师应考虑出具保留意见或是无法表示意见的审计报告。

（三）实训组织方法及步骤

将上课班级学生划分几组，每组3~5人，组成模拟审计小组。

1.各组选出组长，担任该审计项目经理，然后由其分配审计任务，赋权组员分别为该审计中的审计助理。

2.按照组长的赋权分别完成上述审计工作底稿的编制。

（四）实训考核方法

采取百分制的方式评定成绩，具体分值分配标准为：

1.实验态度是否认真，比重20%；

2.实验操作是否完成，结果是否正确，比重40%；

3.实验报告是否严谨，比重30%；

4.实验过程出勤情况，比重10%。

实训六　固定资产审计（二）

（一）实训所需条件

本实训所需资料如下：

北方会计师事务所于2023年初次接受时代股份有限公司（以下简称时代公司）董事会委托，对该公司进行年度财务报表审计。根据双方签订的审计约定书，于2023年2月11日—3月18日对时代公司2022年的财务报表进行审计。根据制订的审计计划，由审计人员孙彤、秦安负责固定资产的审计测试与取证工作。

时代公司2022年12月31日资产负债表中固定资产账户上反映的情况见表6-12。

表6-12　**固定资产相关财务资料**　单位：元

固定资产类别	固定资产原价		累计折旧		净值	
	年初余额	年末余额	年初余额	年末余额	年初余额	年末余额
房屋建筑物						
1.生产用	12 083 400.00	13 833 400.00	5 885 010.40	4 739 463.43	6 198 389.60	9 093 936.57
2.非生产用	5 283 656.00	7 883 656.00	1 634 638.72	1 760 125.55	3 649 017.28	6 123 530.45
小计	17 367 056.00	21 717 056.00	7 519 649.12	6 499 588.98	9 847 406.88	15 217 467.02
机械设备						
1.通用设备	9 854 264.00	9 854 264.00	3 251 907.12	4 102 330.10	6 602 356.88	5 751 933.90
2.专用设备	52 367 825.00	55 767 825.00	7 331 495.50	11 411 730.00	45 036 329.50	44 356 095.00
3.运输设备	4 253 658.00	4 203 658.00	1 361 170.56	1 518 167.65	2 892 487.44	2 685 490.35
4.其他设备	4 725 023.00	4 725 023.00	897 754.37	1 458 850.85	3 827 268.63	3 266 172.15
小计	71 200 770.00	74 550 770.00	12 842 327.55	18 491 078.60	58 358 442.45	56 059 691.40
合计	88 567 826.00	96 267 826.00	20 361 976.67	24 990 667.58	68 205 849.33	71 277 158.42

2022年，时代公司固定资产增减变化情况如下：

1. 本年增加的固定资产情况

（1）5月10日，从“在建工程”转入生产用房屋（甲产品生产线厂房）3 750 000元，机械设备（甲产品生产线）6 100 000元。

（2）9月1日，直接购入并投入使用的运输设备400 000元。

（3）12月10日，从“在建工程”转入非生产用房，价值2 600 000元。

2. 本年减少的固定资产情况

（1）3月5日，转入“待处理财产损溢”950 000元。其中：房屋建筑物——蒸汽车间厂房，原值2 000 000元，净值450 000元；生产（专）用设备，原值1 800 000元，净值500 000元。

（2）8月1日，向外出售生产（专）用机械设备，原值900 000元，净值250 000元。

（3）12月1日，向外出售运输设备（汽车），原值450 000元，净值90 000元。

注册会计师在审计过程中发现以下情况：

1. 非生产用东风140汽车账面20台，实际盘点16台。经查阅有关资料及向有关人员调查，了解到这4台汽车已于2022年6月20日变卖，实际收款48 000元，并将实际收到的价款记入“其他应付款”账户。这4台车变卖时的账面原值为220 000元，净值为49 062.74元。

2. 公司新建丙产品生产线一条，并已投入生产。但固定资产账中并没有记录。经详查，该条生产线已于2022年6月1日开始试生产，2022年12月10日办理了整体竣工验收手续投入正常生产。经查“在建工程”账户，该条生产线实际投资18 600 000元。其中：机械设备12 500 000元，房屋建筑物5 800 000元，贷款利息及其他费用300 000元。

3. 审计人员在审查在建工程转入固定资产的情况时，发现5月10日转入的机械设备6 100 000元中，有自产设备800 000元是按成本价从存货中直接转入的（不含税销售价为1 000 000元）。

4. 审计人员在审核管理费时发现，2022年12月10日该公司支付奥迪车附加费、牌照费、运输费86 500元，经查固定资产账中没有此项记录，调查发现是该公司的原料供应商奖励给该公司的，车价为400 000元。

5. 审计人员在审阅董事会会议纪要时发现，2022年3月该公司董事会作出决定，以9 000 000元与某国外公司合资兴办凯龙有限责任公司，占注册资本的51%。经审阅凯龙公司的章程发现，时代公司实际以评估现值9 600 000元（4月30日为基准日）的实物资产投资，其中：房屋建筑物原值5 000 000元，净值4 200 000元，评估值4 850 000元；专用设备原值7 000 000元，净值4 829 802.60元，评估值4 750 000元。了解到该合资公司已于2022年5月进行验资并登记注册，但在时代公司“长期股权投资”账户未发现此项投资，也未发现固定资产减少的记录。

具体的实物抽查反映的问题见表6-13。

表6-13　　固定资产抽查汇总表

序号	项　目	账面数			实际核实盘点数		
		数量	金额	存放地点	数量	金额	存放地点
1	桑塔纳轿车	3辆	530 000.00	厂内	3辆	530 000.00	厂办公室
2	加长解放双排	3辆	61 500.00	厂内	3辆	61 500.00	销售科
3	达西亚汽车	3辆	48 000.00	厂内	3辆	48 000.00	供应科
4	大轿车	3辆	269 100.00	厂内	3辆	269 100.00	车队
5	装载机	3台	487 500.00	厂内	3台	487 500.00	销售科
6	东风140卡车	20辆	1 010 000.00	厂内	16辆	790 000.00	车队
7	翻斗车	3辆	73 905.00	厂内	3辆	73 905.00	供应科
8	奥迪轿车				1辆	400 000.00	厂办公室
9	车床CT6140	1台	58 850.00	厂内	1台	58 850.00	机修车间
10	钻床E3125—6	1台	14 882.00	厂内	1台	14 882.00	机修车间
11	锅炉SHLW—1.27AD	2台	800 800.00	厂内	2台	800 800.00	动力车间
12	铣床X630—W	1台	44 018.00	厂内	1台	44 018.00	机修车间
13	精密平磨床	1台	221 500.00	厂内	1台	221 500.00	机修车间
14	化验仪器	1套	13 000.00	厂内	1套	13 000.0	机修车间
15	自动热膨胀仪	1套	187 440.00	厂内	1套	187 440.00	机修车间
16	控制柜H2K	1台	32 172.00	厂内	1台	32 172.00	机修车间

（二）实训要求

1.根据以上资料，请代注册会计师对时代公司的相关业务内容编制调整分录。

2.填写固定资产抽查盘点表（见表6-14）以及固定资产及累计折旧审定表（见表6-15）等固定资产类的审计工作底稿（其中厂房的月折旧率为2.639%，办公楼的月折旧率为1.979%，生产线的月折旧率为7.919%，运输设备的月折旧率为9.896%）。

表6-14　　固定资产抽查盘点表

被审计单位：	索引号：E151
项目：	财务报表截止日/期间：
编制：	复核：
日期：	日期：

序号	名称	规格型号	计量单位	单价	账面结存数		被审计单位盘点数			实际检查数			备注
					数量	金额	数量	金额	盘亏（+、-）	数量	金额	盘亏（+、-）	

检查时间：　　　　检查地点：　　　　检查人：　　　　盘点检查比例：

审计说明：

表6-15　　固定资产及累计折旧审定表

被审计单位：	索引号：E152
项目：	财务报表截止日/期间：
编制：	复核：
日期：	日期：

项目名称	期初余额	本期增加	本期减少	期末余额	备注
一、固定资产原价合计					
其中：房屋、建筑物					
运输工具					
电子设备					
办公设备					
二、累计折旧合计					
其中：房屋、建筑物					
运输工具					
电子设备					
办公设备					
三、账面价值合计					
其中：房屋、建筑物					
运输工具					
电子设备					
办公设备					

编制说明：备注栏可填列固定资产的使用年限、剩余使用年限、残值率和年折旧率等情况。

审计说明：

（三）实训组织方法及步骤

将上课班级学生划分几组，每组3~5人，组成模拟审计小组。

1.各组选出组长，担任该审计项目经理，然后由其分配审计任务，赋权组员分别为该审计中的审计助理。

2.按照组长的赋权分别完成上述审计工作底稿的编制。

（四）实训考核方法

采取百分制的方式评定成绩，具体分值分配标准为：

1.实验态度是否认真，比重20%；

2.实验操作是否完成，结果是否正确，比重40%；

3.实验报告是否严谨，比重30%；

4.实验过程出勤情况，比重10%。

实训七　固定资产审计（三）

（一）实训所需条件

本实训所需资料如下：

华兴公司是一家大型服装加工企业。注册会计师接受委托审计华兴公司2022年财务报表。通过对被审计单位的了解，针对固定资产项目，注册会计师了解到如下事项：

资料一：

（1）华兴公司大部分拉布机使用寿命即将到期，公司打算在2022年淘汰该批设备，购置新的拉布机。

（2）2022年6月30日，华兴公司更新换代出售了一批传统缝纫机。

（3）2022年11月30日，华兴公司引进智能包缝机一批。

（4）2022年12月，华兴公司出售一批熨烫机。

资料二：

财务报表附注摘录（见表6-16、表6-17）

表6-16　**固定资产——原价**　单位：万元

固定资产	2021年期末余额（已审数）	本年增加额	本年减少额	2022年期末余额
拉布机	1 750	0	0	1 750
传统缝纫机	2 500	0	1 300	1 200
智能包缝机	0	3 500	0	3 500
熨烫机	1 121	110	120	1 111
合计	5 371	3 610	1 420	7 561

表6-17　**累计折旧**　单位：万元

固定资产	2021年期末余额（已审数）	本年增加额	本年减少额	2022年期末余额
拉布机	875	115	0	990
传统缝纫机	2 000	100	800	1 300
智能包缝机	0	2.92	0	2.92
熨烫机	308	61.6	135	234.6
合计	3 183	279.52	935	2 527.52

资料三：

注册会计师为应对固定资产项目存在的重大错报风险，拟定了如下审计程序：

（1）了解被审计单位的折旧政策是否符合规定，确定的使用寿命、预计净残值和折旧方法是否合理。

（2）检查固定资产的抵押、担保情况。

（3）检查被审计单位折旧政策前后期是否一致。

（4）复核本期折旧费用的计提是否正确。

（二）实训要求

1.针对资料一并结合资料二，请运用实质性分析程序，指出华兴公司各项固定资产是否存在重大错报风险，并简要说明理由，填入表6-18。

表6-18　**固定资产重大错报风险判断及理由**

资料一事项序号	是否可能存在重大错报风险（是/否）	理由
（1）		
（2）		
（3）		
（4）		

2.指出要求1所评估的重大错报风险的层次，以及与之相关的认定。

3.判断资料三中注册会计师拟定的审计程序是否可以应对注册会计师所评估的重大错报风险，如果不能，请说明可以证明的认定，填入表6-19。

表6-19　**审计程序是否可以应对重大错报风险及相关认定**

资料三程序编号	是否可以应对所评估的重大错报风险	可以证明的认定
（1）		
（2）		
（3）		
（4）		

分析：

1.固定资产重大错报风险判断及理由见表6-20。

表6-20　**固定资产重大错报风险判断及理由**

资料一事项序号	是否可能存在重大错报风险（是/否）	理由
（1）	是	拉布机2022年的折旧率仅为990÷1 750×100%=57%，不符合即将到期的条件，该项固定资产存在少计提折旧的重大错报风险
（2）	是	传统缝纫机2021年期末折旧率为2 000÷2 500×100%=80%，而减少的固定资产的折旧率为800÷1 300×100%=62%，该项固定资产存在少计提折旧的重大错报风险
（3）	是	智能包缝机的月折旧额为2.92万元，年折旧额为2.92×12=35.04（万元），由此推算折旧年限为3 500÷35.04=99.89（年），不符合常理，所以该项固定资产存在少计提折旧的重大错报风险
（4）	是	熨烫机累计折旧的减少额，超过了减少的熨烫机原值，表明华兴公司的熨烫机存在多计提折旧的重大错报风险

2.所评估的重大错报风险均属于认定层次的重大错报风险，与之相关的认定是计价和分摊认定。

3.审计程序是否可以应对重大错报风险及相关认定见表6-21。

表6-21 审计程序是否可以应对重大错报风险及相关认定

资料三 程序编号	是否可以应对所评估的重大错报风险	可以证明的认定
（1）	是	
（2）	否	权利和义务
（3）	是	
（4）	是	

（三）实训组织方法及步骤

将上课班级学生划分几组，每组3~5人，组成模拟审计小组。

1.各组选出组长，担任该审计项目经理，然后由其分配审计任务，赋权组员分别为该审计中的审计助理。

2.按照组长的赋权分别完成上述审计工作底稿的编制。

（四）实训考核方法

采取百分制的方式评定成绩，具体分值分配标准为：

1.实验态度是否认真，比重20%；

2.实验操作是否完成，结果是否正确，比重40%；

3.实验报告是否严谨，比重30%；

4.实验过程出勤情况，比重10%。

四、案例专栏

案例 金亚科技财务造假案：从“无中生有”到“假戏真做”

2020年5月14日，金亚科技被深交所决定终止上市，2020年8月3日，金亚科技股票被交易所摘牌。金亚科技被A股市场摘牌后，原计划退市整理期届满后45个交易日内可进入股转系统进行股份转让，不过股份在股转系统的正式挂牌转让已多次延期。

2020年10月9日，金亚科技发布公告，截至公告之日，由于受多方因素等影响，公司股份登记工作暂未完成。公司预计延期至2020年11月6日在全国股转系统开始股份挂牌转让，公司积极与相关各方协商，争取公司股份尽快在全国股转系统挂牌转让。

2020年11月5日，金亚科技发布公告，截至公告之日，由于受多方因素等影响，公司股份登记工作暂未全部完成。公司预计无法于2020年11月6日在全国股转系统开始股份挂牌转让，公司积极与相关各方协商，争取公司股份尽快在全国股转系统挂牌转让。

2021年3月，金亚科技仍未完成在股转系统正式挂牌转让，却收到《刑事判决书》及相关法律文书，法律文书见二维码。

二维码展示
内容6-1

金亚科技成立于2000年，是一家从事广播电视器材研发和销售的公司，公司最早大股东为周旭辉的弟弟周旭忠。2004年周旭辉辞去国营成都金丰无线电厂厂长的职务，接手周旭忠的75%股权。其间，周旭辉多次融资，将股权稀释至36.36%，借助创业板推出的机会，2009年成为首批登陆创业板的企业。

金亚科技宣称："围绕家庭娱乐中心，由金亚科技全资子公司致家视游开发完成的家魔方享K歌/电视游戏金亚云平台的增值业务平台，结合公司IPTV、OTT、DVB OTT的硬件设备，共同为广电运营商、电信运营商、宽带运营商提供整体解决方案。"

由此，金亚科技被市场打上了"电视游戏第一股"的标签。公司上市后，金亚科技借助"泛家庭互联网生态圈""文化游戏产业链"等概念进行宣传，公司股价从发行初期的8.20元/股，在2015年牛市的推动下，上涨至68元/股。

不过，公司并没有宣传得那么"美好"。随着中国数字电视行业的发展，数字化、双向化改造成本剧降，运营商已经没有必要通过运营分成的方式与厂商合作，而倾向于直接采购，这对金亚科技原有模式造成了冲击。处于转型阶段的金亚科技业绩表现较差。

周旭辉所掌舵的金亚科技也就动用了多种手段，在其发行上市前后展开了一系列财务造假活动。

在证监稽查系统的深入调查下，金亚科技的上述造假手法不断浮出水面，而这家创业板中的昔日"明星企业"也随之陨落，最终被退市。

"窝案式"造假

在金亚科技欺诈发行被移交公安机关的背后，其造假程度可谓触目惊心。

证监会调查发现，为了达到发行上市条件，金亚科技通过虚构客户、虚构业务、伪造合同、虚构回款等方式，虚增收入和利润，骗取了IPO核准。

经查证其2008年、2009年1月至6月虚增利润金额分别达到3 736万元、2 287万元，分别占当期公开披露利润的85%、109%，涉嫌构成欺诈发行股票罪。

而回顾金亚科技欺诈发行过程，可谓是一场"窝案式"造假。金亚科技案件时间跨度大、地域范围广，涉及的客户和供应商分布在全国20多个省区市。公司实控人周旭辉动用了身边各种关系，从亲属到公司工作人员，共同参与到造假中来。

对该案最早的发现，起于当地证监部门对金亚科技银行存款账实不符这一线索的捕捉。

当时，当地证监部门根据发现的金亚科技银行存款账实不符的现象，将这个线索进行了上报，进而发现了其2014年存在信息披露违规问题，这个信息披露违规案件已经结案并作出了处罚。之后，当地证监部门根据自己手上掌握的证据以及其他部门移交的线索，调查人员顺藤摸瓜，发现其上市时存在的欺诈发行问题。

而在欺诈发行的造假手法上，金亚科技案则呈现出诸多特点。

金亚科技为了造假可谓是穷尽各种手段。一些账目完全是“无中生有”。从客户到合同、发货单、发票，再到银行回款进账单、审计回函、银行和客户的公章，都是假的。审计、投行人士都会有感触，如果在全部凭证进行造假的情况下，那么其伪造行为往往难以被发现。

如果整个交易全部都是假的，而且甚至有“演员”扮演相应的身份，那么核实起来肯定有比较大的难度。

在全盘式造假的同时，金亚科技通过多种方式夸大业务规模。

公司还采用化整为零的方式来夸大业务规模。对方客户是一家集团公司，下面有很多子分公司，金亚科技与其本来是一笔整体业务，但公司将其分拆为若干笔业务，对应到对方各个子分公司，然后在每家子分公司中虚增一部分收入，增加了审计的难度。

金亚科技还曾通过分期收款等“金融手段”来虚增收入。比如先跟客户签订一个没有金额的框架协议，然后伪造一个补充协议，确认一个比较大的销售额，并改变销售方式为分期收款方式，期末再伪造已达到收入确认条件的假象，提前确认收入。

全面严惩

值得一提的是，在金亚科技财务造假的过程中，不乏有一些真实客户亦对金亚科技的造假进行配合，以此来获得增值税抵扣上的好处。

公司老板不但是一个造假高手，同样也是心理分析高手。这些人参与造假，其实是围绕着一个“利”字，家庭成员帮着造假，可以给他们股份；高管帮着造假，可以得到高工资和股权激励；中介机构睁一只眼闭一只眼，也能获得不菲的中介费用，而且金亚科技作为第一批创业板上市的企业，当时为这家企业提供服务也能赚取市场影响力。

董事长亲自指挥“两套账”造假

随着行政处罚决定书的公开，金亚科技财务造假手段被曝光。

证监会披露，金亚科技在2013年大幅亏损，为了扭转公司的亏损，时任董事长周旭辉在2014年年初定下了公司当年利润为3 000万元左右的目标。

每个季末，金亚科技时任财务负责人都会将真实利润数据和按照年初确定的年度利润目标分解的季度利润数据报告给周旭辉，最后由周旭辉来确定当季度对外披露的利润数据。

在周旭辉确认季度利润数据以后，张法德、丁勇和于每个季度末将季度利润数据告诉金亚科技财务部的工作人员，要求他们按照这个数据来作账，虚增收入、成本，配套地虚增存货、往来款和银行存款，并将这些数据分解到月，相应地记入每个月的账中。参与伪造财务数据的人员包括周旭辉、张法德、丁勇和、李国路、刘红、张晓庆、舒稚寒、曾兵。也就是说，金亚科技董事长周旭辉亲自指挥公司财务人员，进行系统性的财务造假。

为了方便记账，金亚科技的会计核算设置了006和003两个账套。003账套核算的数据用于内部管理，以真实发生的业务为依据进行记账。006账套核算的数据用于对外披露，伪造的财务数据都记录于006账套。金亚科技的2014年年报就是使用的006账套核算的数据。

证监会披露，金亚科技通过虚构客户、伪造合同、伪造银行单据、伪造材料产品收发记录、隐瞒费用支出等方式虚增利润。

1.金亚科技2014年伪造财务数据情况

金亚科技2013年大幅亏损，为了扭转公司的亏损，时任董事长周旭辉在2014年年初定下了公司当年利润为3 000万元左右的目标。每个季末，金亚科技时任财务负责人（2014年6月20日之前是张法德，之后是丁勇和）都会将真实利润数据和按照年初确定的年度利润目标分解的季度利润数据报告给周旭辉，最后由周旭辉来确定当季度对外披露的利润数据。在周旭辉确认季度利润数据以后，张法德、丁勇和于每个季度末将季度利润数据告诉金亚科技财务部工作人员，要求他们按照这个数据来作账，虚增收入、成本，配套地虚增存货、往来款和银行存款，并将这些数据分解到月，相应地记入每个月的账中。参与伪造财务数据的人员包括周旭辉、张法德、丁勇和、李国路、刘红、张晓庆、舒稚寒、曾兵。

金亚科技的会计核算设置了006和003两个账套。003账套核算的数据用于内部管理，以真实发生的业务为依据进行记账。006账套核算的数据用于对外披露，伪造的财务数据都记录于006账套。2015年4月1日，金亚科技依据006账套核算的数据对外披露了《金亚科技股份有限公司2014年年度报告》。

2. 2014年年度报告虚增利润总额80 495 532.4元

金亚科技通过虚构客户、伪造合同、伪造银行单据、伪造材料产品收发记录、隐瞒费用支出等方式虚增利润。经核实，金亚科技2014年年度报告合并财务报表共计虚增营业收入73 635 141.10元，虚增营业成本19 253 313.84元，少计销售费用3 685 014元，少计管理费用1 320 835.10元，少计财务费用7 952 968.46元，少计营业外收入19 050.00元，少计营业外支出13 173 937.58元，虚增利润总额80 495 532.40元，占当期披露的利润总额的比例为335.14%，上述会计处理使金亚科技2014年年度报告利润总额由亏损变为盈利。

3.2014年年度报告虚增银行存款217 911 835.55元

2014年年末，金亚科技中国工商银行成都高新西部园区支行账户银行存款日记账余额为219 301 259.06元，实际银行账户余额为1 389 423.51元，该账户虚增银行存款217 911 835.55元，占当期披露的资产总额的比例为16.46%。

4.2014年年度报告虚列预付工程款3.1亿元

2014年，金亚科技的子公司成都金亚智能技术有限公司建设项目，由四川宏山建设工程有限公司施工，建设面积385 133平方米，每平方米造价约2 000元，按

40%的预付比例估算需要预付工程款3.1亿元。为此金亚科技制作了假的建设工程合同，填制了虚假银行付款单据3.1亿元，减少银行存款3.1亿元，同时增加3.1亿元预付工程款。

5.2014年年度报告签署情况

2015年4月1日，金亚科技董事会审议通过了2014年年度报告，签字董事为周旭辉、罗进、王海龙、何苗、陈宏、陈维亮、周良超。同日，金亚科技监事会审议通过了2014年年度报告，签字监事为张世杰、刘志宏。4月3日在《金亚科技股份有限公司监事会关于2014年年度报告书面审核意见》上签字监事为张世杰、刘志宏。同日在《金亚科技股份有限公司董事、高级管理人员关于2014年年度报告的书面确认意见》签字董事为周旭辉、罗进、王海龙、何苗、陈宏、陈维亮、周良超，签字高级管理人员为罗进、王海龙、何苗、丁勇和。财务报表签字人员为法定代表人周旭辉、主管会计工作负责人丁勇和、会计机构负责人李国路。

曾兴勇为金亚科技监事，参加并主持召开了审议金亚科技2014年年度财务报告的监事会，因个人原因未签字就离会，后同意补签，但一直没有补签。

综上，金亚科技披露的2014年年度报告虚假记载的行为，违反了《证券法》第六十三条有关“发行人、上市公司依法披露的信息，必须真实、准确、完整，不得有虚假记载、误导性陈述或者重大遗漏”的规定，构成《证券法》第一百九十三条所述“发行人、上市公司或者其他信息披露义务人未按照规定披露信息，或者披露的信息有虚假记载、误导性陈述或者重大遗漏”的行为。对金亚科技的上述违法行为，周旭辉为直接负责的主管人员，张法德、丁勇和、罗进、何苗、周良超、李国路、刘红、曾兵、王海龙、陈维亮、陈宏、张晓庆、曾兴勇、张世杰、刘志宏、舒稚寒为其他直接责任人员。其中对周良超另案处理。

根据当事人违法行为的事实、性质、情节与社会危害程度，依据《证券法》第一百九十三条第一款、第三款的规定，我会决定：

一、对金亚科技给予警告，并处以60万元的罚款；

二、对周旭辉给予警告，并处以90万元的罚款，其中作为直接负责的主管人员罚款30万元，作为实际控制人罚款60万元；

三、对张法德、丁勇和给予警告，并分别处以30万元的罚款；

四、对罗进、何苗、李国路给予警告，并分别处以25万元的罚款；

五、对刘红、曾兵给予警告，并分别处以20万元的罚款；

六、对王海龙、陈维亮、陈宏、张晓庆给予警告，并分别处以15万元的罚款；

七、对曾兴勇、张世杰、刘志宏、舒稚寒给予警告，并分别处以10万元的罚款。

此外，根据《证券法》第二百三十三条和《证券市场禁入规定》（证监会令第33号）第三条第（一）项、第（二）项及第五条的规定，我会对周旭辉采取终身证券市场禁入措施，对张法德、丁勇和分别采取10年证券市场禁入措施，对罗进、何苗分别采取5年证券市场禁入措施。

对会计师的处罚：

因出具含有虚假内容的审计报告，立信会计师事务所以及金亚科技（300028）2014年财务报表审计报告签字注册会计师邹军梅、程进遭证监会处罚，立信所除了业务收入90万元被没收之外，还被处以270万元的罚款，邹军梅、程进分别被给予警告并分别处以10万元的罚款。

近日，证监会披露的处罚决定书显示，经核查，金亚科技披露的2014年合并财务报表虚增银行存款2.1791亿元，虚增营业收入7 363.51万元，虚增营业成本1 925.3313万元，虚增预付工程款3.1亿元。立信会计师事务所在对金亚科技2014年度财务报表审计时，未勤勉尽责，出具了存在虚假记载的审计报告。

证监会进一步表示，由于立信所未按要求执行货币资金、应收账款、应付账款和预付工程款等的审计程序，未能发现金亚科技2014年度财务报表错误情况，出具了无保留意见的审计报告。邹军梅和程进作为直接负责的主管人员，理应保持应有的职业审慎，对金亚科技进行充分核查或者追加必要的审计程序。

证监会称，会计师事务所和注册会计师作为资本市场的“守门人”，应当依法履行职责，注册会计师作为具体实施审计工作的人员，应当在职责范围内发表独立的专业意见并承担相应法律责任。注册会计师应当保持足够的职业审慎，勤勉尽责地开展工作，恪守执业准则，保证所出具的法律文件不存在虚假记载、误导性陈述和重大遗漏。

附：

一、金亚科技2014年度财务报表错报情况

经核查，金亚科技披露的2014年合并财务报表虚增银行存款217 911 835.55元，虚增营业收入73 635 141.10元，虚增营业成本19 253 313.84元，虚增预付工程款3.1亿元。

二、立信所在对金亚科技2014年度财务报表审计时，未勤勉尽责，出具了存在虚假记载的审计报告

（一）立信所未按要求执行货币资金的函证程序

2015年1月20日，审计人员在对金亚科技基本账户（440************0086）开户行（工商银行成都高新西部园区支行）函证时，未对询证函保持控制，未对询证函是否加盖银行公章事项给予充分关注，违反了《中国注册会计师审计准则第1312号——函证》第十四条的规定，上述行为导致立信所未能发现银行回函系金亚科技伪造，金亚科技虚增银行存款217 911 835.55元的事实。

（二）销售与收款循环函证程序不当，未关注重大合同的异常情况

1.应收账款函证程序不当

立信所未对存在不确定性的发函地址实施进一步审计程序，导致未能发现错误及不存在的发函地址，且审计工作底稿未记录发函和回函过程，现有证据无法证实其对函证保持控制；同时立信所未关注回函中的异常情况，未正确填写被询证者地址，违反了《中国注册会计师审计准则第1312号——函证》第十四条的规定。

现有证据未能证实立信所针对未收到回函的客户实施了进一步替代程序，以证实应收账款是否真实存在，计价是否正确，违反了《中国注册会计师审计准则第1312号——函证》第十九条关于在未回函的情况下，注册会计师应当实施替代程序以获取相关、可靠的审计证据的规定。

2.对重大合同的异常情况，未保持合理的职业怀疑

立信所对金亚科技2014年前20大客户及金额较大合同进行查验，并在审计工作底稿中予以记录。经调查，其中7份合同存在异常情况，存在未签字盖章、两份合同编号相同等异常情况。审计人员未保持职业怀疑，未充分关注重大合同中的异常情况，未实施进一步审计程序。上述行为违反了《中国注册会计师审计准则第1141号——财务报表审计中对舞弊的考虑》第十三条、第十四条的规定。

（三）采购与付款函证程序不当

审计工作底稿中“发函清单”显示共发出28份函证，其中13份（占函证的46.43%）存在发函地址与发票地址不一致等异常情况，立信所未关注上述异常情况。审计工作底稿未记录收发函物流信息，也未记录应付款的函证结论。上述行为违反了《中国注册会计师审计准则第1312号——函证》第十四条、第十九条的规定。

（四）3.1亿元预付工程款的审计程序不当

金亚科技与四川宏山建设工程有限公司（以下简称四川宏山）签订的《建设工程施工合同》，主合同部分双方均未盖章签字，立信所取得的3.1亿元预付工程款的银行对账单系金亚科技伪造并提供。在合同涉及金额较大，且合同形式存在不完备的情况下，立信所未特别关注，未保持合理的职业怀疑，未考虑到因管理层舞弊可能导致的重大错报风险。上述行为违反了《中国注册会计师审计准则第1141号——财务报表审计中对舞弊的考虑》第十三条的规定。

（五）立信所出具标准无保留意见的审计报告

2015年4月1日，立信所对金亚科技2014年财务报表出具了“信会师报字〔2015〕第310295号”标准无保留意见的审计报告。立信所对金亚科技2014年度财务报表审计收费为90万元，签字注册会计师是邹军梅和程进。

以上事实，有相关函证资料、相关银行流水、审计报告、审计工作底稿、相关人员询问笔录等证据证明，足以认定。

立信所在金亚科技2014年财务报表审计过程中未勤勉尽责，出具的审计报告存在虚假记载，违反了《证券法》第一百七十三条关于“证券服务机构为证券的发行、上市、交易等证券业务活动制作、出具审计报告、资产评估报告、财务顾问报告、资信评级报告或者法律意见书等文件，应当勤勉尽责，对所依据的文件资料内容的真实性、准确性、完整性进行核查和验证”的规定，构成《证券法》第二百二十三条所述“证券服务机构未勤勉尽责，所制作、出具的文件有虚假记载、误导性陈述或者重大遗漏”所述情形。邹军梅、程进是立信所上述违法行为直接负责的主管人员。

听证时，当事人立信所及其代理人提出以下陈述申辩意见，请求我会对其免予处罚：

第一，告知书认定“立信所未按照要求执行货币资金的函证程序”与事实不符。立信所陈某霞事后取得回函并不违反审计准则的规定，且其在笔录中称“核对了询证函上银行是否核对一致处盖章，其他没核对”，说明其已完成了“核心事项”的核对。陈某霞从银行窗口取回的询证函回函等，本身就是银行工作人员提供的“真的假材料”。

第二，告知书认定的“应收账款询证函函证程序不当”不能成立。立信所实际发函24份。发函前，立信所发现有12个拟发函地址与注册地址不一致，审计人员核实后，确认其中的11个地址无误。陈某霞只是审计成员之一，其虽未执行地址查验程序，但邹军梅在后续复核审计时，亲自执行了进一步地址查验程序。审计工作底稿中的发函快递单、回函快递单证实了立信所对函证过程的有效控制。对未收到回函的客户的进一步审计程序，已载于专项审计工作底稿中；审计工作底稿中“回函直接确认”就是函证结论。其中，关于四川省有线广播电视网络股份有限公司（以下简称四川广电）成都分公司的函证地址，根据地址核实情况，立信所将函证材料寄至四川广电奥林营业厅，“营业厅”亦是发函对象的组成部分或者分支机构，不能视其为异常。回函时，邮单上填写的寄件人与邮戳显示的寄出地不一致是因为涉及的两家公司存在渊源关系，时有沿用老名称；而邮戳地址体现的是交寄地址，不代表公司地址，回函正文源于被询证方并加盖公章，可证明其有效性。

第三，关于告知书提及重大合同异常情况。部分合同虽然存在金亚科技未在落款处盖章的情形，但是立信所关注到，合同另一方均有盖章，由于签约方分属异地，金亚科技在收到对方寄来的合同后，将给对方的合同文本盖章后寄回，而自己留存的未盖章；有的合同已经盖章，就没再签字。合同中的通知地址，是为履约方便双方另行约定的地址，不一定与双方的注册地址或实际办公地址相同。而且，根据现有证据，无法证明审计工作底稿中有7份虚假合同。

第四，告知书认定立信所“采购与付款函证程序不当”，与事实不符。为核实金亚科技的应付账款余额，立信所发出28份询证函。发函前，立信所发现金亚科技提供的拟发函地址中的8个与注册地址不符，审计人员核实后才最终发函，程序并无不当。询证函中既询证了应付账款期末余额，又询证了2014年度交易额，符合《中国注册会计师审计准则第1312号——函证》第十四条的规定。工作中，立信所将被询证单位信息记录于审计工作底稿，由审计人员亲自交给快递公司。在每份询证函中，均明确要求对方直接向立信所深圳分所回函。对发出、收回询证函的情况，均汇总、统计于审计工作底稿，符合《中国注册会计师审计准则第1312号——函证》第十九条的规定，做到了勤勉尽责。

第五，告知书认定立信所“对3.1亿元预付工程款的银行对账单未实施验证程序”“未能发现金亚科技虚增3.1亿元预付工程款”与事实不符。立信所已对3.1亿元预付款执行了7种审计程序，未见异常，可以证实《建设工程施工合同》的真实性及得到合同双方的实际履行。涉案的银行对账单为自助打印，客观上无法实施网页验证，因此告知书的归责不能成立。

当事人邹军梅及其代理人在听证及申辩材料中提出，不应受到行政处罚。第一，审计计划中评估了金亚科技财务报表的重点风险领域，并得到审核批准。第二，虽审计最终未能发现金亚科技财务报表造假行为，但是审计还是做到了勤勉尽责。第三，即使金亚科技财务报表出现“虚假记载”，也并非审计项目组的原因。

当事人程进及其代理人在听证及申辩材料中提出，不应受到行政处罚。第一，对金亚科技2014年度财报的重点风险领域，审计项目组及签字注册会计师已经尽到合理怀疑义务。第二，虽审计项目组及签字注册会计师最终未能发现金亚科技的造假行为，但是仍然做到了勤勉尽责。第三，即使金亚科技财务报表出现“虚假记载”，也并非审计项目组及签字注册会计师的原因。

我会认为：会计师事务所和注册会计师作为资本市场的“守门人”，应当依法履行职责，注册会计师作为具体实施审计工作的人员，应当在职责范围内发表独立的专业意见并承担相应的法律责任。注册会计师应当保持足够的职业审慎，勤勉尽责地开展工作，恪守执业准则，保证所出具的法律文件不存在虚假记载、误导性陈述和重大遗漏。

第一，关于货币资金的函证程序。根据现有证据，审计人员未对询证函保持控制，未确认询证函信息，银行询证函仅有个人签章，没有加盖银行的印章，应视为无效的询证函。根据《中国注册会计师审计准则第1312号——函证》第十四条第（一）项的规定，当实施函证程序时，注册会计师应对询证函保持控制，确定需要确认或填列的信息。审计人员事后才取得银行回函，且取回函证后未实施验证程序，导致立信所未能发现银行回函系金亚科技伪造，金亚科技虚增银行存款217 911 835.55元的事实。因此，我会对此项申辩意见不予采信。

第二，关于立信所就金亚科技的应收账款余额情况发出询证函情况。其一，审计人员未审慎核查发函地址。发函地址与发票地址不一致的，备注发函地址为办公地址，审计工作底稿未记录上述地址来源。根据审计人员以及金亚科技财务人员的询问笔录可以相互印证以下事实：发函地址由金亚科技提供，在发函地址与发票地址不一致的情况下，负责函证发函的审计人员直接按金亚科技提供的地址发函，未进一步核实；发函快递单上的联系人和手机号码均由金亚科技提供，未进一步核实，且快递单由金亚科技财务人员代为填写，审计人员并未审慎核实发函地址。其二，审计人员未对重要函证的异常情况采取进一步审计程序。四川广电是金亚科技第一大客户，其中7家四川广电分公司均由四川广电成都分公司统一管理，理应引起足够重视。四川广电成都分公司的回函（寄件人）与发函（接收人）不符，审计人员在收到回函时并未关注，在之后的复核程序中，虽然复核人员关注到该疑点，并要求金亚科技查明，但在金亚科技未回复的情况下，审计人员未再采取进一步审计程序。申辩人认为将函证寄至奥林营业厅是正常现象，但是由一个营业厅代表分公司接收询证函这一现象本身值得怀疑，再加上发函地址与回函地址不一致，审计人员更应高度重视并实施进一步审计程序。其三，未如实统计回函结果。立信所针对应收账款函证做了“回函核对记录”，该记录对30家客户（24份函证）“回函是否直接寄给注册会计师”、“回函信封上邮戳显示发出城市或地区是否与询证函一致”和“回函信封上印章以及签名中显示的被询证者名称是否与询证函一致”均填写“是”，“回函可靠性结论”均填写“未见重大异常”。实际上立信所仅收到8份回函。除了四川广电，另外7份回函通过其他快递公司收发，无邮戳，立信所在审计工作底稿中未打印快递单物流信息，无法证实“回函核对记录”内容的真实性。综上，我会对此项申辩意见不予采信。

第三，关于重大合同的异常情况。立信所对审计工作底稿中仅留存14份合同、部分未签字盖章、部分未确定购买数量等异常情况均作出了解释，我会认为，对于金额较大的合同审计人员应当保持合理的职业怀疑和专业判断。立信所在对重大合同核查方面，存在审计人员忽视合同中的重大异常，且未向合同经办人核实的情况。关于某军工企业有两份相同编号的合同的情况，合同金额分别为70万元、840万元，其中金额为70万元的合同金亚科技盖有合同专用章，并由军品部负责人签字，但是金额为840万元的合同上没有盖章签字，立信所审计人员并未要求金亚科技对该相同合同编号的两份合同进行解释，且军品部负责人在询问笔录中确认自己从未见过金额为840万元的合同，立信所审计人员在询问笔录中亦承认在审计过程中未关注该异常情形。我会认为，立信所在对重大合同的核查过程中未保持合理的职业怀疑。综上，我会对此项申辩意见不予采信。

第四，关于采购与付款的函证程序。审计工作底稿显示，立信所共向金亚科技28位供应商发询证函，询证过程中，立信所未审慎尽责。其一，立信所未充分关注发函地址的准确性。其二，立信所在审计工作底稿中未记录收发函物流信息。其三，统计回函结果计算错误。在审计工作底稿“应付账款”函询结果汇总表中，立信所对应付账款的结果进行了统计，在该表计算的应付账款函证金额为2 936万元（实为2 774万元），回函金额计算错误。其四，审计工作底稿未记录应付账款函证结论。因此，我会对此项申辩意见不予采信。

第五，关于3.1亿元工程款。金亚科技制作了虚假的建设工程合同，填制了虚假的3.1亿元银行付款单据，该《建设工程施工合同》的主合同部分双方均未盖章签字，且通用条款部分仅盖章未签字。对涉及数额巨大的合同，审计人员应当审慎核查，特别是在发现该合同存在上述疑点的情况下，更应保持合理的职业怀疑，采取进一步审计程序。立信所未保持合理的职业怀疑，未考虑到因管理层舞弊可能导致的重大错报风险。因此，我会对此项申辩意见不予采信。

第六，关于邹军梅和程进的责任问题。由于立信所未按要求执行货币资金、应收账款、应付账款和预付工程款等的审计程序，未能发现金亚科技2014年度财务报表错误情况，出具了无保留意见的审计报告。邹军梅和程进作为直接负责的主管人员，理应保持应有的职业审慎，对金亚科技进行充分核查或者追加必要审计程序，因此，我会对此项申辩意见不予采信。

此外，当事人针对告知书认定的“穿行测试过程无法证实风险评估结论”进行了陈述申辩，经核实，我会对该申辩意见予以采信，该项行为的不予认定并不影响我会对立信所违法行为的认定。

参考资料：

[1] 曾荧晖. 立信会计师事务所审计失败研究 [D]. 南昌：江西财经大学，2023.

[2] 卢芷旸.“勤勉尽责”庇护下的故意“疏忽”——以立信所审计金亚科技为例 [J]. 财会研究，2020 (9)：55-60；80.

[3] 张倩. 内部控制失效案例研究——以金亚科技为例 [J]. 农村经济与科技，2020，31 (4)：119；122.

模块七　生产与薪酬循环审计

一、实训目的

了解存货的内部控制测试程序，掌握存货审计的目标和程序，重点掌握存货的监盘要求及主要步骤。熟悉存货计价审计的基本内容和具体操作程序，了解存货计价审计的测试工作，了解存货成本审计的主要内容。

通过本模块实训，加强学生职业精神、工匠精神的培养，增强学生职业认同感。让学生树立审计专业思维，培养职业自豪感，养成良好的审计专业素养，感悟审计的专业精神所在。

二、理论知识点

（一）存货的审计目标

（1）确定存货是否存在，并归被审计单位所有。

（2）审计存货增减变动的记录是否完整。

（3）确定存货的计价方法是否恰当。

（4）审查存货的品质状况以及存货跌价准备计提是否合理。

（5）确定存货期末余额是否正确。

（6）审查存货的披露是否恰当。

（二）存货内部控制

1.存货收入

（1）存货收入组织工作。存货收入的组织工作包括存货的接运、存货的验收和存货的入库三个业务管理阶段，审计人员在对存货收入业务进行审计时，首先从这三方面进行审查。

①存货接运管理是存货收入业务流程的第一道作业环节，在了解这一环节时，审计人员主要需要了解有关部门是否做好存货接运的准备工作，了解有关人员在接运现场是否进行了必要的审验，了解接运时是否文明作业，安全提运，了解组织到库卸车和本企业内部交接手续的办理。

②存货验收管理程序，审计人员需要了解验收的准备工作，了解业务证件的核对，了解实物是否经过检验，出现问题是否及时处理。

③存货入库管理制度，审计人员需要了解被审计单位是否建立了存货的明细账，了解是否填制了存货的保管卡片，即料卡，并且由专人管理，了解是否为业务证件立案，即是否将存货入库业务全过程中的有关证件进行整理、核对后建立资料档案，为存货的保管、生产业务活动创造良好的条件。

（2）存货收入业务处理。

①了解外购材料收入程序；

②了解委托加工材料收入程序；

③了解自制材料收入程序；

④了解盘盈材料收入程序；

⑤了解产成品入库程序。

2.存货发放制度

（1）存货发放管理制度。存货发放是存货管理的另一个重要环节，这项工作的好坏将直接影响到企业的生产和经济效益。审计人员需要了解的存货发放管理制度有：

①限额发料制度是否得到切实执行；

②存货发放依据是否完整；

③存货发出数量是否准确；

④发出存货的质量是否完好。

（2）存货发出业务处理。

①生产用料出库，审计人员应注意材料是否按计划领用，有无多领，还应注意材料领用是否有专人负责，是否经过规定的审批程序，领料手续是否齐备，凭证要素是否完整、真实。

②销售材料出库，审计人员对销售材料出库的了解，应着重在销售材料的合法性和合理性，即外售材料是否经过规定的批准手续，已售的材料是否与批准售出的材料在品质、规格、数量上相符，有无借外售之机，偷换品种、提价压价或变相涨价等违反国家物价政策的情况。

③盘亏材料，审计人员应主要了解材料盘亏的原因是否正常、合理，盘亏的批准手续是否合法、齐备。

④产成品出库，审计人员应注意产成品发出的明细记录与销售明细账的销售数量是否相符，出库产品是否按规定等级发货，有无“以次充好”的情况，仓库间产品转移，有没有按规定手续进行，有无中途被调包的情况。

3.存货保管制度

（1）库存控制制度。

①确保存货数量能否满足生产、销售的需要；

②确保存货仓储损耗量是否最小；

③确保存货存放是否符合安全要求；

④确保存货存放有利于提高仓库面积利用率，有利于发出、盘点。

（2）存货保管方法。

①存货是否分库、分区、分类保管，存货区域空间的划分是否便于管理和发料；

②存货的堆放是否在确保安全的前提下，提高仓库容积；

③货架陈列是否科学。

（3）保管管理工作的审查。

①内部审计人员应审查保管部门是否有清查盘点制度；

②审查库存记录是否健全，存货的入库和发放记录是否及时、完整和正确，库存实物与账卡是否相符；

③盘亏盘盈、陈旧、残次存货的处理是否经过审批，是否查明原因，追究相关责任。

审计人员在对被审计单位存货内部控制进行了解后，应当编制存货内部控制测试程序表，见表7-1。

表7-1　存货内部控制测试程序表

被审计单位：________	索引号：SCC—3
项目：________	财务报表截止日/期间：________
编制：________	复核：________
日期：________	日期：________

主要业务活动	测试内容	项目1	项目2	项目3	…
1.与材料验收、仓储有关的业务活动的控制					
材料验收	验收单编号（日期）				
	验收内容				
	相对应的采购订单编号（日期）				
	验收单与采购订单是否一致（是/否）				
	单价在人民币×元以上的材料，是否经质检经理签字（是/否，如适用）				
仓储	采购材料信息是否已正确输入系统（是/否）				
	仓储经理是否复核输入信息（是/否）				
	系统是否已更新（是/否）				
2.与计划和安排生产有关的业务活动的控制					
计划和安排生产	测试期间				
	是否编制月度生产计划书（是/否）				
	月度生产计划书是否得到适当审批（是/否）				
	生产通知单编号（日期）				

续表

主要业务活动	测试内容	项目1	项目2	项目3	…
计划和安排生产	生产通知单所载内容是否包含在月度生产计划书内（是/否）				
	日生产加工指令单编号（日期）				
	完工日期				
3.与存货实物流转有关的业务活动的控制					
原材料领用	生产通知单编号（日期）				
	日生产加工指令单编号（日期）				
	原材料领用申请单编号（日期）				
	原材料领用申请单项目是否与生产加工指令单相符（是/否）				
	原材料领用申请单信息是否得到审批（是/否）				
	原材料出库单编号（日期）				
	原材料出库单是否得到复核确认（是/否）				
	原材料耗用是否与生产记录日报表内容相符（是/否）				
	转账凭证编号（日期）				
	转账凭证是否得到适当复核（是/否）				
	是否正确记入相关明细账（是/否）				
半成品入库	半成品验收单编号（日期）				
	半成品入库单编号（日期）				
	半成品入库单是否与验收单内容相符（是/否）				
	半成品入库单是否得到复核确认（是/否）				
半成品出库	半成品转移单编号（日期）				
	半成品转移单是否得到审批（是/否）				
	半成品出库单编号（日期）				
	半成品出库单是否得到复核确认（是/否）				
	半成品耗用是否与生产记录日报表内容相符（是/否）				

续表

主要业务活动	测试内容	项目1	项目2	项目3	…
产成品入库	产成品验收单编号（日期）				
	产成品入库单编号（日期）				
	产成品入库单是否得到复核确认（是/否）				
产成品出库	出运通知单编号（日期）				
	产成品出库单编号（日期）				
	产成品出库单、销售订单、出运通知单、送货单内容相符（是/否）				
	送货单编号（日期）				
	送货单是否经适当签字（是/否）				

（三）存货监盘

1.存货监盘计划

（1）制订存货监盘计划应实施的工作包括：了解存货的内容、性质、各存货项目的重要程度及存放场所；评估与存货相关的重大错报风险及审计重要性水平；查阅以前年度的存货监盘工作底稿；了解存货会计系统及其他相关的内部控制；考虑实地查看存货的存放场所，特别是金额较大或性质特殊的存货；考虑是否需要利用专家的工作或其他注册会计师的工作；复核或与管理层讨论存货盘点计划。如果由于不可预见的情况，无法在存货盘点现场实施监盘，注册会计师应当另择日期实施监盘，并对间隔期内发生的交易实施审计程序。

（2）存货监盘计划的主要内容包括：存货监盘的目标、范围及时间安排；存货监盘的要点及关注事项；参加存货监盘人员的分工及抽查的范围。

2.存货监盘范围

对重要项目和典型存货的有代表性的样本应仔细监盘，对可能过时或损坏的项目要仔细查询，并与管理人员讨论为什么有些重要项目不在盘点计划内。

3.存货监盘时间

监盘的时间以会计期末以前为最优。如果企业有条件进行期中盘点，审计人员应在盘点时加以监督，同时对盘点日和期末之间的永续记录加以测试。如果企业的盘点在会计期末以后的时间进行，那么就必须编制从盘点日到期末的存货余额调节表，但应尽量使盘点的时间靠近会计期末。

4.存货盘点人员

企业各级领导以及供应、存储、财务、生产等部门的有关人员都应参与存货盘点。

5.存货监盘方法

存货的监盘一般采用实地观察与抽点相结合的方法。在盘点开始时，审计人员应亲临现场，密切注意企业的盘点现场以及盘点人员的操作程序和盘点过程。盘点过后，审计人员应根据观察的情况，在盘点标签尚未取下之前，选取数额较大、收发频繁的存货项目进行复盘抽点，并将抽查的结果填入存货抽查表中。

6.存货监盘程序

首先，评价管理层用以记录和控制存货盘点结果的指令和程序；其次，观察管理层制定的盘点程序的执行情况；再次，检查存货；最后，执行抽盘，将有关盘点情况撰写成盘点备忘录，并编制审计工作底稿。

（四）存货的计价审计和截止测试

1.存货的计价审计

①选择测试样本：选择时应着重选择结存余额较大，且价格变化较为频繁的项目，同时考虑所选样本的代表性。

②计价方法的确认：注册会计师除了应了解掌握企业的存货计价方法外，还应对这种计价方法的合理性与一贯性予以关注，没有足够理由，计价方法在同一会计年度内不得变动。对于已变动的计价方法，注册会计师应审查其变动是否在财务报表上予以充分披露。

③计价测试：对存货价格的组成内容予以检查；按照所了解的计价方法对所选择的存货样本进行计价测试。

2.存货截止测试

①截止测试的含义：所谓存货截止测试，就是检查已经记录为企业所有，并包括在12月31日存货盘点范围内的存货，是否含有截至该日尚未购入，日后已经售出的部分。存货截止测试的关键在于存货实物纳入盘点范围的时间与存货引起的借贷双方会计账户的入账时间都处于同一会计期间。

②存货截止测试的方法：检查存货盘点日前后的购货（销售）发票与验收报告、入库单（或出库单）；查阅验收部门的业务记录。

（五）存货成本审计

存货成本审计包括直接材料成本的审计、直接人工成本的审计、制造费用的审计和主营业务成本的审计等内容。

1.直接材料成本的审计要点

（1）抽查产品成本计算单，检查直接材料成本的计算是否正确；

（2）检查直接材料耗用数量的真实性；

（3）分析比较同一产品前后各年度的直接材料成本；

（4）抽查材料发出及领用的原始凭证；

（5）对采用定额成本或标准成本核算的企业，应检查直接材料成本差异的计算、分配与会计处理是否正确。

2.直接人工成本的审计要点

（1）抽查产品成本计算单，检查直接人工成本的计算是否正确；

（2）检查直接人工耗用数量的真实性；

（3）分析比较同一产品前后各年度的直接人工成本；

（4）结合对应付职工薪酬的检查，抽查人工费用会计记录及会计处理是否正确；

（5）对于采用标准成本法的企业，应检查直接人工成本差异的计算、分配与会计处理是否正确。

3.制造费用的审计要点

（1）获取或编制制造费用汇总表，并与明细账、总账核对是否相符，抽查制造费用中的重大数额项目及例外项目是否正确；

（2）审阅制造费用明细账，检查其核算内容及范围是否正确；

（3）必要时，对制造费用实施截止测试；

（4）检查制造费用的分配是否合理；

（5）对于采用标准成本法的企业，应抽查标准制造费用的确定是否合理。

4.主营业务成本的审计要点

（1）获取或编制主营业务成本明细表，并与明细账、总账核对是否相符；

（2）编制生产成本及销售成本倒轧表，与总账核对是否相符；

（3）分析比较本年度与上年度主营业务成本总额，以及本年度各月份的主营业务成本金额；

（4）结合生产成本的审计，抽查销售成本结转数额的正确性；

（5）检查主营业务成本账户中重大调整事项是否有充分的理由；

（6）确定主营业务成本在利润表中是否已恰当披露。

三、实训内容

实训一　存货监盘

（一）实训所需条件

本实训所需资料如下：

长税会计师事务所自2023年开始接受长海公司董事会委托，对长海公司进行2022年度财务报表审计。根据双方签订的审计业务约定书，于2023年3月10—25日对长海公司2022年度的财务报表进行审计，长税会计师事务所派出注册会计师张亮、李清对长海公司进行审计，主要负责长海公司的存货项目，在调查了解过程中知悉长海公司的存货采用先进先出法计价，低值易耗品按一次摊销法核算。在对长海公司的存货进行调整和重分类后，确认的存货余额为36 830 400元，其中原材料20 605 400元，产成品16 225 000元。相关数据资料整理如下：

1.总账记载数字整理见表7-2。

表7-2 长海公司原材料及产成品总账 单位：元

项目	未审数
原材料	20 605 400
产成品	16 225 000
合 计	36 830 400

2.材料明细账记载数字整理见表7-3。

表7-3 长海公司原材料及产成品明细账 单位：元

存货类别	账面金额	存货类别	账面金额
废钢材	6 543 200	普线	1 326 000
铁矿石	8 845 320	高线	1 330 000
原煤	3 265 420	螺纹钢	3 312 000
镍	265 300	热压卷	1 395 000
铬	320 000	冷轧板	2 490 000
钼	250 000	中厚板	1 415 000
锰	320 000	工字钢	1 307 000
铜	560 530	槽钢	2 335 000
锌	235 630	角钢	1 315 000
原材料小计	20 605 400	产成品小计	16 225 000
存货合计		36 830 400	

3.实际抽查盘点的部分材料数据整理见表7-4。

表7-4 抽查盘点部分材料数据 单位：元

存货类别	账面金额	存货类别	账面金额
废钢材	6 534 100	普线	1 362 000
铁矿石	8 585 230	高线	1 333 000
原煤	3 658 560	螺纹钢	3 125 000
镍	265 300	热压卷	1 410 000
铬	320 000	冷轧板	2 490 000
钼	250 000	中厚板	1 415 000
锰	320 000	工字钢	1 307 000
铜	560 530	槽钢	2 335 000
锌	235 630	角钢	1 315 000
原材料小计	20 729 350	产成品小计	16 092 000
存货合计		36 821 350	

（二）实训要求

1.根据以上资料，编制存货审定表和存货监盘结果汇总表，分别见表7-5和表7-6。

表7-5　**存货审定表**

被审计单位：________			索引号：E091			
项目：________			财务报表截止日/期间：________			
编制：________			复核：________			
日期：________			日期：________			
项目名称	期末未审数	审计调整		期末审定数	上期期末审定数	索引号
		借方	贷方			
一、存货账面余额						
原材料						
材料采购						
在途物资						
库存商品						
发出商品						
⋮						
合 计						
二、存货跌价准备						
原材料						
材料采购						
在途物资						
库存商品						
发出商品						
⋮						
合 计						
三、存货账面价值						
原材料						
材料采购						
在途物资						
库存商品						
发出商品						
⋮						
合 计						
审计结论：						

表7-6 **存货监盘结果汇总表**

<table>
<tr><td colspan="4">被审计单位：
项目：
编制：
日期：</td><td colspan="5">索引号： ZI5—2
财务报表截止日/期间：
复核：
日期：</td></tr>
<tr><td>存货类别</td><td>存货名称</td><td>单位</td><td>监盘数量</td><td>未经确认盘点报告数量</td><td>差异数量</td><td>差异原因</td><td>索引号</td><td>审计确认盘点报告数量</td></tr>
<tr><td></td><td></td><td></td><td></td><td></td><td></td><td></td><td></td><td></td></tr>
<tr><td></td><td></td><td></td><td></td><td></td><td></td><td></td><td></td><td></td></tr>
<tr><td></td><td></td><td></td><td></td><td></td><td></td><td></td><td></td><td></td></tr>
<tr><td></td><td></td><td></td><td></td><td></td><td></td><td></td><td></td><td></td></tr>
<tr><td colspan="9">监盘人员签名：</td></tr>
<tr><td colspan="9">编制说明：本表适用于监盘日（盘点日）为财务报表截止日的情况。</td></tr>
<tr><td colspan="9">审计说明：</td></tr>
</table>

2.假如长海公司存在部分存货已经委托其他单位保管以及部分存货无法实施监盘的情况，请问注册会计师遇到这种情况应该如何处理？

分析：

如果由第三方保管或控制的存货对财务报表是重要的，注册会计师应当实施下列一项或两项审计程序，以获取有关该存货存在和状况的充分、适当的审计证据：

①向持有被审计单位存货的第三方函证存货的数量和状况；

②实施检查或其他适合具体情况的审计程序。

如果由于被审计单位存货的性质或位置等原因导致无法实施存货监盘，注册会计师应当考虑能否实施替代审计程序，获取有关期末存货数量和状况的充分、适当的审计证据。注册会计师应当实施的替代审计程序主要包括：检查进货交易凭证或生产记录以及其他相关资料；检查资产负债表日后发生的销货交易凭证；向顾客或供应商函证。如果不能实施替代审计程序，注册会计师应当按照《中国注册会计师审计准则第1502号——在审计报告中发表非无保留意见》的规定，在审计报告中发表非无保留意见。

如果因不可预见的因素导致无法在预定日期实施存货监盘或接受委托时被审计单位的期末存货盘点已经完成，注册会计师应当评估相应的审计风险，提请被审计单位另择日期重新盘点，并实施存货监盘，同时测试在该期间发生的存货交易，以获取有关期末存货数量和状况的充分、适当的审计证据。

（三）实训组织方法及步骤

将上课班级学生划分几组，每组3~5人，组成模拟审计小组。

1.各组选出组长，担任该审计项目经理，然后由其分配审计任务，赋权组员分别为该审计中的审计助理。

2.按照组长的赋权分别完成上述审计工作底稿的编制。

（四）实训考核方法

采取百分制的方式评定成绩，具体分值分配标准为：

1.实验态度是否认真，比重20%；

2.实验操作是否完成，结果是否正确，比重40%；

3.实验报告是否严谨，比重30%；

4.实验过程出勤情况，比重10%。

实训二　存货计价审计

（一）实训所需条件

本实训所需资料如下：

正义会计师事务所2023年接受海华公司董事会委托，对海华公司进行年度财务报表审计。根据双方签订的审计业务约定书，于2023年2月1日至2月15日对海华公司2022年度的财务报表进行审计，正义会计师事务所派出注册会计师常亮、刘梅对海华公司进行审计。

海华公司资产负债表所列示的“存货”项目数额为9 553 984元，注册会计师常亮和刘梅通过计价测试以及抽查盘点和索取其他资料发现海华公司存在如下问题：

1.对存货进行计价测试，主要原材料铝锭采用实际成本法核算，在检查海华公司计算过程时，发现该公司每月月末均有估价入库，月初冲回的情况，但在计算各期间加权平均价格时，其计算公式中的当月入库数量以及金额未将估价冲回部分作为计算基数，引起误差。经检查，全年发出成本37 596 795元，实际为38 468 346元，少转成本871 551元，因为在产品和产成品在期初期末数量正常变化较小，故可全部调整计入当期产品销售成本。

2.通过对实行计划成本核算的主要原材料钢板的成本差异率分配情况进行检查发现，由于海华公司办理估价入库时仅按计划单位计算估价数额，未考虑材料成本差异，经计算，应补计材料成本差异360 000元，应冲回销售成本338 816元。

3.对存货进行抽查，其结果如下：

（1）共抽验了6 860 559元存货，占存货总额的71.8%。

（2）主要原材料钢板、铝锭，采用的计算方法存在误差率分别为2%和0.0625%，误差较小，可予以确认。

（3）委托代销产品共24户，数量2 400吨，价值240万元。仅有2户期末库存清单为300吨，其他22户为2 100吨，价值210万元，无法履行必要的审计程序获取充分、适当的审计证据，应发表保留意见。

4.相关资料整理见表7-7至表7-10。

表 7-7 **存货结存金额及存货盘存表数据** 单位：元

存货类别	结存金额	存货盘存表金额
1.原材料	4 550 000	4 550 000
(1) 原材料	4 200 000	4 200 000
A.原材料及主要材料	2 500 000	2 500 000
B.辅助材料	1 200 000	1 200 000
C.修理用配件	500 000	500 000
(2) 包装物	350 000	350 000
2.在产品	480 000	480 000
3.产成品	2 200 000	2 200 000
4.材料成本差异	-76 016	-76 016
5.委托代销产品	2 400 000	2 400 000
合计	9 553 984	9 553 984

表 7-8 **材料成本差异汇总表** 金额单位：元

项目	结存			本期发出金额
	金额	差异	差异率（%）	
1—6月				
期初	1 580 000	-135 880	-8.6	
本期进货	12 000 000	-480 000		
合计	13 580 000	-615 880		1 250 000
7—12月				
期初	7 000 000	-302 400	-4.32	
本期进货	10 000 000	-990 000		
合计	17 000 000	-1 292 400		16 000 000

表7-12

材料成本差异分配审定表

被审计单位：				索引号：ZI5—4			
项目：				财务报表截止日/期间：			
编制：				复核：			
日期：				日期：			
项目	结存			本期发出			核对
	金额	差异	差异率	金额	差异	差异率	
1—6月							
期初							
本期进货							
合 计							
7—12月							
期初							
本期进货							
合 计							
审计说明及调整分录：							
审计结论：							

表7-13

存货计价审定表

被审计单位：								索引号：ZI5—5							
项目：								财务报表截止日/期间：							
编制：								复核：							
日期：								日期：							
存货名称	计量单位	期初结存			本期入库			本期发出			本期期末结存			调整数	审定数
		数量	单价	金额	数量	单价	金额	数量	单价	金额	数量	单价	金额		
铝锭	吨														
3月															
7月															
8月															
9月															
12月															
审计说明及调整分录：															
审计结论：															

表7-14 **存货抽盘表**

被审计单位：______	索引号：ZI5—6
项目：______	财务报表截止日/期间：______
编制：______	复核：______
日期：______	日期：______

序号	品名	计量单位	实存数	发出数量	收入数量	账面结存			差异			调整数	审定数
						实存数	账存数	金额	数量	单价	金额		

审计说明：

审计结论：

（三）实训组织方法及步骤

将上课班级学生划分几组，每组3~5人，组成模拟审计小组。

1.各组选出组长，担任该审计项目经理，然后由其分配审计任务，赋权组员分别为该审计中的审计助理。

2.按照组长的赋权分别完成上述审计工作底稿的编制。

（四）实训考核方法

采取百分制的方式评定成绩，具体分值分配标准为：

1.实验态度是否认真，比重20%；

2.实验操作是否完成，结果是否正确，比重40%；

3.实验报告是否严谨，比重30%；

4.实验过程出勤情况，比重10%。

实训三 存货生产成本审计

（一）实训所需条件

本实训所需资料如下：

兴海会计师事务所对通用机械制造公司进行年度财务报表审计。根据双方签订的审计业务约定书，于2023年3月1—15日对通用机械制造公司2022年度的财务报表进行审计，兴海会计师事务所派出注册会计师张娜、王亮执行具体的生产成本审计业务。

注册会计师审查了A产品的销售成本明细表，并与明细账、总账核对相符。有关数据如下：材料期初余额80万元，本期购进材料150万元，材料期末余额69万元，本期销售材料10万元，直接人工成本15万元，制造费用40万元，在产品期初余额23万元，在产品期末余额30万元，产成品期初余额40万元，产成品期末余额50万元。该公司采用先进先出法进行存货计价。

在实施必要的审计程序后，注册会计师发现该公司存在以下问题：

（1）本期已入库但尚未收到结算凭证的材料5万元未作暂估价入账处理；

（2）已领用未用的材料1万元未作假退料处理；

（3）为在建工程发生的工人工资2万元计入生产成本；

（4）本期发生的大修理费用6万元全部计入当期制造费用（按规定应分3年摊销，本期应摊销2万元）；

（5）经对期末在产品的盘点发现，在产品的实际金额为38万元。

（二）实训要求

根据以上资料，请代注册会计师编制调整分录，并填写生产成本及销售成本倒轧表（见表7-15）。

表7-15　**生产成本及销售成本倒轧表**

被审计单位：______			索引号：ZI11	
项目：______			财务报表截止日/期间：______	
编制：______			复核：______	
日期：______			日期：______	
索引号	项目	未审数	调整或重分类分录（贷）	审定数
审计标识说明：				
审计结论：				

（三）实训组织方法及步骤

将上课班级学生划分几组，每组3~5人，组成模拟审计小组。

1.各组选出组长，担任该审计项目经理，然后由其分配审计任务，赋权组员分别为该审计中的审计助理。

2.按照组长的赋权分别完成上述审计工作底稿的编制。

（四）实训考核方法

采取百分制的方式评定成绩，具体分值分配标准为：

1.实验态度是否认真，比重20%；

2.实验操作是否完成，结果是否正确，比重40%；

3.实验报告是否严谨，比重30%；

4.实验过程出勤情况，比重10%。

实训四　獐子岛公司存货舞弊案例

（一）实训所需条件

本实训所需资料如下：

1.公司简介

獐子岛集团股份有限公司始创于1958年，历经六十多年的发展，现已成为以海洋水产业为主体，集海珍品育苗、养殖、加工、物流、贸易、冻鲜品、冷藏、物流、渔业装备于一体的大型综合性海洋食品企业。公司注册资本7.1亿元，员工近3 000人，旗下设立分公司和控股、参股中外合资公司30余家。2006年在深圳证券交易所挂牌上市（股票代码002069）。

作为一家致力于全球健康海洋食品服务商的企业，獐子岛集团始终坚持“可持续发展、高质量增长”“低碳、生态、绿色”的经营理念，匠心研制“獐子岛味道”系列食品，努力为全球消费者构建“世界鱼市”，提供“幸福家宴”。

2.獐子岛存货舞弊事件回顾

由图7–1可知，獐子岛公司从2014年起连续两年业绩亏损，2016年净利润回升后，2017年再度亏损。其原因是：獐子岛公司通过存货舞弊虚增了2016年度的利润，又将2016年度虚增的利润在2017年度冲掉。其存货舞弊最直观的表现就是在2016年和2017年，大规模虾夷扇贝被迫上演了先“回家”后“饿死”的戏码。而在存货舞弊暴露后，虾夷扇贝“暴毙”“退化”的新闻仍频繁见诸报端。截至2021年3月，獐子岛公司扇贝事件归纳如图7–2所示。

（1）扇贝“冻死”

2014年10月，獐子岛公司披露秋季虾夷扇贝存量抽测的结果。公告表示，由于北黄海冷水团温度异常波动，导致公司在此次存量抽测结束后发现虾夷扇贝大规模死亡。这是虾夷扇贝首次出现大规模“跑路”的状况。事发后，公司迅速作出财务相关处理（见表7–16）。最终，此次扇贝“冻死”事件共减少2014年第三季度净利润76 325.20万元，并使獐子岛公司净利润首次出现负值。

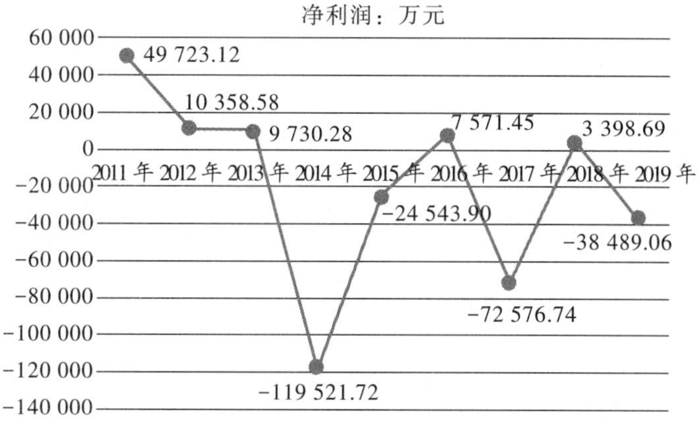

图7-1　獐子岛公司2011—2019年度净利润折线图

图7-2　獐子岛公司存货舞弊事件时间轴

表7-16　**獐子岛公司扇贝“冻死”事件处理结果**

抽测海域面积（万亩）	放弃采捕海域面积（万亩）	核销虾夷扇贝成本（万元）	计提存货跌价准备海域面积（万亩）	计提存货跌价准备的虾夷扇贝成本（万元）	计提存货跌价准备金额（万元）
1 498.39	105.64	73 461.93	43.02	30 060.15	28 035

（2）扇贝“回家”

2016年5月，獐子岛公司结束春季虾夷扇贝存量抽测工作，抽测结果的公告随之披露。2016年10月，虾夷扇贝秋季存量抽测结果的公告也如期发布。但可疑的是，两次抽测均未发现任何重大异常，并表示虾夷扇贝不存在任何减值风险。一言蔽之，为进行存货舞弊，獐子岛公司让虾夷扇贝在2016年年初“回家”，以虚增公司利润。由于2016年度净利润升至7 571.45万元，獐子岛公司于2017年4月5日成功撤销退市风险警示。

（3）扇贝“饿死”

好景不长，扇贝死亡的信息披露接踵而至。2018年2月，虾夷扇贝2017年年终盘点公告发布，指出扇贝饵料短缺、北黄海水温异常导致虾夷扇贝大规模死亡，二度“跑路”。其中，降水量大幅减少、底播增殖面积扩大是导致扇贝饵料短缺的原因。此份公告为獐子岛公司2017年度的存货舞弊作出了铺垫。两个月过后，公司发布处理公告，处理情况见表7-17。因此，此次扇贝“饿死”事件共减少2017年度净利润70 084.70万元，使公司再次亏损。

表7-17 **獐子岛公司扇贝“饿死”事件处理结果**

核销虾夷扇贝的投苗年份	核销海域面积（万亩）	核销虾夷扇贝成本（万元）	计提存货跌价准备的虾夷扇贝投苗年份	计提存货跌价准备海域面积（万亩）	计提存货跌价准备的虾夷扇贝成本（万元）	计提存货跌价准备金额（万元）
2014—2016	107.16	57 757.95	2015—2016	24.3	12 591.53	6 072.16

（4）扇贝“暴毙”

大连证监局介入调查后，獐子岛公司难以继续进行存货舞弊，虾夷扇贝经营不善的事实也随之暴露。此后，獐子岛公司扇贝的一举一动常被媒体报道：

2019年4月，獐子岛公司发布第一季度报告，指出2018年的海洋牧场灾害影响仍在持续，虾夷扇贝的生长受到长期影响。因此，公司调整了销售策略，导致报告期内扇贝产销量及经济效益突然下降。第一季度报告显示，虾夷扇贝养殖成本的增加和销售收入的减少分别减少利润约900万元、1 600万元，使得报告期内公司净利润迅速下滑至-4 445.37万元。

2020年5月，獐子岛公司原董事长吴厚刚在业绩说明会上反映，北黄海水温异常变化、底播增殖面积与密度扩大、饵料短缺、海底生态环境破坏和病害滋生等多重因素带来的危害积重难返。并且，虾夷扇贝苗已经退化，难以适应日益恶劣的养殖环境，虾夷扇贝将会大量死亡，给公司带来长期的业绩影响。

3.獐子岛公司2011—2019年度营业收入、营业成本，见表7-18。

表7-18 **獐子岛公司2011—2019年度营业收入、营业成本**

时间	营业收入（亿元）	营业收入同比增长（%）	营业成本（亿元）	营业成本同比增长
2011年	29.37	30.01	19.36	30.46
2012年	26.08		19.66	
2013年	26.21		20.42	
2014年	26.62		22.92	
2015年	27.27		24.06	
2016年	30.52		25.90	
2017年	32.06		27.21	
2018年	37.98		23.30	
2019年	27.29		23.60	

4.獐子岛公司2011—2019年营业外支出与资产减值损失情况见表7-19。

表7-19　　　　**獐子岛公司2011—2019年营业外支出与资产减值损失**

时间	营业外支出（亿元）	营业外支出同比增长（%）	资产减值损失（亿元）
2011年	1.261	16.76	0.274
2012年	0.611		0.236
2013年	0.157		0.170
2014年	7.775		3.990
2015年	-0.252		0.049
2016年	0.167	—	0.050
2017年	6.317		1.001
2018年	0.075		0.149
2019年	2.356		0.720

5.渔业上市公司海产品收入统计见表7-20。

表7-20　　　　**六家渔业上市公司2014—2019年度海产品收入统计表**

海产品收入（亿元）	2014年	2015年	2016年	2017年	2018年	2019年
獐子岛	9.33	9.02	9.01	8.31	5.78	6.33
好当家	5.81	5.54	5.06	5.63	6.74	6.79
*ST东洋	2.56	3.33	2.75	3.00	2.88	1.86
中鲁B	0.88	0.67	0.84	1.41	3.88	4.79
开创国际	8.26	6.70	7.55	9.33	9.91	10.96
中水渔业	3.44	3.44	3.53	6.03	5.02	4.30

6.獐子岛营业收入与行业对比分析见表7-21。

表7-21　　　　**獐子岛2014—2019年度营业收入与行业对比分析表**

项目（亿元）	2014年	2015年	2016年	2017年	2018年	2019年
獐子岛公司营收	26.62	27.27	30.52	32.06	27.98	27.29
行业平均营收	9.83	10.22	12.21	15.91	17.74	19.60
行业最大值	26.62	27.27	30.52	40.96	47.38	46.37

7.其他材料

（1）2012—2016年存货占总资产的比例平均为41.76%。

（2）2006—2018年，獐子岛公司财务报表审计员由同一名CPA参与且时间间隔未超过5年。

（3）请查找獐子岛公司股价变动趋势图。

参考资料：杨璐颖．獐子岛公司存货舞弊问题研究［D］．武汉：武汉纺织大学，2021．彭圣洁，许延明．水产养殖行业的存货审计研究——以獐子岛公司为例［J］．中国管理信息化，2020，23（16）：36-37.

（二）实训要求

1.结合《企业会计准则第5号——生物资产》回答什么是生物资产，生物资产的分类以及确认条件。

2.请将表7-18、表7-19的空格部分填写完整。

3.请根据表7-18，用Excel画出营业收入与营业成本的折线图（画在一张图中）。

4.根据上述资料，结合相关图表，利用所学知识分析獐子岛公司存在舞弊的可能性。

二维码展示内容7-1　　二维码展示内容7-2　　二维码展示内容7-3

5.请以獐子岛公司为例，分析水产养殖行业特点。

6.分析水产养殖行业存货审计难点。

7.简要分析獐子岛公司舞弊事件的原因有哪些？

二维码展示内容7-4　　二维码展示内容7-5　　二维码展示内容7-6

8.你认为獐子岛公司存货舞弊事件给该公司带来哪些影响？

9.结合獐子岛存货舞弊事件，请你给出水产养殖行业的存货审计对策。

10.请运用互联网等手段，查找獐子岛存货舞弊事件的处罚结果并谈谈您的感想。

二维码展示内容7-7　　二维码展示内容7-8　　二维码展示内容7-9

（三）实训组织方法及步骤

将上课班级学生划分几组，每组3~5人，组成模拟审计小组。

1.各组选出组长，担任该审计项目经理，然后由其分配审计任务，赋权组员分别为该审计中的审计助理。

2.按照组长的赋权分别完成上述审计工作底稿的编制。

（四）实训考核方法

采取百分制的方式评定成绩，具体分值分配标准为：

1.实验态度是否认真，比重20%；

2.实验操作是否完成，结果是否正确，比重40%；

3.实验报告是否严谨，比重30%；

4.实验过程出勤情况，比重10%。

实训五　存货内部控制审计

（一）实训所需条件

本实训所需资料如下：

利华会计师事务所2023年接受爱能公司董事会委托，对爱能公司2022年度的财务报表进行审计。根据双方签订的审计业务约定书，于2023年2月12—20日对爱能公司2022年度的财务报表进行审计，利华会计师事务所派出注册会计师张亮、李清对爱能公司进行审计，主要负责对爱能公司的存货项目进行审计，在对该公司存货内部控制调查了解中知悉如下情况：

原材料主要为高成本的电子元件，保存在上锁的库房里。仓库保管人员由一个主管和四个保管员组成。所有人员都受过良好训练，能够胜任工作，且其权限受到充分的限制，只有接到生产主管之一的书面或口头批准，才能将存货从仓库运出。

没有永续盘存记录，因此，仓库保管员对验收和发出货物不进行记录。为了弥补永续盘存记录的缺少，由受到良好指导的仓库保管人员每月进行实地存货盘点，盘点时执行恰当的程序。

实地盘点后，仓库主管将盘点与已制定的再订货水平相比较，如果某部分存货盘点数低于再订货水平，主管将该存货号码填在原材料请购清单上，交给应付账款的会计员。应付账款会计员按预定的再订货水平准备一份采购订单，并将订单邮寄给上次采购的供应商。

预定的材料到达爱能公司时由仓库保管员验收，保管员查点商品，并与运货人的提单核对，所有卖方提单都签字，记日期，并制成文档存放在仓库作为验收报告。

（二）实训要求

描述上述资料中的内部控制缺陷，提出建议，并完善爱能公司采购、验收、存储和发放原材料的程序，其具体分析见表7-22。

表7-22　**爱能公司内部控制缺陷及建议表**

环节	内部控制缺陷	建议
采购	采购时未考虑供应商、供应价格等问题，容易导致采购价格偏高的情况	应指定专人负责存货采购。采购时应考虑供应商、供应价格和付款条件等
验收	验收时未填制验收报告，而仅仅使用卖方提单作为验收报告，这样，如果丢失或故意隐藏提单，公司也无法发现	验收时应编制验收报告，验收报告应事先编号，验收报告上应标明货物的品种、规格、等级等资料
存储	未使用永续盘存记录，平时又不登记货物的入库和出库，这样，如果存货有遗失、盗窃等情况，根本发现不了	使用永续盘存记录，平时登记存货的收入和发出
发放原材料	接到生产主管之一的口头批准就可以将存货从仓库运出，容易出现存货短缺	不可以凭口头批准，运出存货需要使用正式的文件，如领料单等

（三）实训组织方法及步骤

将上课班级学生划分几组，每组3~5人，组成模拟审计小组。

1.各组选出组长，担任该审计项目经理，然后由其分配审计任务，赋权组员分别为该审计中的审计助理。

2.按照组长的赋权分别完成上述审计工作底稿的编制。

（四）实训考核方法

采取百分制的方式评定成绩，具体分值分配标准为：

1.实验态度是否认真，比重20%；

2.实验操作是否完成，结果是否正确，比重40%；

3.实验报告是否严谨，比重30%；

4.实验过程出勤情况，比重10%。

四、案例专栏

案例一　祥泰公司存货监盘案例分析

（一）公司简介

祥泰股份有限公司（以下简称祥泰公司）是一家以农副食品加工为主，兼营化工行业的上市公司。它的前身是祥泰饲料有限公司，是由祥泰饲料有限公司整体变更并以发起方式成立的股份有限公司，注册地在辽宁省沈阳市。2017年3月，经中国证券监督管理委员会核准，祥泰公司公开发行A股。

祥泰公司经营范围广泛，规模庞大，原所属行业为农副食品加工业，2021年5月31日收购大华股份有限公司后，增加了化工行业。

在农副食品加工方面，祥泰公司的经营业务包括：生产和销售饲料、饲料添加剂、饲料原料以及农副产品等。在化工方面，祥泰公司的经营业务包括：生产、销售和开发聚氯乙烯及其系列产品等。

祥泰公司2021年和2022年度主要财务报表数据见表7-23。

表7-23　**祥泰公司主要财务报表数据**　金额单位：万元

项目	2022年12月31日	2021年12月31日	变动率（%）
资产合计	561 100	515 600	
其中：存货	101 200	53 200	
营业收入	1 037 800	1 030 300	
其中：主营业务收入	1 029 700	1 019 600	
营业成本	981 800	840 300	
净利润	142 600	150 000	

祥泰公司2022年度分行业销售情况见表7–24。

表7–24　　祥泰公司2022年度分行业销售情况　　金额单位：万元

分行业分产品	营业收入	占营业收入比重（%）
饲料	841 300	
化工及能源	119 500	
食品加工及养殖	67 900	
动物药品	900	
其他	100	
合计	1 029 700	

祥泰公司2022年主营业务分地区销售情况见表7–25。

表7–25　　祥泰公司2022年主营业务分地区销售情况　　金额单位：万元

地区	营业收入	地区销售收入占营业收入比重（%）
西南地区	407 400	
中南地区	198 100	
东北地区	387 700	
华北地区	110 600	
海外地区	9 200	0.90
内部抵消	–83 300	
抵消后合计	1029 700	100

（二）祥泰公司存货管理政策

1.存货的分类：原材料、在产品、库存商品、在途物资、周转材料、消耗性生物资产、委托加工物资等。

2.存货取得时按取得时的实际成本入账，领用、发出的存货采用一次加权平均法核算。

3.资产负债表日，存货按照成本与可变现净值孰低计量，存货成本高于其可变现净值的差额计提存货跌价准备，计入当期损益。

4.存货的盘存制度：采用永续盘存制度。

5.周转材料摊销方法：

（1）周转材料在领用时，单位价值500元以上的采用五五摊销法，单位价值500元以下的采用一次摊销法。

（2）包装物在领用时采用一次摊销法。

（三）注册会计师实施的主要审计程序

公正会计师事务所一直承担祥泰公司财务报表审计工作。在2022年度审计工作中，针对祥泰公司分子公司多、分布地区广的特点，选择了30%左右（约15家）分子公司进行现场预审，并于期末对祥泰公司存货监盘工作实施了如下程序：

1.2022年12月31日，对祥泰公司的总部及化工板块子公司的存货10 005万元（占存货总额的9.89%）实施了监盘程序。盘点结束后，注册会计师编写了存货监盘小结，结论为存货账实相符。

2.对于祥泰公司除总部及化工板块子公司外的其他分子公司的期末存货的监盘工作，注册会计师考虑利用祥泰公司内部审计工作以确认存货的存在性。

（四）审计结果

公正会计师事务所认为，祥泰公司存货内部控制有效且得到了有效执行，该公司内部审计执行力较强，认真履行了职责，可以信赖。因此，注册会计师可以信赖并直接利用饲料及食品加工板块分子公司的年终实物资产的盘点结果，不再进行监盘工作。

注册会计师认为，以上程序，包括直接实施的存货监盘程序结果，证明了存货的存在与完整性，鉴于其他方面的财务报表审计不存在问题，故对祥泰公司2022年财务报表出具了标准无保留意见的审计报告。

参考资料：

［1］东奥会计在线. 2022年注册会计师考试名师好题［M］. 北京：北京科学技术出版社，2022.

［2］李晓慧. 审计案例与实训［M］. 2版. 北京：中国人民大学出版社，2017.

根据以上材料回答下列问题：

1.请代注册会计师完成表7-23、表7-24、表7-25。

2.祥泰公司存货认定方面是否存在重大错报风险，可能存在哪些方面的错报风险？

3.在本案例中，注册会计师执行的存货监盘程序是否到位？

4.注册会计师对祥泰公司2022年财务报表出具标准无保留意见的审计报告是否合适？为什么？

二维码展示内容7-10　二维码展示内容7-11　二维码展示内容7-12　二维码展示内容7-13

案例二　采取正确的监盘方法

华兴公司是一家拥有遍布全国37个销售网点的陶瓷制造和销售企业，也是精华会计师事务所的老客户。注册会计师李豪担任华兴公司2022年度财务报表审计的项目经理，他计划从37个销售网点选出4个销售网点进行盘点，于是他提前数月通知华兴公司注册会计师拟要参与盘点的销售网点，当华兴公司盘点工作准备完后，李豪委派张磊等4名助理人员（都是新毕业的大学生）前去参与华兴公司4个销售网点的存货盘点，张磊等助理人员在广州等4个销售网点发现仓库里堆放着装着陶瓷制品的大箱子，箱子的外表贴着“数量：68件；品质：一等品”的标识，他们清点了大箱子的数量，发现清点数量与销售网点报来的在途数量相加，与账面存货数量一致，就形成了存货监盘的工作底稿，交给项目经理李豪，李豪粗略地看了张磊等形成的存货监盘工作底稿，就据此确认华兴公司存放在各个销售网点陶瓷制品892万元。

但事实上，华兴公司由于被所欠往来款项拖累，2022年度现金流量严重不足，影响生产，致使各个销售网点缺乏存货，销售网点的仓库里只有20万元以往年度没有销售出去的等外品及残次品。华兴公司虚构存货872万元的途径极为简单：（1）盘点时把散放在不同处所的存货集中到注册会计师拟要参与盘点的4个销售网点；（2）大箱子里有的是空的，有的装的是等外品及残次品；（3）直接虚报在途存货。

参考资料：

［1］王砚书，董丽英，郑秀杰，等．审计案例［M］．4版．大连：东北财经大学出版社，2022.
［2］李晓慧．审计案例与实训［M］．2版．北京：中国人民大学出版社，2017.

案例分析：

在现实中，被审计单位虚构存货的方法通常有：（1）装存货的容器或箱子是空的，或堆放时中间是空的；（2）装存货的容器或箱子外表贴的是误导性的标识，里面装的是下脚料、呆滞品或低价品；（3）把他人寄销、他人存放、租赁的存货以及已经销售出去但没有提货的商品计入盘点表中；（4）移动存放在不同处所的存货，重复盘点；（5）更改计量单位或在存货计量工具和方法上弄虚作假；（6）滥计在制品的完工程度；（7）虚构在途存货。对于这些作假方式，注册会计师只要合理安排监盘，采用适当的监盘方法，是能够查证出来的。

本案例中，注册会计师监盘方法不当主要表现在：（1）存货监盘范围过小，37个销售网点只选择了4个实施监盘；（2）监盘前预先通知客户，使客户有了造假的时间和准备；（3）对于陶瓷制品这种易碎的存货，没有实施特殊的监盘程序；（4）实地清点时没有开箱验证，清点数量和观察其品质状况；（5）对于客户报来的在途存货，没有追加审验程序予以确认；（6）项目经理没有认真指导和控制助理人员实施监盘等。这些都使监盘程序形同虚设，无法查证出被审计单位虚假的存货。

在审计实务中，注册会计师对于以下具有特殊性质的存货，应当实施特殊的监盘方法予以确认：（1）易腐烂、易变质和易碎的存货；（2）时髦或更新换代快的存货；（3）高新科技或具有高、精、尖性质的存货；（4）在流水作业线上或流动性较强的存货；（5）存放处所特殊的存货；（6）计量方法和计量工具特殊的存货。注册会计师在监盘这些存货时，应该借助对以往存货变动情况的统计分析以及对制造、运输和保管存货的成本和费用分析，通过实地查看存货，必要时借助专家的工作来确认存货的数量和状况。

本案例推荐阅读《中国注册会计师审计准则问题解答第3号——存货监盘》，详见二维码。

二维码展示
内容7-14

案例三　审山审船审老天

1.案例背景

1998年长江特大洪水过后，国家投入巨资建设长江重要堤防隐蔽工程，投资预算达64.94亿元，涉及湖北、湖南、江西、安徽4省，岸线长度近2 000千米，共分28个单项工程、230多个标段。其中，国家投入的这64.94亿元都是专项资金。

所谓专项资金，就是必须专款专用不得挪作他用的资金，一旦挪作他用，就属于违规违法。也就是说，这些下拨的防洪专项资金必须全部用在防洪上。堤防隐蔽工程，主要包括涵闸穿堤建筑物、基础防渗处理、水下抛石固基三个部分。因这些设施大多隐蔽在水面之下或地下，故称之为隐蔽工程。

在大量的资金面前，一些胆大妄为的人利用“隐蔽工程”，把罪恶的手伸向这些“民心工程”。他们无中生有，捏造虚假工程、冒名工程，将套取的工程款装入自己的口袋。

审计人员为审查财务报表的真实性、公允性，以湖北某地一个水下抛石固基工程作为审计项目，通过“审山审船审老天”，最终查明了专项资金的真实去向。

抛石固基工程主要是用石料水下抛固，保护江堤。这是防洪的有效措施之一，但石料抛下水后，抛了多少，是肉眼看不出来的，也很难计量。于是，有人就利用这点，通过买通建设和监理单位，弄虚作假，偷工减料，支付几百万元的“工程”款。

审计人员来到了“工程”现场后，面对滔滔江水以及江堤上洒落的石头，经过考查和分析，采用了“审山审船审老天”的方式，取得了确凿的审计证据揭露这起严重的造假“工程”。

2.审山

审计有很多种方法，其中的现场核查方法是对主要客户和供应商采取现场核察，实地访谈，了解客户和供应商与被审计方的交易和往来是否真实，并采取录像、录音、访谈笔录、现场亲函等方式获取审计证据。

“审山”就是利用了现场核查的审计方法，审计人员根据工程负责人提供的石料来源地，现场到这个石料厂。根据现场调查，这个石料厂不是真正供料的那个石料场，从而说明了工程负责人提供的石料来源地是虚构出来的。

审计的另一个方法是利用专家工作，即利用税务专家、评估专家、行业专家的专业技能去解决难题。评估专家对开采了一个小坑的山头进行测算，预计把这座小山全部开采也凑不出工程所报的那么多方石料，这也就取得了证明工程虚假的基本审计证据。

3.审船

审计是一种监督机制，是由专职机构和人员对被审计单位的财政、财务收支、经营管理活动及其相关资料的真实性、正确性、合法性、效益性进行审查和监督。

在审计过程中，审计人员要对被审计单位经济活动的合法性、合规性或有效性及经济现象的真实性、公允性进行审计，收集充分、有力的审计证据。此外，审计人员要客观地收集和评估证据、得出审计结论、报告审计结果，由此达到审计目标，使审计工作令审计意见的利害关系人信服。

当时长江堤防建设工程所需的石料数量是十分大的。据工程负责人提供的资料，审计人员发现，石料“供应地”与工程现场相距十几千米，要想把石料运输到工程现场去，只能通过货船。

审计人员通过对当地所有货船的统计，发现它们的总体运输能力无法担负起运输该工程所需的石料数量。况且一项工程也不可能调动当地所有的货船。这一切的一切，都说明该工程记录的所需石料是虚假伪造的，这为审计提供了有力的证据。

4.审老天

在江水中投石料对天气有要求，一般是在晴好的天气中投石料，雨天投石料会直接被江水冲走。为了进一步证实该工程是“虚假工程”，审计人员从气象台调出“工程”期间的天气资料，比照“工程”负责人提供的作业日记、每天抛出的石料记录，查出在多个不具备工程作业条件的暴雨天气里，“工程”日记里却有“抛石料多少多少方”的记录，这显然是虚假记录。

哪来的这么多石料？哪来的这么多货船？为什么在暴雨天气作业？通过“审山审船审老天”取得的审计证据，有力地证明了这是一个虚假工程。

该虚假工程的查办，使30多个人为此受到法律的制裁。

这就是真实的审计，它的审计方法可以与福尔摩斯的侦探技巧相媲美，但其中的艰辛及其遭受的干扰，却是福尔摩斯没有感受到甚至是没有想到的。

这就是深受国家重视与人民爱戴的审计，因为它代表准则与公正，维护国家与公众的利益；它表达良知，区分功过是非，维护社会秩序；它在我们的这个经济社会中起着“教之诲之，慎微防萌，以断其邪”的重要作用。

二维码展示内容7-15

参考资料：葛长银. 领导者审计学［M］. 北京：机械工业出版社，2005.

案例分析：通过阅读这个案例，你有哪些启示，你如何看待审计工作？

模块八　筹资与投资循环审计

一、实训目的

了解筹资与投资循环的主要凭证、账户、主要业务活动和内部控制，掌握筹资与投资循环关键内部控制测试程序，掌握筹资与投资业务的实质性程序。

通过本模块实训，鼓励学生将审计取证思维用于生活学习中，培养学生善于思考、善于分析的能力，开拓学生视野；让学生明白职业道德和价值观的缺失给行业、国家和社会带来的严重后果，引导学生认真践行社会主义核心价值观，树立正确的三观。

二、理论知识点

筹资与投资循环由筹资活动和投资活动的经济业务所构成。筹资与投资循环的业务主要具有以下特点：第一，审计年度内发生的业务较少，尤其是举借长期债务、所有者权益和长期投资等业务发生的次数很少；第二，每笔业务的金额通常都较大，漏记或不恰当地进行会计处理，将会导致重大错误，从而对财务报表的公允反映产生较大的影响；第三，业务的发生必须遵守国家法律、法规和相关契约的规定。由于这些特点，对筹资与投资循环业务的审计应得到足够重视，甚至对某些发生次数较少的业务，如所有者权益业务采用详查的方式。

筹资与投资循环中所涉及的资产负债表项目主要有：交易性金融资产、债权投资、其他债权投资、金融资产减值准备、其他应收款、长期股权投资、无形资产、无形资产减值准备、递延所得税资产、短期借款、长期借款、其他应付款、预计负债、应付债券、长期应付款、专项应付款、实收资本（股本）、资本公积、盈余公积、未分配利润等。筹资与投资循环中所涉及的利润表项目主要有：管理费用、财务费用、投资收益、营业外支出、所得税费用、以前年度损益调整等。

（一）筹资与投资所涉及的主要业务活动和内部控制

1.筹资的主要业务活动和内部控制

筹资活动是指企业为满足生存和发展的需要而筹集资金的活动。筹资活动主要由借款业务和所有者权益业务组成，其主要的业务活动和内部控制如下：

（1）审批授权。企业通过借款筹集资金需经管理机构的审批，其中债券的发行每次均要由董事会授权。申请发行债券时，应履行审批手续，向有关部门递交相关文件。企业发行股票必须依据国家有关法律、法规或企业章程的规定，报经企业最高权力机构及国家有关管理部门批准。只有经过批准才能决定增加资本或发行股票、将资本公积或盈余公积转增资本、发放股票股利或进行股票分割。

（2）签订合同或协议。与银行或其他金融机构融资需签订借款合同，发行债券需签订债券契约和债券承销合同（或包销合同），上述合同或协议应由专人负责保管。

（3）保管未发行的债券。对拟发行的债券必须预先编号，由专人保管或委托外部独立机构代为保管。同时，应设立债券库存登记簿，详细记录未发行债券的动用情况。已收回的到期债券必须及时戳废注销，以防不合法使用。独立检查人员必须定期审计库存债券的数量与保管情况。

（4）取得资金。企业实际取得银行或金融机构借入的款项或债券、股票的融入资金应及时如数存入其开户银行。为保证投入资本的真实性，投入资本必须经注册会计师验资并出具验资报告。

（5）计算利息或股利。企业应按有关合同或协议的规定，及时计算利息或股利。

（6）偿还本息或发放股利。对于银行借款或应付债券，应按有关合同、协议或债券契约的规定支付利息，到期偿还本金。债券利息通常由企业委托外部独立机构代理发放，以便加强控制。对债券本金的偿还和购回业务也要有董事会的正式授权批准。股利发放业务可由企业自己办理，也可委托证券交易所和金融机构代理发放。若采用后一种形式，则可将股利支付和会计记录职责相分离，构成一项有效的控制措施。若企业自己办理股利发放，则必须将股利的发放与记录交由不同职员办理，且由独立人员检查核对，以防止差错或舞弊的产生。

（7）账簿体系和记录制度。企业对筹资业务活动必须建立严密完善的账簿体系和记录体制，并定期检查。对于借款交易，应保持完整的会计记录，分户登记各种借款项目。对于债券业务，企业应按债券种类设置明细账，同时设立债券登记簿，由专人负责详细记载如下内容：债券持有人的姓名及住所；债券持有人取得债券的日期及债券的编号；债券的总额、票面额、利率、还本付息的期限和方式；债券的发行日期等。独立人员应定期核对债券登记簿与明细账和总账的正确性和完整性。若这些记录由外部机构保存，则需定期同外部机构核对。此外，记录应付债券业务的会计人员不得参与债券发行。

如果企业自己发行股票，则所有股票必须事先统一编号，发行时必须按编号顺序签发，并由专人负责填写股票存根。当流通在外的股票转让过户时，应收回旧股票，注销后才能签发新股票。未发行股票及已收回注销的股票需要指定专人保管，定期检查。企业还应设置股票登记簿，专门记载股东的姓名或名称及住所、各股东所持股份数及编号、取得股份的日期以及股份变动情况，这有助于正确办理股份过户和股利计算与支付。有关部门负责人应定期检查、核对股票存根、股票登记簿及股本账户，以确保产权关系明确，保护投资者的合法权益。

2.投资的主要业务活动和内部控制

投资活动是指企业为通过分配来增加财富，或为谋求其他利益，而将资产让渡给其他单位来获得另一项资产的活动。投资活动主要由权益性投资和债权性投资组成，其主要的业务活动和内部控制如下：

（1）审批授权。为了确保投资业务的合法性，各项投资活动必须经过授权审批，而且应在业务的授权、执行和会计记录以及投资资产的保管等方面建立严格的职责分工。例如，投资证券业务必须经企业董事会核准及高层负责人员授权签批，由财务经理或者不参与会计记录的指定人员办理证券的买卖业务，会计部门负责投资业务的账务处理，并由专人保管证券。这种明确的分工与相互牵制，有利于避免或减少投资业务中发生错误或舞弊的可能性。

（2）取得证券或其他投资。企业可以通过购买股票或债券进行投资，且所有的购入投资证券必须以企业的名义登记。除无记名证券外，企业在购入股票或债券时，应在购入的当日尽快登记于企业名下，切忌登记于经办人员名下，防止冒名转移并借其他名义谋取私利的舞弊行为发生。企业也可以通过与其他单位联合形成投资，但必须与被投资单位签订投资合同、协议，并获取被投资单位出具的投资证明。

（3）保管投资资产。企业应健全投资资产的保管制度。企业对投资的证券资产一般有两种保管方式：一种是委托独立的专门机构，如银行、证券公司、信托投资公司等进行保管。这些专门机构拥有专门的保存与防护措施，可以防止各种证券和单据的失窃或毁损，并且由于它与投资业务的会计记录工作完全分离，可以大大降低舞弊的可能性。另一种是由企业自行保管，在这种方式下，必须建立严格的联合控制制度，即要由两名以上人员共同控制，不得单独一人接触任何证券。此外，应设立证券登记簿，详细记录各种存入或取出的证券的名称、数量、价值及存取的日期，并由所有在场的经手人员签名。

（4）记录投资业务。企业对各项投资业务的增减变动及投资收益，都要进行完整的记录与账务处理。对每一种股票或债券都要分别设立明细账，并详细记录其名称、面值、证券编号、数量、取得日期、经纪人名称、购入成本、收取的股利收入或利息收入等资料。对于联营投资类的其他投资，也应设置明细账，核算其他投资的投出、投资收益和投资收回等业务，并对投资的形式、接受投资的单位、投资的计价以及投资收益等作出详细的记录。

（5）转让证券或收回其他投资。企业可以通过转让证券实现投资的收回；其他投资一经投出，除联营合同期满，或由于其他特殊原因联营企业解散外，一般不得抽回投资。

（6）定期盘点投资资产。对于企业所拥有的各种证券投资资产，应由内部审计人员或不参与投资业务的其他人员进行定期盘点，检查其所有权与完整性，并将盘点记录与账面记录相互核对是否一致，以及时发现投资证券的短缺或其他舞弊行为。

（二）筹资和投资活动中涉及的主要凭证与会计记录

筹资和投资活动中涉及的主要凭证与会计记录，见表8-1。

表8-1　筹资和投资活动中涉及的主要凭证与会计记录

筹资活动	投资活动
1.债券或股票	1.股票或债券
2.债券契约	2.债券契约
3.股东名册	3.经纪人通知书
4.公司债券存根簿	4.企业的章程及有关协议
5.承销或包销协议	5.投资协议
6.借款合同或协议	6.有关记账凭证
7.有关记账凭证	7.有关会计账户明细账和总账
8.有关会计账户的明细账和总账	

（三）筹资与投资业务内部控制测试程序

1.筹资业务内部控制测试程序

（1）了解筹资业务的内部控制。针对重要的内部控制要点，审计人员可以通过观察和询问有关人员、审阅和检查筹资业务内部控制的文件和记录等方法对筹资业务的内部控制加以了解，并结合企业的实际情况采用调查表、文字表述或流程图等方法及时、适当地记录了解到的筹资业务的内部控制情况。

（2）测试筹资业务的内部控制。审计人员在了解筹资业务的内部控制之后，如果准备信赖有关的内部控制，就要对筹资业务的内部控制的设计是否合理和执行是否有效进行测试。但是，如果企业筹资业务较少，审计人员可根据成本效益原则决定直接进行交易的实质性程序。在进行筹资业务的内部控制测试过程中，应针对不同的内部控制要点采用不同的测试方法。

对于授权审批控制可以直接向管理层询问，并检查相关记录和文件；对于职务分离控制可以采取观察和重新执行的方法；对于收入和支出控制可以结合货币资金业务的内部控制测试进行；对于实物保管控制可以采取检查的方法；对于会计记录控制，因其控制过程都在账簿资料和有关文件中体现，所以应侧重检查交易和事项的凭证、文件和记录，通过交易轨迹判断相关控制是否得到有效执行。

（3）评价筹资业务内部控制。审计人员了解内部控制要点后，测试其执行是否有效，从而最终对筹资业务的内部控制进行分析、评价。在评价环节应考虑相关的内部控制是否存在，是否完善，能否达到控制的目的，哪些环节存在缺陷以及可能带来的影响。做了这样的评价之后，找出被审计单位筹资业务的薄弱环节，以确定其对实质性程序工作的影响，确定下一步的审查重点。

2.投资业务内部控制测试程序

（1）了解投资业务的内部控制。审计人员应通过询问被审计单位有关人员和查阅有关的内部控制文件，了解被审计单位投资业务内部控制的情况，也可以采用问卷形式，了解企业是否存在投资内部控制，弄清其内容。对了解到的情况，应及时记录，并用恰当的方法描述出投资业务的内部控制全貌。一般而言，应了解的内容包括：投资项目是否经董事会批准，投资金额是否及时入账；是否与被投资单位签订投资合同、协议，是否获得被投资单位出具的投资证明；投资的核算方法是否符合有关财务会计制度的规定，相关的投资收益会计处理是否正确，手续是否齐全；有价证券的买卖是否经恰当授权，是否妥善保管并定期盘点核对。

（2）测试投资业务的内部控制。对投资业务的内部控制测试，应结合各内部控制要点采取不同的方法。对于投资计划的审批授权控制，主要通过审阅有关计划资料或文件，或直接向管理层询问来进行审查；对于职务分离控制，可以采取实地观察、重新执行的方法；对于投资资产的安全保护控制，可以采取检查有形资产及查阅相关记录和文件的方法；对于会计记录控制，可以采取重新执行相关内部控制程序的方法，也可以简易抽查投资业务的会计记录。

（3）评价投资业务的内部控制。审计人员在完成上述各步骤后，取得了有关内部控制是否健全、有效的证据，并在审计工作底稿中标明了内部控制的薄弱点，即可对内部控制进行评价，确认对投资业务内部控制的信赖程度，进而确定实质性程序和重点。

（四）借款审计

1.借款的审计目标

借款的审计目标主要包括以下内容：

（1）确定被审计单位在特定期间内发生的借款业务是否均已记录完毕，有无遗漏；

（2）确认被审计单位所记录的借款在特定期间是否存在，是否为被审计单位所承担；

（3）确认被审计单位各项借款业务的发生是否符合有关法律的规定，被审计单位是否遵守了有关债务契约的规定；

（4）确认被审计单位借款相关账户余额是否在资产负债表上恰当地披露。

2.短期借款的实质性程序

短期借款是指企业向银行或其他金融机构借入的偿还期限在1年以内（含1年）的各种借款。一般而言，短期借款的实质性程序主要包括：

（1）索取或编制短期借款明细表。审计人员应首先取得或编制短期借款明细表，复核其加计数是否正确，并与明细账和总账核对是否相符。

（2）审查短期借款的合理性。审核短期借款的法律文件及各原始凭证的内容，审计人员应依据借款合同、协议，结合市场行情分析审查借款的必要性、合理性，提出改善建议。

（3）函证短期借款的实有数。审计人员应在期末短期借款余额较大或认为必要时向银行或其他债权人函证短期借款。

（4）检查短期借款的增加。对年度内增加的短期借款，审计人员应检查借款合同和授权批准，了解借款数额、借款条件、借款日期、还款期限、借款利率，并与相关会计记录相核对。

（5）审查短期借款的减少。对年度内减少的短期借款，审计人员应检查相关记录和原始凭证，核实还款数额。

（6）检查短期借款的偿还情况。验证短期借款账户借方发生额同有关支票存根是否相符，相关的会计记录是否正确；计算企业的流动比率和速动比率，验证短期借款偿还的物质保证程度，是否有尚未偿还的已到期短期借款，如有，应查明企业的短期偿债能力。

（7）复核借款利息费用。审计人员应根据各项借款的日期、利率、还款期限，复核被审计单位短期借款的利息计算是否正确，有无多算或少算利息的情况，如存在上述情况应作出记录，必要时进行调整。

（8）检查外币借款的折算。审计人员应审查外币短期借款的增减变动是否按业务发生时的市场汇率或期初市场汇率折算为记账本位币；期末是否按市场汇率将外币短期借款余额折算为记账本位币；折算方法是否前后期一致；折算差额是否按规定进行会计处理。

（9）审查短期借款在资产负债表上的反映是否恰当。短期借款通常在资产负债表的流动负债下单独列示，对于因抵押而取得的短期借款，应在财务报表附注中揭示。

3.长期借款的实质性程序

长期借款是指企业向银行或其他金融机构借入的、偿还期限为1年（不含1年）以上的借款。在股票、债券等金融市场发育不完善的情况下，长期借款是我国多数企业为扩大生产经营规模筹集所需资金的一个最重要的手段。长期借款的实质性程序主要包括：

（1）索取或编制一份长期借款明细表。审计人员应索取或编制一份长期借款明细表，复核其加计数是否正确，并与明细账和总账核对是否相符。

（2）审查长期借款的合法性、合理性。仔细查核长期借款有关原始凭证记录，以判断长期借款的筹措是否有必要，筹资规模、筹资结构是否合理，手续是否齐全，是否具备借款的基本条件，有无还款的物质保证；长期借款的使用是否合法、合规，有无效益；长期借款是否按期偿还，对于没有归还的借款，要查明原因，督促企业还款，以维护企业资信。

（3）向银行或其他债权人函证重大的长期借款。长期借款的函证可结合银行存款余额的函证进行。

（4）检查借款的期限。检查1年内到期的长期借款是否已转列为流动负债，年末有无到期未偿还的借款，逾期借款是否办理了展期手续，分析计算逾期贷款的金额、比率和期限，判断被审计单位的资信程度和偿债能力。

（5）审查借款的利息支出。计算短期借款、长期借款在各个月份的平均余额，选取适用的利率匡算利息支出总额，并与财务费用的相关记录核对，判断被审计单位是否高估或低估利息支出，必要时进行适当调整。

（6）审查抵押长期借款。企业的长期借款如是抵押长期借款，应审查该抵押的资产所有权是否归属企业，其价值和现实状况是否与抵押契约中的规定一致；如果企业的长期借款以某项资产或收入作担保，应审查该充作担保的财产是否归属企业，其价值是否属实，作担保的收入来源是否可靠等；如果对企业或其他机构进行担保，应审查其担保来源条件是否具备等。

（7）审查长期借款费用的会计处理是否正确。审查借款费用的确认是否符合规定；审查每一会计期间的利息资本化金额的计算是否正确；审查借款折价或溢价的会计处理是否正确；审查资本化的暂停和停止是否符合规定条件；审查借款费用的披露是否恰当。

（8）审查外币长期借款。审查外币长期借款的增减变动是否按业务发生时的市场汇率或期初市场汇率折算为记账本位币；期末是否按市场汇率将外币长期借款余额折算为记账本位币；审查其记账汇率、账面汇率计算方法是否合规，前后期是否一致，汇兑损益的计算是否正确；为购建固定资产而发生的外币长期借款汇兑损益是否正确地在购建固定资产价值和当期损益间分配等。

（9）验证长期借款在资产负债表上的列示是否恰当。审计人员应根据审计结果，确定被审计单位长期借款在资产负债表上的列示是否充分，并注意长期借款的抵押和担保是否已在财务报表附注中作了充分的说明。

4.应付债券的实质性程序

应付债券业务通常不多，但每笔业务的金额都很大，因此审计人员对应付债券进行审计时，一般应以实质性程序为主。应付债券的实质性程序一般包括如下工作：

（1）取得或编制应付债券明细表。审计人员应首先取得或编制应付债券明细表，并同有关的明细分类账和总分类账核对是否相符。应付债券明细表通常包括债券名称、承销机构、发行日、到期日、债券总额（面值）、实收金额、折价和溢价及其摊销、应付利息、担保情况等内容。

（2）检查债券交易的文件和原始凭证。

（3）函证“应付债券”账户期末余额。函证内容包括应付债券的名称、发行日、到期日、利率、已付利息期间、年内偿还的债券、资产负债表日尚未偿还的债券及其他重要事项。对于函证结果与账面记录有差异的，应进一步调查其原因。

（4）检查应计利息、债券折（溢）价摊销及其会计处理是否正确。审计人员可以通过编制债券利息、溢价、折价的账户分析表来执行该项程序。该表可让企业代为编制，审计人员加以检查。

（5）检查到期债券的偿还。

（6）检查应付债券是否已在资产负债表上充分披露。

5.财务费用的实质性程序

（1）获取或编制财务费用明细表，重新计算加计数是否正确，与报表数、总账数及明细账合计数核对是否相符。

（2）执行分析程序。

（3）检查重要的财务费用项目的明细账。

（4）检查从其他企业或非银行金融机构取得的利息收入是否按规定计缴税费。

（5）检查财务费用的披露是否恰当。

（五）所有者权益审计

1.所有者权益的审计目标

（1）评价企业有关股本交易和利润分配的内部控制的适当性和真实性，并为被审计单位改善内部控制提供意见。

（2）确认是否将被审计期间发生的所有关于所有者权益的经济业务都记录入账，并已在会计账簿上正确、公允地加以反映。

（3）查明被审计期间发生的所有者权益项目的增减变动是否均经过核准，是否符合有关法律、法规的规定。

（4）确认所有者权益在财务报表上是否得以恰当地反映。

2.股本的实质性程序

（1）审阅公司章程、实施细则和股东大会、董事会记录。审计人员应重点审计股票发行或股本变动的有关资料，如公司章程中所载明的资本额、发行股份总数、每股面值、股利率等，以确定股本交易业务是否符合法律规定，是否与账簿记录核对相符，进而判断股本在资产负债表上是否已作了适当反映。

（2）检查股东是否按照公司章程、合同、协议规定的出资方式、出资比例、出资期限出资。审计人员审计时，应当了解公司章程、合同、协议中的出资方式、出资比例，确定其内容的合法性。然后具体分析企业实际募股时，是否存在与公司章程、合同、协议有差异的情况，了解形成差异的原因，将有关问题与公司有关人员协商，对审计过程及有关问题的处理，以适当的方式记录于审计工作底稿中。

（3）索取或编制股本账户分析表。审计人员应取得或自己编制股本账户分析表，以分析各种股本账户。该股本账户分析表应包括日期、金额、股数等内容，并应预留余地以供下次查核时增添之用。

（4）审查股票的变动。审计人员应通过审查与股票发行、收回有关的原始凭证和会计记录，验证股本变动的真实性、合法性。应审查的原始凭证包括已发行股票的登记簿，向外界收回的股票、募股清单，银行对账单等。会计记录主要包括银行存款日记账与总账、股本明细账与总账等。

（5）函证发行在外的股票。审计人员应采用向证券交易所和金融机构函证及审阅的方法来验证发行股票的数量，并与股本账面数额进行核对，确定是否相符。抽查相关股票登记簿和股东名单记录的真实性和有效性，核对发行的股票存根，看其数额是否与股本账户的数额相符。

（6）审查股票发行费用的会计处理。审计人员应审查相关的原始凭证和会计记录，以确定被审计单位对股票发行费用的会计处理的正确性。

（7）确定股本是否已在资产负债表上恰当披露。

3.实收资本的实质性程序

（1）索取被审计单位合同、章程、营业执照及有关董事会会议记录。

（2）索取或编制实收资本明细表。审计人员应向被审计单位索取或自行编制实收资本明细表，作为永久性档案，以供本年度和以后年度审查实收资本时使用。实收资本明细账应当包括实收资本变动的详细记载及有关分析评价。编制时需将每次变动情况逐一记载并与有关原始凭证和会计记录进行核对。

（3）审查出资期限、出资方式和出资额。审计人员应检查投资者是否已按合同、协议、章程约定时间缴付出资额，其出资额是否经审计人员验证，已验资者，应查阅验资报告。

（4）审查投入资本的真实性。审计人员应通过对原始凭证、会计记录的审阅和核对，向投资者函证实缴资本额，对有关财产和实物的价值进行鉴定，确定投入资本的真实存在。

（5）审查实收资本的增减变动。

（6）审查外币出资时实收资本的核算。由于有关资产账户与实收资本账户所采用的折算汇率不同而产生的记账本位币差额，作为资本公积处理。审计人员应审查企业所采用的汇率以及会计处理的正确性。

（7）确定实收资本是否已在资产负债表上恰当披露。

4.资本公积的实质性程序

（1）检查资本公积形成的合法性。获取或编制资本公积明细表；复核公司章程、授权凭证和相关法规；审查资本公积各项目的会计处理。

（2）审查资本公积运用的合法性。审查资本公积有无挪作他用；对于资本公积转增资本，审计人员应审查转增资本是否经董事会决定并报经市场监督管理机关批准，依法办理增资手续；获得批准后，资本公积运用的账务处理是否及时、准确。

（3）确定资本公积是否已在资产负债表上恰当反映。

5.盈余公积的实质性程序

（1）获取或编制盈余公积明细表。审计人员应首先获取或编制盈余公积明细表，分别列示法定盈余公积、任意盈余公积，并与明细账和总账的余额核对是否相符。在此基础上，对盈余公积各明细项目的发生额，逐项检查其原始凭证。

（2）检查盈余公积的提取是否符合规定。对于盈余公积的提取，审计人员主要应检查盈余公积的提取是否符合规定并经过批准，提取手续是否完备，提取项目是否完整，提取比例是否合法，有无多提或少提。

（3）检查盈余公积的使用。对于盈余公积的使用，审计人员应主要检查盈余公积的使用是否符合规定用途并经过批准。

（4）检查盈余公积是否在资产负债表上恰当披露，各项变动是否已在附注中说明。

6.未分配利润的实质性程序

（1）审查未分配利润的真实性。审查期初未分配利润账户余额是否与上期资产负债表上所列数额一致，如果是未弥补亏损，审计人员应查明是税前补亏，还是税后补亏，应纳企业所得税的调整数是否正确。将利润分配的总账与明细账核对，审查本年度未分配利润结转的真实性。

（2）审查未分配利润的合法性。审查利润分配方案、分配方式，查明分配决定有无董事会提出方案和股东会议的决议记录。利润分配方案与法律及公司章程规定有无相抵触之处。

（3）查明年终结账日后发生的损益调整项目的账务处理是否合法、准确。由于年终结账日后发生的损益调整项目直接调整有关资产、负债项目和“利润分配——未分配利润”账户，审计人员应着重审查利润分配的增加额，防止企业虚增未分配利润。

（4）审查未分配利润年终余额在资产负债表上的表述是否适当。

（六）投资审计

1.投资的审计目标

（1）确定投资是否存在；

（2）确定投资是否归被审计单位所有；

（3）确定投资的增减变动及收益（或损失）的记录是否完整；

（4）确定投资的计价方法（成本法或权益法）是否正确；

（5）确定投资的期末余额是否正确；

（6）确定投资在财务报表上的披露是否恰当。

2.投资审计的实质性程序

（1）获取或编制投资明细表。投资明细表应详细列示被审计单位全部投资项目的有关情况，审计人员据此可了解企业投资的全貌。其主要内容包括投资种类及说明、年初余额、本年增加或减少数、年末余额、投资收益等。对于长期股权投资，还必须列示该投资占接受投资企业股本（实收资本）的份额（或比例）以及会计核算方法的选择（成本法或权益法）。投资明细表可以由审计人员根据被审计单位的会计资料自行编制，也可以由被审计单位会计部门提供，经审计人员审阅后使用。对于投资明细表，审计人员应复核加计数是否正确，并与相关明细账和总账的余额核对是否相符。

（2）执行分析程序。分析程序主要包括以下几方面内容：①计算交易性金融资产、债权投资、其他权益工具投资中高风险投资所占的比例，分析投资的安全性，要求被审计单位估计潜在的投资损失。②计算投资收益占利润总额的比例，分析被审计单位在多大程度上信赖投资收益，判断被审计单位盈利能力的稳定性。③对比各投资账户及其收益的本年度余额与上年度余额以及本年投资交易预算数，并且分别比较各投资项目的收益报酬占各该投资账户余额比重在本年度与上年度的变化，分析是否存在异常变动及潜在的错误或舞弊。

（3）实地盘点投资资产并检查其账实是否相符。对于自行保管的投资证券，应进行实地盘点，盘点时要有企业有关管理人员在场，盘点结果要填制盘点清单。对于委托专门机构代管的股票和债券，审计人员应审阅委托保管的证明文件，并向保管机构函证。对于直接投资于其他企业的货币资金、有形资产、无形资产等，也应审阅相关的投资协议和文件，并向被投资企业进行询证。对于固定资产、无形资产、流动资产的对外投资，还应结合企业的“固定资产”、“无形资产”和流动资产有关账户一起进行检查。审计人员应根据盘点或函证结果，与明细表及相关账户进行核对，判断其账实是否相符。

（4）检查交易性金融资产。检查交易性金融资产的初始计量及确认是否正确；检查交易性金融资产的期末计量是否正确；检查交易性金融资产的处置是否正确。

（5）检查债权投资。检查债权投资的初始计量及确认是否正确；检查债权投资减值准备的计量是否正确；检查债权投资的重分类是否正确。

（6）检查其他权益工具投资。检查其他权益工具投资的初始计量及确认是否正确；检查其他权益工具投资的期末计量是否正确；检查其他权益工具投资的处置是否正确。

（7）检查长期股权投资。检查长期股权投资的初始计量及确认是否正确；检查长期股权投资核算方法的选用是否恰当；审查长期股权投资的核算方法；审查长期股权投资的投资收益。

（8）审查投资业务的合规性。首先，检查投资证券的合法性；其次，审计人员应检查投资证券的购入和售出是否经过管理层的授权和批准；最后，核对投资支出和收回的金额是否正确无误。

（9）检查本期发生的重大股权变动。对于当期（尤其是会计年度结束前）发生的重大股权转让，应当审阅股权转让合同、协议、董事会和股东大会决议，分析其是否存在不等价交换，判断被审计单位是否通过不等价股权转让调节利润。

（10）确定对外投资在资产负债表上是否恰当披露。

三、实训内容

实训一　筹资与投资循环内部控制测试

（一）实训所需条件

本实训所需资料如下：

注册会计师A和B在对华兴公司筹资与投资循环初步了解测试时，注意到华兴公司针对筹资与投资循环设计了如下控制活动：

1.筹资活动

（1）公司建立了筹资预算管理制度。每年年初，预算经理编制年度筹资预算，经财务经理复核并签署意见，上报公司总经理和董事会审批，财务部在批准的预算限额内开展筹资活动。

预计流动资金可能不足时，信贷管理员将填写借款申请表。其中，金额在50万元人民币（含）以下的借款申请应经财务经理和总经理审批；金额超过50万元人民币的借款申请由董事会审批。董事会授权总经理签订借款合同。

财务经理依据审批后的借款申请表，与银行洽谈综合授信协议或借款合同的主要条款，报总经理审核并签订协议或合同。

如签订综合授信协议，信贷管理员根据月度用款计划，在综合授信额度内，申请使用款项，填写综合授信使用申请，由财务经理审批后办理借款手续。

（2）信贷记账员编制记账凭证，后附综合授信使用申请表或借款合同，银行回单等单证交会计主管复核，复核无误后登记短期借款明细账。

（3）信贷管理员根据综合授信协议或借款合同，逐笔登记借款备查账。

每月月末，信贷管理员与信贷记账员核对借款备查账与借款明细账，编制核对表报会计主管复核。如有任何差异，应立即调查。

若出现需要进行调整的情况，会计主管将编写调整建议，连同有关支持文件一并提交财务经理复核，审批后进行账务处理。

（4）信贷管理员按月汇总编制信贷情况表，内容包括授信额度总额、已使用额度、累计贷款金额、本月新增贷款总额以及预计下月到期贷款总额等，交财务经理审核后，上报总经理和董事会。

（5）每季度末，信贷记账员根据银行借款利息回单编制付款凭证，并附相关单证，提交会计主管审批。

在完成对付款凭证及相关单证的复核后，会计主管在付款凭证上签字，作为复核证据，并在所有单证上加盖“核销”印戳。

如未能及时取得银行借款利息回单，由信贷管理员根据借款利率估算应付利息，经会计主管复核后，信贷记账员进行账务处理。同时，该金额还将与当月编制的银行存款余额调节表中体现的银行已划转的利息金额相核对。

2.投资活动

（1）每年年末，投资管理经理制定下一年度投资预算，经预算管理部门审批后，报总经理和董事会审批。

投资管理员根据经批准的投资预算，就拟投资项目进行可行性研究，组织专家论证，编写可行性研究报告。经投资管理经理、财务经理复核后，交总经理或董事会批准后执行。其中，金额在100万元人民币以下的投资项目由总经理审批；金额超过100万元人民币的投资项目由董事会审批。

投资管理经理编写投资计划书并草拟投资合同，与被投资单位进行讨论。投资合同的重要条款应经律师、财务经理和总经理复核，由董事会授权总经理签署。

依据投资合同及投资计划书，投资管理员填写长期投资付款申请单，由投资管理经理签字后交总经理审批。

（2）每月月末，财务经理编制资金状况表，报总经理审核。总经理根据资金盈余情况及短期内资金计划安排，确定投资规模及是否进行短期投资，并报董事会批准。

投资管理员根据确定的投资规模，编制短期投资付款申请单，报投资管理经理审批。

（3）投资记账员根据经批准的短期投资付款申请单，编制付款凭证，并附相关单证，提交会计主管审批。

在完成对付款凭证及相关单证的复核后，会计主管在付款凭证上签字，作为复核证据，并在所有单证上加盖“核销”印戳。

（4）投资管理员根据交易流水单，对每笔投资交易记录进行核对、存档，并在交易结束后一个工作日内将交易凭证交投资记账员。

（5）投资记账员编制转账凭证，并附相关单证，提交会计主管复核。复核无误后进行账务处理。

每周末，投资管理员与投资记账员就投资类别、资金统计进行核对，并编制核对表，分别由投资管理经理、财务经理复核并签字。如有差异，将立即调查。

每月结束后一周内，投资管理经理编写上月交易性金融资产报告，报总经理和董事会。

（6）期末，投资管理员取得投资项目的公允价值，经投资管理经理审核后，交投资记账员对交易性金融资产进行后续计量。

（7）年度终了后20日内，投资管理员取得联营公司经审计的财务报表等资料。投资记账员复核被投资公司的财务信息，按权益法计算投资收益，经会计主管复核后进行账务处理。

注册会计师进一步实施以下测试程序：

（1）选取借款申请表或综合授信使用申请，检查是否得到适当审批；

（2）选取借款合同，检查是否与财务记录一致；

（3）选取信贷情况表，检查是否得到适当复核；

（4）选取银行借款利息回单，检查是否已准确、及时记录；

（5）选取借款备查账记录，检查是否与财务记录一致；

（6）选取短期投资付款申请单，检查是否得到适当复核；

（7）选取交易性金融资产核对表，检查是否得到适当复核；

（8）选取记账凭证，检查与账务记录是否一致；

（9）选取记账凭证，检查与支持性文件是否一致；

（10）选取交易性金融资产报告，检查是否得到适当复核；

（11）选取交易流水单，与记账记录核对，检查是否准确记录于适当期间。

以上测试获取的证据均支持：控制活动对实现控制目标有效；控制活动得到执行；控制活动有效执行。

（二）实训要求

1.熟悉筹资与投资循环中的关键控制目标及其控制活动。

2.熟悉筹资与投资循环控制测试程序。

3.编制华兴公司筹资与投资循环控制测试的工作底稿，相关表格格式见表8-2、表8-3和表8-4。

表8-2　　筹资与投资循环内部控制问卷

调查人员：　　　　日期：

复核人员：　　　　日期：

调查项目	是	否	不适用	备注
1. 2. 3. 4. 5.				
6. 7. 8. 9. 10.				
11. 12. 13. 14. 15.				
16. 17. 18. 19. 20.				

结论：1.经过内部控制问卷和简易测试后，认为筹资与投资循环的内部控制可信赖程度为：

高（　）　　　　中（　）　　　　低（　）

2.该循环是否需进一步作控制测试：

是（　）　　　　否（　）

表8-3　**筹资与投资循环控制测试程序表**

被审计单位：__________ 项目：__________ 编制：__________ 日期：__________	索引号：__________ 财务报表截止日/期间：__________ 复核：__________ 日期：__________

测试重点	常规测试程序	索引号
按常规 程序测试	1. 2. 3. 4.	
	5. 6. 7. 8.	
	9. 10.	

表8-4　**筹资与投资循环控制测试工作底稿**

被审计单位：__________ 项目：__________ 编制：__________ 日期：__________	索引号：__________ 财务报表截止日/期间：__________ 复核：__________ 日期：__________

程序号	查验过程记录	索引号
1	检查筹资活动是否建立并严格执行内部控制： （1） （2） （3） （4）	
2	投资活动内部控制设计及执行情况测试： （1） （2） （3） （4）	
测试结论：		

（三）实训组织方法及步骤

根据实训具体情况，将学生分组，每组以2~4人为宜，组成实训小组。

1.引导学生思考在审计中所学习的关于筹资与投资循环的相关理论知识及所涉及的主要原始凭证和资料。

2.运用学习过的审计方法，结合本循环的内部控制调查问卷对筹资与投资循环的内部控制制度进行内部控制测试。

3.编制华兴公司筹资与投资循环控制测试的工作底稿。

4.针对实训过程中控制测试发现的事项，提出改进建议。

5.撰写实训报告。

（四）实训考核方法

根据学生完成的质量和工作量给予评分，考核标准为：优：能够熟练操作，不需指导；良：能够较熟练操作，个别操作需指导；中：能够较熟练操作，少数操作需指导；及格：能够操作，较多操作需指导。

实训二　应付债券审计

（一）实训所需条件

本实训所需资料如下：

2023年1月15日，求真会计师事务所接受委托，对顺达集团股份有限公司（以下简称顺达公司）进行年度审计。顺达公司采用的是计算机软件记账，筹集资金的主要方式是对外发行债券。注册会计师审计了顺达公司的应付债券项目，发现的情况摘录整理如下：

1.实质性程序中应付债券相关数据汇总见表8-5。

表8-5　**应付债券相关数据**　单位：元

项目	账表数				审定数			
	年初余额	本年增加	本年减少	年末余额	年初余额	本年增加	本年减少	年末余额
短期	500 000	400 000	300 000	600 000	500 000	400 000	300 000	600 000
中期	200 000	300 000	250 000	250 000	200 000	300 000	250 000	250 000
长期	250 000	200 000	150 000	300 000	250 000	150 000	150 000	250 000
合计	950 000	900 000	700 000	1 150 000	950 000	850 000	700 000	1 100 000

说明：出纳人员说长期债券短缺50 000元系当时记账错误所致，待查证。

2.发现存在的问题。

（1）顺达公司提供的有关文件资料显示，短期债券2022年审批的债券发行量为350 000元；查阅企业发行债券所收入货币资金的收据、汇款通知单、送款登记簿及相关的银行对账单和债券存根簿等单据发现，2022年发行中期债券只收到200 000元，其余100 000元去向不明；长期债券短缺的50 000元，是支付发行商的手续费及佣金等费用。

（2）注册会计师审核用来偿还债券的支票存根等原始凭证，发现2022年度支出的款项均没有利息的支出，并且单据不全，相互之间缺乏印证关系。

（3）在资产负债表中，2023年度需偿付的债券款项均未列入一年内到期的流动负债项目予以反映。

（二）实训要求

1.在实施实质性程序的基础上，每位同学请自己根据上述资料编制应付债券审计程序表（见表8-6）。

表8-6 **应付债券审计程序表**

<table>
<tr><td colspan="2">被审计单位：______
项目：______
编制：______
日期：______</td><td colspan="2">索引号：______
财务报表截止日/期间：______
复核：______
日期：______</td></tr>
<tr><td colspan="4">审计目标：
（1）
（2）
（3）</td></tr>
<tr><td colspan="4">项目经理提示：</td></tr>
<tr><td>审计程序</td><td>底稿索引</td><td>执行人</td><td>执行情况</td></tr>
<tr><td>审计程序：
（1）
（2）
（3）
（4）
（5）
（6）
（7）
（8）
（9）
（10）</td><td></td><td></td><td></td></tr>
</table>

2.对照所学知识以及实训讨论的结论，小组成员交换批改，指出编制审计程序表中存在的问题。

3.就编制审计程序表中存在的问题进行讨论，统一认识，提交小组达成共识的审计程序表。

（三）实训组织方法及步骤

根据实训具体情况，将学生分组，每组以2~4人为宜，组成实训小组。

1.引导学生思考在应付债券审计中学习的应付债券的实质性程序。

2.运用实质性程序进行审计，针对应付债券审计中发现的问题具体给出调整建议，并据此编制审计程序表。

3.撰写实训报告。

4.每个实训小组推荐一名学生对小组讨论进行汇报。

（四）实训考核方法

根据学生完成的质量和工作量给予评分，考核标准为：优：能够熟练操作，不需指导；良：能够较熟练操作，个别操作需指导；中：能够较熟练操作，少数操作需指导；及格：能够操作，较多操作需指导。

实训三　投资审计

（一）实训所需条件

本实训所需资料如下：

2023年2月10日，华信会计师事务所的注册会计师孙伟、王华、孙岩峰、赵洋四人接受委派，对渤海集团股份有限公司（以下简称渤海公司）2022年度财务报表进行年度审计。渤海公司设立财务部对公司的财务进行核算和管理，并采用计算机记账。注册会计师孙伟、王华在调查中了解到该公司对外投资以购买股票为主要方式，并且股票由专人负责登记记账，部分投资的股票由众诚证券公司代为保管。其他相关资料整理、摘录如下：

1.交易性金融资产在报表中列示内容及审计人员审定资料见表8-7和表8-8。

表8-7　交易性金融资产在报表及明细账中数额　单位：元

项　目	未审数	审定数
资产负债表所列示数额	6 601 853.29	6 601 853.29
交易性金融资产明细账所列示数额	6 601 853.29	6 601 853.29

表8-8　交易性金融资产明细账

2022年 月	日	凭证册号	有价证券名称	数量	票面值	总成本	收盘价	期末市价	余额
					千百十万千百十元角分	千百十万千百十元角分	千百十万千百十元角分	千百十万千百十元角分	千百十万千百十元角分
12	31	33	福耀玻璃	15 000	150	12361320	820	12300000	
12	31	36	北亚集团	60 000	200	77864967	1275	76500000	
12	31	40	浦东大众	10 000	170	32108350	2540	25400000	
12	31	42	新黄埔	50 000	190	64672627	802	40100000	
12	31	45	宁波中百	315 700	210	316006821	1030	325171000	
12	31	50	飞乐股份	100 000	340	154118744			
12	31	52	北京天桥	8 250	150	3052500	578	4768500	

2.交易性金融资产抽查记录如以下两张记账凭证所示（见表8-9和表8-10）。

表8-9

记 账 凭 证

2022年12月31日

记字第2号

摘要	会计科目		记账	借方金额											记账	贷方金额										
	总账科目	明细科目	√	亿	千	百	十	万	千	百	十	元	角	分	√	亿	千	百	十	万	千	百	十	元	角	分
购入飞乐股份1 500股	交易性金融资产	飞乐股份						1	8	0	0	0	0	0												
购入浦东大众10 000股	交易性金融资产	浦东大众					3	2	1	0	8	3	5	0												
购入股票	银行存款																		3	3	9	0	8	3	5	0
合计						¥	3	3	9	0	8	3	5	0				¥	3	3	9	0	8	3	5	0

附单据2张

会计主管：钱庄　　记账：赵丽　　出纳：张平　　审核：孙佳　　制单：陈红

表8-10

记 账 凭 证

2022年12月31日

记字第3号

摘要	会计科目		记账	借方金额											记账	贷方金额										
	总账科目	明细科目	√	亿	千	百	十	万	千	百	十	元	角	分	√	亿	千	百	十	万	千	百	十	元	角	分
出售新黄埔	银行存款	新黄埔					3	2	1	0	8	3	5	0												
结转亏损	投资收益	新黄浦							6	8	0	0	0	0												
出售新黄埔	交易性金融资产	新黄埔																	3	2	7	8	8	3	5	0
合计						¥	3	2	7	8	8	3	5	0				¥	3	2	7	8	8	3	5	0

附单据2张

会计主管：钱庄　　记账：赵丽　　出纳：张平　　审核：孙佳　　制单：陈红

3.企业具体业务处理过程说明。在交易性金融资产的会计处理过程中，按照购入股票或债券的取得成本，借记“交易性金融资产”账户，按支付的价款中包含的已宣告但尚未领取的现金股利和应计未收的债券利息，借记“应收股利”“应收利息”账户，按实际支付的价款，贷记“银行存款”账户。交易性金融资产持有期间所获得的现金股利或利息（不包括取得交易性金融资产时支付的价款中包含的已宣告但尚未发放的现金股利或已到付息期但尚未领取的债券利息）应确认为投资收益。分配股票股利不影响投资企业的资产或所有者权益的金额，所以不作会计分录。但是，它影响股票的每股成本，所以要作备查登记。

企业出售股票、债券等交易性金融资产时，其结转的交易性金融资产成本，按个别计价法计算确定出售部分的成本。出售交易性金融资产的收入与成本的差额，作为投资损益。

4.审计人员所作出的部分认定。

（1）抽查2022年12月所有股票购入、售出业务，复核损益计算是否准确，并与投资收益有关项目核对是否相符，抽查正确率为100%。

（2）对众诚证券公司发出函证，众诚证券公司回函确认代渤海公司保管部分股票。

（3）交易性金融资产在资产负债表中的披露是适当的。

（二）实训要求

1.根据以上资料，在调查问卷的基础上完成交易性金融资产审计程序表（见表8-11）。

表8-11　　**交易性金融资产审计程序表**

<table>
<tr><td colspan="2">被审计单位：__________
项目：__________
编制：__________
日期：__________</td><td colspan="2">索引号：__________
财务报表截止日/期间：__________
复核：__________
日期：__________</td></tr>
<tr><td colspan="4">审计目标：</td></tr>
<tr><td colspan="4">项目经理提示：</td></tr>
<tr><td>审计程序</td><td>底稿索引</td><td>执行人</td><td>执行情况</td></tr>
<tr><td>审计程序：
（1）
（2）
（3）
（4）
（5）
（6）
（7）
（8）
（9）
（10）
（11）</td><td></td><td></td><td></td></tr>
</table>

2.根据以上材料和完成的交易性金融资产审计程序表分别代注册会计师填写交易性金融资产审定表、审计后正确的交易性金融资产余额明细表、交易性金融资产

及相关收益检查表等审计工作底稿（见表8-12至表8-14）。

表8-12 交易性金融资产审定表

被审计单位：________	索引号：________
项目：________	财务报表截止日/期间：________
编制：________	复核：________
日期：________	日期：________

项目名称	期末未审数	审计调整		期末审定数	上期期末审定数	索引号
		借方	贷方			
合计						

审计结论：

表8-13 交易性金融资产明细表

被审计单位：________	索引号：________
项目：________	财务报表截止日/期间：________
编制：________	复核：________
日期：________	日期：________

有价证券名称	数量	票面值	总成本	收盘价	期末市价

表8-14　　　　　　　　　　　　交易性金融资产及相关收益检查表

<table>
<tr><td colspan="5">被审计单位：
项目：
编制：
日期：</td><td colspan="6">索引号：
财务报表截止日/期间：
复核：
日期：</td></tr>
<tr><td rowspan="2">日期</td><td rowspan="2">凭证编号</td><td rowspan="2">业务内容</td><td rowspan="2">对应账户</td><td rowspan="2">金额</td><td colspan="5">核对内容（用“√”　“×”表示）</td><td rowspan="2">备注</td></tr>
<tr><td>1</td><td>2</td><td>3</td><td>4</td><td>5</td></tr>
<tr><td></td><td></td><td></td><td></td><td></td><td></td><td></td><td></td><td></td><td></td><td></td></tr>
<tr><td></td><td></td><td></td><td></td><td></td><td></td><td></td><td></td><td></td><td></td><td></td></tr>
<tr><td></td><td></td><td></td><td></td><td></td><td></td><td></td><td></td><td></td><td></td><td></td></tr>
<tr><td colspan="3">核对内容说明：</td><td colspan="8">审计说明：</td></tr>
</table>

3.根据实训小组的讨论结果，编写实训项目小结，并选出演讲者宣讲实训小组的体验情况以及结论。

（三）实训组织方法及步骤

根据实训具体情况，将学生分组，每组以2~4人为宜，组成实训小组。

1.了解投资审计的审计要点以及实质性程序的主要审计程序。

2.运用实质性程序进行审计，并编制投资审计工作底稿。

3.针对投资审计中发现的问题具体给出调整建议。

4.撰写实训报告。

5.编写该实训项目的实训小结。

（四）实训考核方法

根据学生完成的质量和工作量给予评分，考核标准为：优：能够熟练操作，不需指导；良：能够较熟练操作，个别操作需指导；中：能够较熟练操作，少数操作需指导；及格：能够操作，较多操作需指导。

实训四　利润及利润分配审计

（一）实训所需条件

本实训所需资料如下：

2023年2月10日，长税会计师事务所的注册会计师张卓、金亮、程清、姚丹四人接受委派，对畅达公司进行年度利润表审计。畅达公司2022年未经审计的主要财务数据和指标是：净利润3 987万元，每股收益0.228元，净资产收益率10.245%，每股经营活动产生的现金流量净额0.6225元，总资产27 037.50万元，股东权益（不含少数股东权益）43 858.50万元，资产负债率42.195%，每股净资产3.024元。

1.注册会计师了解到的与内部控制制度有关的情况。

（1）畅达公司的利润分配表由专职人员负责编制；按公司章程的规定，畅达公司由董事会制订利润分配方案，由股东大会审议批准董事会制订的利润分配方案；由于该公司是股份有限公司，一方面按新会计制度的规定设置了有关利润分配的总账和明细账，另一方面根据股份制公司的特点，规定在提取了法定盈余公积后，先支付优先股股利，提取任意盈余公积，之后支付普通股股利。

（2）畅达公司的财会部门对利润分配集中管理、记录和审核控制的制度尚未健全，不能及时反映和监控公司利润，实现合理分配；公司没有定期将利润分配明细账与总账进行核对；有关利润分配各总账账户余额与利润分配表、利润表中对应项目之间缺乏定期的核对制度；存在不按利润分配的顺序进行分配的问题。

2.在实质性程序环节发现的问题。

（1）注册会计师姚丹在审阅“利润分配”明细账时，发现畅达公司2022年度实现利润6 000万元，而利润分配的具体项目是：“应交税费——应交所得税”1 782万元；“提取法定盈余公积”421.80万元；“应付股利——应付优先股股利”300万元；“应付股利——应付普通股股利”337.44万元；“提取任意盈余公积”421.80万元；“未分配利润”2 736.96万元。

先达公司为畅达公司的优先股股东，畅达公司接受先达公司投资1 800万元，占股本的5%。畅达公司董事会审议通过的利润分配方案为：法定盈余公积提取比例为10%，按优先股股东先达公司的投资比例向其发放股利，按税后利润的8%向普通股股东分配股利，并提取10%的任意盈余公积。畅达公司适用的所得税税率为25%。

（2）注册会计师程清发现畅达公司12月份转字397#记账凭证所反映的业务内容有疑点，其账务处理如下：

借：利润分配——应付优先股股利　　2 000 000

　贷：应付股利——先达公司　　2 000 000

（3）12月25日，有一笔借项金额200万元找不到相应的记账凭证，摘要注明弥补亏损。注册会计师程清追踪审查以前年度的利润分配情况，发现公司前5年用税前利润延续弥补亏损后，仍有挂账亏损300万元。2022年是该公司第5次用税前利润弥补亏损，并且在2022年年末以前年度亏损尚未补完。

（4）注册会计师金亮在审查应税利润（应纳税所得额）时，查明畅达公司2022年度的应税利润为5 400万元，与会计利润6 000万元相差的600万元，是违反规定税前分配利润的结果。以税法的有关规定逐项衡量，最终发现畅达公司对应作调整的永久性差异事项没有作任何调整。这些事项包括：畅达公司将自产产成品一批用于在建工程，成本价67.50万元，售价90万元，按成本价转账；因违法经营支付的罚没支出12万元、支付的税收滞纳金3万元；购买国库券的利息收入9万元；经核定的本年度计税工资为54万元，全年实际发放工资84万元，超支30万元，并且已按实际工资额的规定比例提取职工教育经费和工会经费；从被投资企业吉运公司分得税后利润5万元（已计入投资收益）。

（二）实训要求

1.根据实训材料，各小组成员请代注册会计师填写完整的与利润及利润分配审计相关的所得税、盈余公积、应付股利等项目的审计程序表，编制审计调整分录；计算核实畅达公司的利润总额、所得税、盈余公积等项目（见表8-15至表8-17）。

表8-15　**所得税审计程序表**

被审计单位：________ 项目：________ 编制：________ 日期：________		索引号：________ 财务报表截止日/期间：________ 复核：________ 日期：________	
审计目标： （1） （2） （3）			
项目经理提示：			
审计程序	底稿索引	执行人	执行情况
（1） （2） （3） （4） （5） （6）			

表8-16　**盈余公积审计程序表**

被审计单位：________ 项目：________ 编制：________ 日期：________	索引号：________ 财务报表截止日/期间：________ 复核：________ 日期：________
审计目标： （1） （2） （3）	
项目经理提示：	

续表

审计程序	底稿索引	执行人	执行情况
(1) (2) (3) (4) (5) (6)			

表8-17 **应付股利审计程序表**

<table>
<tr><td colspan="2">被审计单位：
项目：
编制：
日期：</td><td colspan="2">索引号：
财务报表截止日/期间：
复核：
日期：</td></tr>
<tr><td colspan="4">审计目标：
(1)
(2)
(3)</td></tr>
<tr><td colspan="4">项目经理提示：</td></tr>
<tr><td>审计程序</td><td>底稿索引</td><td>执行人</td><td>执行情况</td></tr>
<tr><td>(1)
(2)
(3)
(4)
(5)
(6)</td><td></td><td></td><td></td></tr>
</table>

2.对照所学知识以及讨论的结论，实训小组成员交换批改，指出编制审计程序表中所存在的问题。

3.就编制审计程序表中存在的问题进行讨论，统一认识，提交小组达成共识的审计程序表。

4.根据实训小组的讨论结果，编写实训项目小结，并选出演讲者宣讲实训小组的体验情况以及结论。

（三）实训组织方法及步骤

根据实训具体情况，将学生分组，每组以2~4人为宜，组成实训小组。

1.了解利润及利润分配审计的各审计要点以及实质性程序的主要审计程序。

2.运用实质性程序进行审计，并编制所得税、盈余公积、应付股利等项目的审计程序表。

3.针对各项目审计中发现的问题编制审计调整分录，并计算予以核实。

4.撰写实训报告。

5.编写该实训项目的实训小结。

（四）实训考核方法

根据学生完成的质量和工作量给予评分，考核标准为：优：能够熟练操作，不需指导；良：能够较熟练操作，个别操作需指导；中：能够较熟练操作，少数操作需指导；及格：能够操作，较多操作需指导。

四、案例专栏

案例一　黑石公司内部控制审计案例

黑石公司是一家在创业板上市的公司，主要生产化妆品、皮具产品。2022年11月，通达会计师事务所接受黑石公司的委托，对黑石公司2022年度财务报表进行审计。注册会计师于2022年12月18日对该公司的内部控制进行了了解和测试，并在审计工作底稿中记录了了解和测试的事项。部分内容如下：

（1）该公司股东大会批准董事会的投资权限为1.2亿元以下，董事会决定由总经理负责实施。总经理决定由证券部负责总额在1.2亿元以下的股票买卖。公司在营业部的款项由证券部申请，由会计部审核，总经理批准后划转入公司在营业部开立的资金账户，经总经理批准证券部在某营业部资金账户支取款项。证券买卖、资金存取的会计记录由会计部处理。注册会计师了解和测试投资的内部控制后发现证券部在某营业部开户的有关协议及补充协议未经会计部或其他部门审核。根据总经理的批示，会计部已将8 000万元汇入该户。证券部处理证券买卖的会计记录，月底将证券买卖清单交给会计部，会计部据以汇总登记。

（2）黑石公司控股股东的法定代表人同时兼任该公司的法定代表人，总经理是聘任的。在公司章程及相关协议中未具体载明股东大会、董事会、经营管理层的融资权限和批准程序。经了解，该公司由会计部负责融资，2022年根据总经理的批示向中国工商银行借入了1亿元贷款。

（3）黑石公司为了进一步研发化妆品高端产品，决定购置高端实验设备，为此决定向全社会发行无记名债券，由财务经理拟定筹资方案，由董事会决议通过发行债券。

（4）黑石公司选择具有证券、期货业务资格的C证券公司作为本次债券发行的承销商，公司指定投资部经理负责本次债券的发行和保管。

（5）经过中国证券监督管理委员会的批准，公司债券正式发行，所得的发行收入低于债券面值，两者的差额作为财务费用处理。

（6）债券到期收回后，由财务经理、内审人员、保管人组成小组，按照序号清点所有债券；清点债券无缺损号或对缺号原因进行调查后，当场焚毁所有债券，填写焚毁证书，并签字。

参考资料：仁大东方．审计全真模拟试题［M］．北京：中国财政经济出版社，2022.

二维码展示内容8-1

案例分析：

根据上述内容，假定未描述的其他内部控制不存在缺陷，请指出黑石公司内部控制在设计和运行方面的缺陷，并提出改进建议。

案例二　兴安岭公司筹资与投资业务审计案例

1.项目背景资料

兴晟会计师事务所接受兴安岭公司的委托，于2023年1月5日至3月6日审计兴安岭公司2022年度的财务报表及其附注，其中的筹资与投资项目审计由注册会计师陈艳、杜娟负责。兴安岭公司主要经营饲料原料、饲料、饲料添加剂、畜禽制品及其产品的加工、生产、销售以及畜牧业生产资料的销售。兴安岭公司财务报表及附注列报公司2022年年底注册资本为3.82亿元，公司以持续经营为基础，根据实际发生的交易和事项，按照企业会计准则、企业会计准则应用指南及其他相关规定的要求编制财务报表及附注。

近年来，在国家政策和行业内在发展需要的双重推动下，畜牧业规模化养殖比例不断提高，畜牧业现代化建设取得一定成绩。2021年，农业农村部制定印发的《“十四五”全国畜牧兽医行业发展规划》指出，“到2025年，实现畜禽养殖规模化率达到78%以上，养殖、屠宰、加工、冷链物流全产业链生产经营集约化、标准化、自动化、智能化水平迈上新台阶”。伴随国内畜牧养殖业规模化、现代化程度的提升，终端用户需求不断变化，畜牧业下游兽药和饲料产业的行业集中度也在不断提高。兴安岭公司自2021年起，也在不断调整产业结构抢占市场份额。

2.兴安岭公司2022年与筹资和投资有关的交易和事项

资料一：负债筹资业务

（1）2022年2月1日为了购买市场上紧俏饲料的原材料大豆，向齐齐哈尔市中国银行借入150 000元作为流动资金借款，期限6个月，年利率为6%，合同约定到期一次还本付息，有担保。经过细节测试发现，3月31日计提该笔借款利息的分录为：

借：财务费用　　1 500

　贷：短期借款　　1 500

（2）为扩大养殖规模，建造一幢幼雏繁育专用厂房，2022年1月1日从工商银行借入期限为2年的长期专门借款2 800 000元，款项已存入银行，年利率为6.8%，期满后一次还本付息。2022年3月1日，以银行存款支付工程价款共计1 600 000元。已知同期短期投资月收益率为0.5%。该厂房预计2023年8月底完工，达到预定可使用状态。查阅发现，2022年12月31日计提利息的分录为：

借：财务费用　　190 400

　贷：长期借款——应计利息　　190 400

（3）2022年12月31日，兴安岭公司经批准发行5年期一次还本、分期付息的公司债券22 000 000元，债券利息在每年12月31日支付，票面利率为年利率6%，而债券发行时的市场利率为5%。兴安岭公司2022年12月31日债券实际发行价格为：

22 000 000×0.7835+22 000 000×6%×4.3295=22 951 940（元）

发行该债券时的账务处理为：

借：银行存款　　22 951 940

　贷：应付债券——面值　　22 000 000

　　　财务费用　　951 940

资料二：权益筹资业务

（1）2022年5月6日，按期收到大兴公司投入的第二期投资款1 000 000元。大兴公司共投资2 000 000元，平均分两次出资，第一次出资时间为2021年11月6日，第二次出资时间为2022年5月6日，款项均已到账。

（2）2022年3月7日，分配股票股利2 650 000元。分配的股票股利已经取得相关部门批准的增资文件、股东大会决议等资料，但尚未入账。

资料三：投资业务

（1）2022年3月16日，兴安岭公司支付价款1 220 000元从二级市场购入海华公司发行的股票122 000股，每股报价10.60元（含已宣告但尚未发放的现金股利0.55元），另支付交易费用12 000元。公司将持有的海华公司股权划分为交易性金融资产，且持有海华公司股权后对其无重大影响。5月18日，收到海华公司发放的现金股利；6月30日，海华公司股票价格涨到13元/股；9月6日，兴安岭公司将持有的海华公司股票全部售出，每股售价15元。

（2）兴安岭公司于2022年2月10日自公开市场买入兴海公司20%的股份作为长期股权投资，实际支付价款1 600万元（含已宣告但尚未发放的现金股利50万元）。另外，在购买时支付手续费等相关费用40万元，已经计入财务费用。兴安岭公司取得该部分股权后能够对兴海公司的生产经营决策施加重大影响。2022年3月，兴安岭公司通过增发600万股本公司普通股（每股面值1元）取得晨兴公司20%的股权作为长期股权投资，按照增发前后的平均股价计算，该600万股股份的公允价值为1 040万元。为增发该部分股份向证券承销机构等支付的佣金和手续费为26万元，已经计入财务费用。取得该部分股权后，兴安岭公司能够对晨兴公司的生产经营决策施加重大影响。

参考资料：仁大东方. 审计全真模拟试题［M］. 北京：中国财政经济出版社，2022.

案例分析：

1.根据资料一回答：

（1）请代陈艳、杜娟评估本案例中负债筹资业务面临的重大错报风险。

（2）2022年3月31日，兴安岭公司计提短期借款利息的分录是否正确，如不正确，应如何调整？

（3）建造幼雏繁育专用厂房产生的借款利息处理是否正确？如不正确，应如何调整？

（4）2022年12月31日发行债券的账务处理是否正确？如不正确，应如何调整？

2.通过询问兴安岭公司负责权益筹资业务的有关人员，了解到兴安岭公司权益筹资业务的主要控制制度被执行得基本有效。根据资料二，假设您是陈艳，您认为大兴公司资金投入是否可以确认？对兴安岭公司股票股利的处理您有什么看法？

3.根据资料三回答：

（1）请代陈艳、杜娟评估本案例中投资业务存在的重大错报风险。

（2）兴安岭公司对2022年2月10日购入兴海公司股份时手续费等相关费用40万元的处理是否恰当？如不恰当，注册会计师如何建议进行会计调整？

（3）兴安岭公司对2022年3月通过增发股票取得晨兴公司股份时佣金和手续费的处理是否恰当？如不恰当，注册会计师如何建议进行会计调整？

二维码展示内容8-2

模块九　货币资金审计

一、实训目的

通过模拟库存现金盘点和银行存款清查，了解货币资金项目的相关内部控制制度；掌握审计货币资金项目的实质性程序的运用。

通过本模块实训，培养学生要用辩证发展的眼光看待问题；培养学生信仰法律、崇尚法治、客观公正、忠于职守的审计精神；培养学生对审计工作的专注执着、精益求精、持之以恒的精神。

二、理论知识点

（一）货币资金项目的内部控制规范

1.岗位分工及授权批准

（1）单位应当建立货币资金业务的岗位责任制，明确相关部门和岗位的职责权限，确保办理货币资金业务的不相容岗位相互分离、制约和监督。出纳人员不得兼任稽核、会计档案保管和收入、支出、费用、债权债务账目的登记工作。任何单位不得由一人办理货币资金业务的全过程。

（2）单位应当对货币资金业务建立严格的授权批准制度，明确审批人对货币资金业务的授权批准方式、权限、程序、责任和相关控制措施，规定经办人办理货币资金业务的职责范围和工作要求。审批人应该根据货币资金授权批准制度规定，在授权范围内进行审批，不得超越审批权限。经办人应该在职责范围内，按照审批人的批准意见办理货币资金业务。对于审批人超越授权范围审批的货币资金业务，经办人员有权拒绝办理，并及时向审批人的上级授权部门报告。

（3）单位应当按照规定的程序办理货币资金支付业务。

①支付申请。单位有关部门或个人用款时，应该提前向审批人提交货币资金支付申请，注明款项的用途、金额、预算、支付方式等内容，并附有效经济合同或相关证明。

②支付审批。审批人根据其职责、权限和相应程序对支付申请进行审批。对不

符合规定的货币资金支付申请，审批人应当拒绝批准。

③支付复核。复核人应当对批准后的货币资金支付申请进行复核，复核货币资金支付申请的批准范围、权限、程序是否正确，手续及相关单证是否齐备，金额计算是否准确，支付方式、支付单位是否妥当等。复核无误后，交由出纳人员办理支付手续。

④办理支付。出纳人员应当根据复核无误的支付申请，按规定办理货币资金支付手续，及时登记库存现金和银行存款日记账。

（4）单位对于重要的货币资金支付业务，应当实行集体决策和审批制度，并建立责任追究制度，防范贪污、侵占、挪用货币资金等行为。

（5）严禁未经授权的机构或人员办理货币资金业务或直接接触货币资金。

2.库存现金和银行存款的管理

（1）单位应当加强库存现金库存限额的管理，超过库存限额的库存现金应及时存入银行。

（2）单位必须根据《现金管理暂行条例》的规定，结合本单位的实际情况，确定本单位库存现金的开支范围。不属于库存现金开支范围的业务应当通过银行办理转账结算。

（3）单位库存现金收入应当及时存入银行，不得用于直接支付单位自身的支出。因特殊情况需坐支库存现金的，应事先报经开户银行审查批准。单位借出款项必须执行严格的授权批准程序，严禁擅自挪用，借出货币资金。

（4）单位取得的货币资金收入必须及时入账，不得私设“小金库”，不得账外设账，严禁收款不入账。

（5）单位应当严格按照《支付结算办法》等国家有关规定，加强银行账户的管理，严格按照规定开立账户，办理存款、取款和结算。单位应当定期检查、清理银行账户的开立及使用情况，发现问题，及时处理。单位应当加强对银行结算凭证的填制、传递及保管等环节的管理与控制。

（6）单位应当严格遵守银行结算纪律，不准签发没有资金保证的票据或远期支票，套取银行信用；不准签发、取得和转让没有真实交易和债权债务的票据，套取银行和他人资金；不准无理拒绝付款，任意占用他人资金；不准违反规定开立和使用银行账户。

（7）单位应当指定专人定期核对银行账户（每月至少核对一次），编制银行存款余额调节表，使银行存款账面余额与银行对账单调节相符。如调节不符，应查明原因，及时处理。

（8）单位应当定期和不定期地进行库存现金盘点，确保库存现金账面余额与实际库存相符。发现不符，及时查明原因，作出处理。

3.票据及有关印章的管理

（1）单位应当加强与货币资金相关票据的管理，明确各种票据的购买、保管、领用、背书转让、注销等环节的职责权限和程序，并专设登记簿进行记录，防止空白票据的遗失和被盗用。

（2）单位应当加强银行预留印鉴的管理。财务专用章应由专人保管，个人名章必须由本人或其授权人员保管。严禁一人保管支付款项所需的全部印章。按规定需要有关负责人签字或盖章的经济业务，必须严格履行签字或盖章手续。

4.监督检查

（1）单位应当建立对货币资金业务的监督检查制度，明确监督检查机构或人员的职责权限，定期和不定期地进行检查。

（2）货币资金监督检查的内容主要包括：

①货币资金业务相关岗位及人员的设置情况。重点检查是否存在货币资金业务不相容职务混岗的现象。

②货币资金授权批准制度的执行情况。重点检查货币资金支出的授权批准手续是否健全，是否存在越权审批行为。

③支付款项印章的保管情况。重点检查是否存在办理付款业务所需的全部印章交由一人保管的现象。

④票据的保管情况。重点检查票据的购买、领用、保管手续是否健全，票据保管是否存在漏洞。

（3）对监督检查过程中发现的货币资金内部控制中的薄弱环节，应当及时采取措施，加以纠正和完善。

（二）控制测试

1.了解内部控制

注册会计师在进行货币资金的控制测试时，首先要通过查阅被审计单位有关规章制度等重要文件，现场观察被审计单位的有关业务活动，询问被审计单位有关人员等方法以获取被审计单位内部控制的资料，以掌握被审计单位有关内部控制情况，并对所掌握的情况进行适当的记录。通常，对于大中型企业，由于其货币收支的业务量较多，人员分工较细，故可采用编制货币资金内部控制流程图的方法来记录被审计单位货币资金内部控制情况；对于小型企业，由于业务处理流程较为简单，所以可以文字叙述的方法对其内部控制情况予以记载。

2.初步评价内部控制风险

注册会计师在重点了解是否存在货币资金业务不相容岗位混岗的现象、是否存在审批手续不健全、是否存在越权审批等内部控制不完善现象，并对其固有风险进行评估之后，应对货币资金账户和交易所涉及的控制风险作出初步评估，在对控制风险作出初步评估的时候，注册会计师应当遵循稳健性原则，宁可高估风险也不可低估风险。如果控制风险不可接受，注册会计师应该不实施控制测试，直接实施实质性程序。

3.测试货币资金内部控制

（1）检查一定期间的库存现金、银行存款日记账及其相关账户的记录。

（2）抽取并审查收款凭证。

（3）抽取并审查付款凭证。

（4）抽取一定期间的银行存款余额调节表，查验其是否按月正确编制并经复核。

（5）检查外币资金的折算方法是否符合有关规定，是否与上年度一致。

4.评价内部控制

注册会计师在完成上述控制测试程序后，即可对被审计单位货币资金的内部控制及其实施情况进行评价。在评价过程中，既要分析其内部控制过程中的薄弱环节和缺点，又要确定其内部控制过程中的较强环节和优点，并据此对原定的审计程序加以修改和变动，最后确定实质性程序的重点。

（三）审计目标与认定的对应关系

审计目标和相关认定有如下对应关系，见表9-1。

表9-1　**审计目标和相关认定对应关系一览表**

审计目标	财务报表认定				
	存在	完整性	权利和义务	计价和分摊	列报
A.资产负债表中记录的货币资金是存在的	√				
B.应当记录的货币资金均已记录		√			
D.记录的货币资金由被审计单位拥有或控制			√		
C.货币资金以恰当的金额包括在财务报表中，与之相关的计价调整已恰当记录				√	
E.货币资金已按照企业会计准则的规定在财务报表中作出恰当列报					√

（四）审计目标与审计程序对应关系

审计目标与审计程序存在以下对应关系，具体见表9-2。

表9-2　**审计目标与审计程序对应关系一览表**

审计目标	可供选择的审计程序	索引号
	库存现金	
C	1.核对库存现金日记账与总账的金额是否相符，检查非记账本位币库存现金的折算汇率及折算金额是否正确	略
ABCD	2.监盘库存现金 （1）制订监盘计划，确定监盘时间； （2）将盘点金额与库存现金日记账余额进行核对，如有差异，应要求被审计单位查明原因并作适当调整，如无法查明原因，应要求被审计单位按管理权限批准后作出调整； （3）在非资产负债表日进行盘点时，应调整至资产负债表日的金额； （4）若有充抵库存现金的借条、未提现支票、未作报销的原始凭证，需在盘点表中注明，如有必要，应作调整	ZA1—1

续表

审计目标	可供选择的审计程序	索引号
ABC	3.抽查大额库存现金收支。检查原始凭证是否齐全、记账凭证与原始凭证是否相符、账务处理是否正确、是否记录于恰当的会计期间等内容	ZA2—6
	4.根据评估的舞弊风险等因素增加的其他审计程序	
银行存款		
C	5.获取或编制银行存款余额明细表 （1）复核加计是否正确，并与总账数和日记账合计数核对是否相符； （2）检查非记账本位币银行存款的折算汇率及折算金额是否正确	ZA2—1
ABC	6.计算银行存款累计余额应收利息收入，分析比较被审计单位银行存款应收利息收入与实际利息收入的差异是否恰当，评估利息收入的合理性，检查是否存在高息资金拆借，确认银行存款余额是否存在，利息收入是否已经完整记录	略
AD	7.检查银行存单 编制银行存单检查表，检查是否与账面记录金额一致，是否被质押或限制使用，存单是否为被审计单位所拥有。 （1）对已质押的定期存款，应检查定期存单，并与相应的质押合同核对，同时关注定期存单对应的质押借款有无入账； （2）对未质押的定期存款，应检查开户证实书原件； （3）对审计外勤工作结束日前已提取的定期存款，应核对相应的兑付凭证、银行对账单和定期存款复印件	ZA2—2
ABC	8.取得并检查银行存款余额调节表 （1）取得被审计单位的银行对账单，并与银行询证函回函核对，确认是否一致，抽样核对账面记录的已付票据金额及存款金额是否与对账单记录一致。 （2）获取资产负债表日的银行存款余额调节表，检查调节表中加计数是否正确，调节后银行存款日记账余额与银行对账单余额是否一致。 （3）检查调节事项的性质和范围是否合理。 ①检查是否存在跨期收支和跨行转账的调节事项。编制跨行转账业务明细表，检查跨行转账业务是否同时对应转入和转出，未在同一期间完成的转账业务是否反映在银行存款余额调节表的调节事项中。 ②检查大额在途存款和未付票据： 检查在途存款的日期，查明发生在途存款的具体原因，追查期后银行对账单存款记录日期，确定被审计单位与银行记账时间差异是否合理，确定在资产负债表日是否需审计调整； 检查被审计单位的未付票据明细清单，查明被审计单位未及时入账的原因，确定账簿记录时间晚于银行对账单的日期是否合理； 检查被审计单位未付票据明细清单中有记录，但截至资产负债表日银行对账单	

续表

审计目标	可供选择的审计程序	索引号
ABC	无记录且金额较大的未付票据，获取票据领取人的书面说明，确认资产负债表日是否需要进行调整； 检查资产负债表日后银行对账单是否完整地记录了调节事项中银行未付票据金额。 (4) 检查是否存在未入账的利息收入和利息支出。 (5) 检查是否存在其他跨期收支事项。 (6) 检查银行存款余额调节表（当未经授权或授权不清支付货币资金的现象比较突出时）中支付给异常的领款人（包括没有载明收款人）、签字不全、收款地址不清、金额较大的调节事项，确认是否存在舞弊	ZA2—3 略
AD	9.函证银行存款余额，编制银行函证结果汇总表，检查银行回函 (1) 向被审计单位在本期存过款的银行发函，包括零余额账户和账户已结清的银行； (2) 确定被审计单位账面余额与银行函证结果的差异，对不符事项作出适当处理	ZA2—4 ZA2—5
D	10.检查银行存款账户存款人是否为被审计单位，若存款人非被审计单位，应获取该账户户主和被审计单位的书面声明，确认资产负债表日是否需要调整	ZA2—1
DE	11.关注是否存在质押、冻结等对变现有限制或存在境外的款项，是否已做必要的调整和披露	ZA2—1
E	12.对不符合现金及现金等价物条件的银行存款在审计工作底稿中予以列明，以考虑对现金流量表的影响	ZA2—1 ZA2—2
ABC	13.抽查大额银行存款收支的原始凭证，检查原始凭证是否齐全、记账凭证与原始凭证是否相符、账务处理是否正确、是否记录于恰当的会计期间等项内容。检查是否存在非营业目的的大额货币资金转移，并核对相关账户的进账情况；如有与被审计单位生产经营无关的收支事项，应查明原因并作相应的记录	ZA2—6
BA	14.检查银行存款收支的截止是否正确。选取资产负债表日前后____张、____元以上的凭证实施截止测试，关注业务内容及对应项目，如有跨期收支事项，应考虑是否进行调整	略
	15.根据评估的舞弊风险等因素增加的其他审计程序	

续表

审计目标	可供选择的审计程序	索引号
	其他货币资金	
C	16.获取或编制其他货币资金明细表 （1）复核银行汇票存款、银行本票存款、信用卡存款、信用证保证金存款、存出投资款、外埠存款等加计是否正确，并与总账数和明细账合计数核对是否相符； （2）检查非记账本位币其他货币资金的折算汇率及折算金额是否正确	ZA2—1 ZA2—1
ABC	17.取得并检查其他货币资金余额调节表 （1）取得被审计单位银行对账单，检查被审计单位提供的银行对账单是否存在涂改或修改的情况，确定银行对账单金额的正确性，并与银行回函结果核对是否一致，抽样核对账面记录的已付款金额及存款金额是否与对账单记录一致。 ①应将保证金户对账单与相应的交易进行核对。检查保证金与相关债务的比例和合同约定是否一致；特别关注是否存在有保证金发生，而被审计单位账面无对应的保证事项的情形。 ②若信用卡持有人是被审计单位职员，应取得该职员提供的确认书，并应考虑进行调整。 （2）获取资产负债表日的其他货币资金余额调节表，检查调节表中加计数是否正确，调节后其他货币资金日记账余额与银行对账单余额是否一致。 （3）检查调节事项的性质和范围是否合理，如存在重大差异应作审计调整	ZA2—3
AD	18.函证银行汇票存款、银行本票存款、信用卡存款、信用证保证金存款、存出投资款、外埠存款等期末余额，编制其他货币资金函证结果汇总表，检查银行回函	ZA2—5
D	19.检查其他货币资金存款账户存款人是否为被审计单位，若存款人非被审计单位，应获取该账户户主和被审计单位的书面声明，确认资产负债表日是否需要调整	略
DE	20.关注是否有质押、冻结等对变现有限制，或存放在境外，或有潜在回收风险的款项	略
BA	21.选取资产负债表日前后____张、____元以上的凭证，对其他货币资金收支凭证实施截止测试，如有跨期收支事项，应考虑是否进行调整	略
ABC	22.抽查大额其他货币资金收付记录。检查原始凭证是否齐全、记账凭证与原始凭证是否相符、账务处理是否正确、是否记录于恰当的会计期间等内容	ZA2—6
	23.根据评估的舞弊风险等因素增加的其他审计程序	
E	24.检查货币资金是否已按照企业会计准则的规定在财务报表中作出恰当列报。附注是否按库存现金、银行存款、其他货币资金分别列示货币资金情况。因质押或冻结等对使用有限制、存放在境外、有潜在回收风险的款项应单独说明	

三、实训内容

实训一　货币资金内部控制测试

（一）实训所需条件

本实训所需资料如下：

2022年12月，公正会计师事务所接受委托对华兴公司2022年财务报表进行审计。在对华兴公司内部控制进行了解后，注册会计师在审计工作底稿中做了如下记录：

（1）为加强货币资金支付管理，货币资金支付审批实行分级管理办法：单笔付款金额在10万元（含）以下的，由财务部经理审批；单笔付款金额在10万元以上的、50万元以下的，由财务总监审批；单笔付款金额在50万元以上的，由总经理审批。

（2）为统一财务管理，提高会计核算水平，设置内部审计部，由主管会计兼任内部审计部负责人。

（3）定期和不定期地进行库存现金盘点，对于盘盈或盘亏的情况报经管理层批准后，进行相关账务处理。

（4）对于超过授权范围审批的货币资金业务，出纳人员在办理后应及时向上级部门报告。

（5）对于签发票据所必需的印鉴，由财务主管负责保管，出纳人员使用完毕应及时交还财务主管。

（二）实训要求

假定华兴公司的其他内部控制不存在缺陷，请指出华兴公司上述内部控制在设计与运行方面是否存在缺陷，请简要说明理由。

（三）实训组织方法及步骤

将上课班级学生划分几组，每组3~5人，组成模拟审计小组。

1.各组选出组长，担任该审计项目经理，然后由其分配审计任务，赋权组员分别为该审计中的审计助理。

2.按照组长的赋权分别完成上述实训要求。

（四）实训考核方法

采取百分制的方式评定成绩，具体分值分配标准为：

1.实验态度是否认真，比重20%；

2.实验操作是否完成，结果是否正确，比重40%；

3.实验报告是否严谨，比重30%；

4.实验过程出勤情况，比重10%。

实训二　库存现金监盘测试

（一）实训所需条件

本实训所需资料如下：

诚信会计师事务所2023年1月4日接受星海公司委托对其2022年财务报表进行审计，注册会计师刘嘉佳于2023年1月6日对该公司的库存现金进行了监盘。

星海公司库存现金日记账见表9-3。

表9-3　　库存现金日记账

2023年		凭证册号	摘要	凭证结算		借方										贷方										借或贷	余额									
月	日			种类	号数	千	百	十	万	千	百	十	元	角	分	千	百	十	万	千	百	十	元	角	分		千	百	十	万	千	百	十	元	角	分
			期初余额																							借				3	4	4	0	0	0	0
1	4	收1	提现金					1	3	0	0	0	0	0	0											借			1	6	4	4	0	0	0	0
1	4	付1	发12月份工资															1	2	8	0	0	0	0	0	借				3	6	4	0	0	0	0
1	4	付2	预借差旅费																	2	4	0	0	0	0	借				3	4	0	0	0	0	0
1	5	付3	报销招待费																	7	0	0	0	0	0	借				2	7	0	0	0	0	0
1	6	付4	购买办公用品																	5	6	0	0	0	0	借				2	1	4	0	0	0	0
1	6	收2	处理电脑收入						2	3	0	0	0	0	0											借				4	4	4	0	0	0	0

其他情况如下：

1.库存现金实有数：100元250张；50元200张；20元300张；10元50张；5元100张。

2.在保险柜内发现下列凭证，已经付款尚未填制凭证入账：

（1）零星收入2 350元尚未入账；

（2）职工李强借款条一张，日期为1月4日，金额2 400元，未经批准，也没有说明用途。

3.待领工资2 000元，单独包封（100元20张）。

4.银行核定库存现金限额为40 000元。

5.该公司无外币，除库存现金盘点中发现的问题外，其他经审计无误。

（二）实训要求

1.编制库存现金监盘计划。

2.编制“库存现金监盘表”，见表9-4。

3.指出星海公司库存现金管理中存在的问题。

表9-4　　**库存现金监盘表**

<table>
<tr><td colspan="6">被审计单位：</td><td colspan="7">索引号：ZA1</td></tr>
<tr><td colspan="6">项目：</td><td colspan="7">财务报表截止日/期间：</td></tr>
<tr><td colspan="6">编制：</td><td colspan="7">复核：</td></tr>
<tr><td colspan="6">日期：</td><td colspan="7">日期：</td></tr>
<tr><td colspan="6">检查现金盘点记录</td><td colspan="7">实有现金盘点记录</td></tr>
<tr><td colspan="2" rowspan="2">项目</td><td rowspan="2">项次</td><td rowspan="2">人民币</td><td rowspan="2">美元</td><td rowspan="2">外币</td><td rowspan="2">面值</td><td colspan="2">人民币</td><td colspan="2">美元</td><td colspan="2">外币</td></tr>
<tr><td>张</td><td>金额</td><td>张</td><td>金额</td><td>张</td><td>金额</td></tr>
<tr><td colspan="2">上一日账面库存余额</td><td></td><td></td><td></td><td>100元</td><td></td><td></td><td></td><td></td><td></td><td></td><td></td></tr>
<tr><td colspan="2">盘点日未记账传票收入金额</td><td></td><td></td><td></td><td>50元</td><td></td><td></td><td></td><td></td><td></td><td></td><td></td></tr>
<tr><td colspan="2">盘点日未记账传票支出金额</td><td></td><td></td><td></td><td>20元</td><td></td><td></td><td></td><td></td><td></td><td></td><td></td></tr>
<tr><td colspan="2">盘点日账面应有金额</td><td></td><td></td><td></td><td>10元</td><td></td><td></td><td></td><td></td><td></td><td></td><td></td></tr>
<tr><td colspan="2">盘点日实有现金数额</td><td></td><td></td><td></td><td>5元</td><td></td><td></td><td></td><td></td><td></td><td></td><td></td></tr>
<tr><td colspan="2">盘点日应有与实有差异</td><td></td><td></td><td></td><td>2元</td><td></td><td></td><td></td><td></td><td></td><td></td><td></td></tr>
<tr><td rowspan="7">差异原因分析</td><td>白条抵库（张）</td><td></td><td></td><td></td><td>1元</td><td></td><td></td><td></td><td></td><td></td><td></td><td></td></tr>
<tr><td></td><td></td><td></td><td></td><td>0.5元</td><td></td><td></td><td></td><td></td><td></td><td></td><td></td></tr>
<tr><td></td><td></td><td></td><td></td><td>0.2元</td><td></td><td></td><td></td><td></td><td></td><td></td><td></td></tr>
<tr><td></td><td></td><td></td><td></td><td>0.1元</td><td></td><td></td><td></td><td></td><td></td><td></td><td></td></tr>
<tr><td></td><td></td><td></td><td></td><td></td><td></td><td></td><td></td><td></td><td></td><td></td><td></td></tr>
<tr><td></td><td></td><td></td><td></td><td></td><td></td><td></td><td></td><td></td><td></td><td></td><td></td></tr>
<tr><td></td><td></td><td></td><td></td><td></td><td>合计</td><td></td><td></td><td></td><td></td><td></td><td></td></tr>
<tr><td rowspan="5">追溯调整</td><td>报表日至查账日现金付出总额</td><td></td><td></td><td></td><td></td><td colspan="7" rowspan="6">情况说明及审计结论：</td></tr>
<tr><td>报表日至查账日现金收入总额</td><td></td><td></td><td></td><td></td></tr>
<tr><td>报表日库存现金应有余额</td><td></td><td></td><td></td><td></td></tr>
<tr><td>报表日账面汇率</td><td></td><td></td><td></td><td></td></tr>
<tr><td>报表日余额折算本位币金额</td><td></td><td></td><td></td><td></td></tr>
<tr><td colspan="2">审定数</td><td></td><td></td><td></td><td></td></tr>
<tr><td colspan="13">出纳员：　　会计主管人员：　　监盘人：　　检查日期：</td></tr>
<tr><td colspan="13">审计说明：</td></tr>
</table>

（三）实训组织方法及步骤

将上课班级学生划分几组，每组3~5人，组成模拟审计小组。

1.制定库存现金监盘程序，实施突击性检查，时间最好选择在上午上班前或下午下班时进行，盘点的范围一般包括企业各部门经管的现金。

出纳员把已办妥现金收付手续的收付款凭证记入库存现金日记账，如果现金存放部门有两处或两处以上者，应同时进行盘点。

2.审阅库存现金日记账并同时与现金收付款凭证相核对（内容、金额与日期）。

3.由出纳员根据库存现金日记账加计累计数额结出现金结余额。

4.盘点保险柜的现金实存数，同时编制“库存现金监盘表”。

5.资产负债表日后进行监盘时，应调整至资产负债表日的金额。

6.盘点金额与库存现金日记账余额进行核对，如有差异，应查明原因，并作出记录或适当调整。

7.若有冲抵库存现金的借条、未提现支票、未作报销的原始凭证，应在“库存现金监盘表”中注明或作出必要的调整。

（四）实训考核方法

采取百分制的方式评定成绩，具体分值分配标准为：

1.实验态度是否认真，比重20%；

2.实验操作是否完成，结果是否正确，比重40%；

3.实验报告是否严谨，比重30%；

4.实验过程出勤情况，比重10%。

实训三　银行存款余额调节表测试

（一）实训所需条件

本实训所需资料如下：

注册会计师在2023年1月7日对星海公司银行存款（开户行为工商银行）进行审计。银行存款日记账和银行对账单资料见表9-5和表9-6。

表9-5　　　　　　　　　银行存款日记账

2022年		凭证号	摘要	凭证结算		借方									贷方									借或贷	余额								
月	日			种类	号数	百	十	万	千	百	十	元	角	分	百	十	万	千	百	十	元	角	分		百	十	万	千	百	十	元	角	分
12	21		承前页																					借		3	8	0	5	0	0	0	0
12	21	25	购入材料	转	3603												4	8	0	0	0	0	0	借		3	3	2	5	0	0	0	0
12	22	26	偿付货款	转	2003												3	6	8	0	0	0	0	借		2	9	5	7	0	0	0	0
12	22	27	提现	现	8653													4	0	0	0	0	0	借		2	9	1	7	0	0	0	0
12	23	28	付广告费	转	3605												3	7	2	0	0	0	0	借		2	5	4	5	0	0	0	0
12	23	18	收回货款	委	1004			2	8	3	0	0	0	0										借		2	8	2	8	0	0	0	0
12	23	29	付保险费	转	3609												4	0	0	0	0	0	0	借		2	4	2	8	0	0	0	0
12	24	30	代垫运费	转	3611													6	0	0	0	0	0	借		2	3	6	8	0	0	0	0
12	25	31	预付差旅费	现	8654													3	5	0	0	0	0	借		2	3	3	3	0	0	0	0
12	25	19	销售产品	委	1006			1	8	9	5	0	0	0										借		2	5	2	2	5	0	0	0
12	26	32	购入设备	汇	2005												5	7	4	0	0	0	0	借		1	9	4	8	5	0	0	0
12	26	20	预收货款	本	8461			9	5	3	8	0	0	0										借		2	9	0	2	3	0	0	0
12	27	33	购办公用品	转	3614														6	0	0	0	0	借		2	8	9	6	3	0	0	0
12	27	34	支付养路费	转	3617													3	8	0	0	0	0	借		2	8	5	8	3	0	0	0
12	28	35	预付货款	转	3617												5	0	0	0	0	0	0	借		2	3	5	8	3	0	0	0
12	29	21	收回货款	转	3685			1	7	3	9	0	0	0										借		2	5	3	2	2	0	0	0
12	30	22	存入现金	回	24				2	0	0	0	0	0										借		2	5	5	2	2	0	0	0
			本月合计				1	6	2	0	2	0	0	0		2	8	7	3	0	0	0	0	借		2	5	5	2	2	0	0	0

表9-6 **星海公司银行对账单** 单位：元

2022年		结算凭证		摘要	借方	贷方	余额
月	日	种类	号数				
12	21			承前页			380 500
12	22	转支	3603	付货款	48 000		
12	22	现支	8653	提现金	4 000		
12	24	转支	3605	付广告费	37 200		
12	25	特转	1480	存款利息		5 900	
12	25	现支	8654	提差旅费	3 500		
12	26	转支	3609	付保险费	40 000		
12	26	本票	8461	存入货款		95 380	
12	26	转支	3614	付用品款	600		
12	29	转支	2004	付货款	36 800		
12	29	专托	5720	付电话费	3 800		
12	30	转支	3617	付养路费	3 800		
12	30	特转	1901	贷款利息	3 500		
12	30			存入现金		2 000	
12	31	汇票	2008	购机器	53 400		
12	31	专托	1196	支付水电费	4 800		
12	31			月末余额			244 380

（二）实训要求

1.编制银行存款余额调节审定表，见表9-7。

2.指出星海公司银行存款可能存在的问题。

（三）实训组织方法及步骤

将上课班级同学划分几组，每组3~5人，组成模拟审计小组。

1.将银行存款日记账与银行对账单逐笔核对，并找出未达账项。

2.假设企业与银行账面记录12月21日前均核对无误，12月21日至31日双方账面余额计算均无误，编制银行存款余额调节审定表。

3.确定该企业的银行存款实有余额。

表9-7　　**银行存款余额调节审定表**

被审计单位：________		索引号：ZA2—3	
项目：________		财务报表截止日/期间：________	
编制：________		复核：________	
日期：________		日期：________	
开户银行：________　银行账号：________　币种：________			
项　目	金额	调节项目说明	是否需要审计调整
银行对账单余额			
加：企业已收，银行尚未入账合计金额			
其中：1.			
2.			
减：企业已付，银行尚未入账合计金额			
其中：1.			
2.			
调节后银行对账单余额			
企业银行存款日记账余额			
加：银行已收，企业尚未入账合计金额			
其中：1.			
2.			
减：银行已付，企业尚未入账合计金额			
其中：1.			
2.			
调节后企业银行存款日记账余额			
经办会计人员（签字）：		会计主管（签字）：	
审计说明：			

（四）实训考核方法

采取百分制的方式评定成绩，具体分值分配标准为：

1.实验态度是否认真，比重20%；

2.实验操作是否完成，结果是否正确，比重40%；

3.实验报告是否严谨，比重30%；

4.实验过程出勤情况，比重10%。

四、案例专栏

案例一 小金库“来之不易”

Z自从2020年起坐上局长交椅，自2022年起局长、党委书记“一肩挑”。同年4月，财务部门“小金库”开始形成，以后陆续形成了6个“小金库”。

（1）虚设经费支出690多万元。财务部门“生财有道”：他们虚列工资、奖金、补贴，套取现金100多万元；以发放上下班交通补贴名义购入公交预售票，而后交该局下属企业出售，套现49万多元；子虚乌有列项目，如虚列洗理费、通信费、材料费、设备购置费、修理费等。他们不折不扣地贯彻Z局长“想办法将行政经费节余款弄出来”的要求，多管齐下，套出现金，充实“小金库”。

（2）截留预算外收入1 360多万元。几年来，经Z局长批示，将报废车辆变价款、设备折旧款、旧办公用品等物资处理款和其他调拨款直接存入“小金库”；将消防、交通违章罚款，码头、房屋、车辆等的出租收入，三产企业上交承包金和利润，机动车辆、保险代理费等收入，以及“小金库”资金的利息，一并揽进“小金库”。

（3）截留所谓“补助费”等收入930多万元。前后八九年，该局收到案件主办单位拨付的“补助费”800多万元也一声不响地被装入“小金库”；罚没款130多万元也统统流进“小金库”。

参考资料：来源于百度题库，根据真实案例改编，但时间上有修改。

案例分析：根据以上资料，请你对该局货币资金内部控制制度进行评价，并指出该局货币资金舞弊的手段。

二维码展示
内容9-1

案例二 货币资金内部控制建设的关键点

资金挪用案1：伪造银行对账单，挪用2亿元判死缓

曾在国家某科研基金管理机构担任会计的卞某涉嫌贪污挪用公款2亿元一案，是北京市在中华人民共和国成立以来涉案金额最高的一起职务侵占案件，最终卞某被法院判处死缓。

从媒体报道来看，卞某在案发前的8年时间里，利用掌管该科研基金的专项资金下拨权，采用谎称支票作废、偷盖印鉴、削减拨款金额、伪造银行进账单和信汇凭证、伪造银行对账单等手段贪污、挪用公款人民币2亿多元。

卞某担负着资金收付的出纳职能，同时，所有的银行单据和银行对账单也都由他一手经办，这使得他作案长达8年之久而一直没有被察觉。

资金挪用案2：上市公司出纳挪用公款炒股案

湖南某上市公司出纳梁某，采取偷盖公司银行印鉴和法人章，使用作废的、没有登记的现金支票等方法，在近5年期间先后挪用3 000多万元用于炒股，给单位造成损失1 137.8万余元。长沙市中级人民法院以挪用公款罪和挪用资金罪，判处梁某有期徒刑17年。

参考资料：九江学院管理学院《审计案例》编写组．审计案例［M］．大连：东北财经大学出版社，2022.

案例分析：

类似案例的发生与单位的货币资金内部控制不健全或未能有效执行有密切关系。货币资金内部控制的风险主要有：截留、挪用或贪污企业的资金；私设“小金库”，保留账外公款；不合规的对外支付。你认为货币资金内部控制主要存在哪些问题，请给出比较完善的建议。

二维码展示内容9-2

案例三 货币资金审计程序的恰当性

财通会计师事务所的叶福军注册会计师负责审计祥和公司2022年度财务报表。与货币资金审计相关的部分事项如下：

（1）叶福军注册会计师在测试祥和公司与银行账户开立、变更和注销相关的内部控制时，获取了出纳编制的2022年度银行账户开立、变更和注销清单，从中选取样本进行测试，结果满意，据此认为该控制运行有效。

（2）叶福军注册会计师在向湖州银行吴兴分行函证前，从祥和公司获悉，受疫情影响，吴兴分行无法接收函证，由该银行太湖分行代为接收和处理函证。叶福军注册会计师因此根据该银行官网公布的太湖分行地址，向太湖分行进行函证，回函相符，据此认可了函证结果。

（3）祥和公司银行存款余额调节表中存在一笔大额的企付银未付款项。叶福军注册会计师检查了该笔付款入账的原始凭证，结果满意，据此认可了该调节事项。

（4）叶福军注册会计师评估认为祥和公司存在隐瞒关联方资金占用的风险。在了解了祥和公司与关联方资金占用相关的内部控制后，叶福军注册会计师认为内部控制设计有效并得到执行，因此该风险不构成特别风险。

（5）为核实祥和公司是否存在未被记录的借款及与金融机构往来的其他重要信息，叶福军注册会计师亲自前往金融机构获得了加盖该金融机构公章的祥和公司信用记录，并与祥和公司会计记录、银行回函核对，结果满意。

（6）叶福军注册会计师实施实质性分析程序发现，祥和公司2022年度账面记录的银行存款利息收入明显少于预期值，经调查是年内向关联方借出资金、祥和公司账面未作记录导致。因借出资金已于年末收回，不影响银行存款余额，叶福军注册会计师认为不存在错报。

（7）祥和公司与其子公司、建设银行签订的集团现金管理账户协议约定，子公司银行账户余额超过500万元的部分自动拨入祥和公司的银行账户。叶福军注册会计师检查了相关协议，并通过函证向建设银行确认了资金归集账户的具体信息，结果满意。

（8）为验证银行对账单的真实性，叶福军注册会计师要求祥和公司财务人员提供相关的网银记录截屏，叶福军注册会计师将网银截屏信息与银行对账单信息进行了核对，结果满意。

参考资料：仁大东方．审计全真模拟试题［M］．北京：中国财政经济出版社，2022.

二维码展示
内容9-3

案例分析：针对上述第（1）至（8）项，逐项指出叶福军注册会计师的做法是否恰当。如不恰当，简要说明理由。

案例四　货币资金管理案例

保山公司会计和出纳分设，由于会计工作量大，财务经理安排由出纳负责登记三大期间费用账户，并且根据规定，收款的同时应为销售部门开具销售发票。办理付款手续时，直接根据采购人员提供的发票办理支付手续。在财务部负责人的授意下，开立多个结算账户，资金紧张的时候就从没有金额的账户给客户开支票，拖延还款时间。期末结账以后，检查人员发现库存现金经常短款，原因是大量发票单据没有经过有权批准人员的批准，因此没有进行账务处理。

参考资料：九江学院管理学院《审计案例》编写组．审计案例［M］．大连：东北财经大学出版社，2022.

二维码展示
内容9-4

案例分析：请结合上述材料，说明星海公司在货币资金管理中存在的问题，并提出改进意见。

案例五　库存现金监盘案例

在对吾易公司2022年度财务报表进行审计时，注册会计师葛威负责审计货币资金项目。吾易公司在总部和营业部均设有出纳部门。为顺利监盘库存现金，葛威在监盘前一天通知吾易公司会计主管人员熊豪做好监盘准备。考虑到出纳日常工作安排，对总部和营业部库存现金的监盘时间分别定在上午十点和下午三点。监盘时，出纳把现金放入保险柜，并将已办妥现金收付手续的交易登入库存现金日记账，结出库存现金日记账余额；随后，葛威当场监盘库存现金，在与库存现金日记账核对后填写“库存现金监盘表”，并在签字后形成审计工作底稿。

参考资料：《审计》命题研究委员会．审计历年真题精粹与精编模拟试卷［M］．北京：中国国际广播出版社，2022.

二维码展示
内容9-5

案例分析：请结合上述材料，指出上述库存现金监盘工作中有哪些不当之处，并提出改进建议。

案例六　两年间侵吞公款4 800余万元 一个电话揭开出纳员犯罪事实

出纳员两年间挪用公司资金270余次，侵吞公款4 800余万元，挥金如土时给自己披上了“富二代”的外衣。

2021年10月12日，山东省济南高新技术产业开发区检察院检察官刘芳拨通了一个回访电话，了解王鹏目前接受改造的情况。王鹏用4年时间，从校门走进了“牢门”，因犯职务侵占罪被法院判处有期徒刑十二年，并处没收个人财产80万元。

王鹏22岁大学毕业后入职山海集团，在集团的下属公司担任出纳员，两年挪用公司资金270余次，数额高达4 800余万元。这个“90后”小伙，在案发时还不到26岁。

1.偶然发现财务漏洞

王鹏是家中独生子，在鲁中山区的沂源农村长大，其父母与邻居合伙开了一家砖瓦厂，虽然收入比种田高点儿，但也算不上富裕。2016年初夏，王鹏大学毕业后顺利应聘到山海集团控股的下属公司任出纳员。

2018年深秋，王鹏来到了东湖管理服务有限公司（以下简称东湖公司），担任济南大区资金结算组出纳，负责管理西川山海地产有限公司（以下简称西川公司）两个银行账户的资金日报、银企支付等。东湖公司为西川公司提供财务服务，两家公司同为山海集团控股的全资子公司。

入职后，上任出纳员和王鹏交接工作，“这是公司网银账户的U盾，一个制单盾一个复核盾，你把复核盾寄给西川公司财务部。”根据规定，制单盾由东湖公司出纳保管，用于制作转账付款凭证，复核盾由西川公司财务人员保管，用于复核付款凭证，复核完成后资金转账才能成功。“没问题，你就放心吧。”王鹏表面上答应，背地里却偷偷将复核盾藏了起来。

王鹏月薪5 000元左右，因玩网络游戏和个人消费欠下不少网贷，到了还网贷的日子，王鹏动起了歪脑筋，“我先转点钱出来把网贷还上，等有钱了再还给公司。”心里打好如意算盘，王鹏开始实施他的“计划”。

王鹏先将资金转到西川公司账户，再通过两个U盾进行操作，将这些钱转到自己的银行账户用于个人消费。

到了月底，公司规定出纳之间要互相核对网银账户余额，同事周兰嘱咐王鹏，“小王，你把你负责的那些账户网银余额给我截个图，我这边截好图后一会儿发给你。”“好的周姐，我尽快。”王鹏一边应付同事，一边想着对策，“反正是看截图，把图改一下不就得了。”王鹏把修改后的网银余额截图发给周兰检查核对，周兰没有发现其中的蹊跷。

就这样，从2018年12月到2020年4月，两年内他利用企业管理系统的漏洞，通过申请监管资金、虚假申请资金下拨、资金划转等方式挪用公司资金，截至案发前共挪用274次。

一开始王鹏不敢挪用太多，第一次只挪了5万元，没被公司管理人员发现，后来他的胆子就越来越大，挪用的资金也越来越多，案发前一次挪用的金额竟高达90余万元。

2. 4 800余万元被他挥霍一空

手里有钱了，王鹏过上了纸醉金迷的生活。2019年秋天的一个夜晚，王鹏带着女朋友走进了悦色酒吧，领班赵伟看到他来了赶紧迎上去："鹏哥，今天喝点什么?"王鹏掏出银行卡："先来两杯鸡尾酒，再给我充50万元。"自6月初赵伟第一次接待王鹏，短短几个月的时间王鹏几乎天天到酒吧消费，前几天还豪爽地送了赵伟一笔钱。除了悦色，王鹏还是济南好几个酒吧的VIP客户，一次性花20万元买500瓶高档香槟，打赏服务员、销售、领班时也是十分大方。

其女友以前也在悦色酒吧打工，王鹏到酒吧消费时见她长得漂亮，就提出要跟她交往，两人确定关系后她便辞了职，日常开销全靠王鹏。交往期间，王鹏给女友租了一套180多平方米的房子，奢侈品牌的包、项链、手表随便买，外出旅游、酒吧消费更是不在话下，在她身上花了上百万元。当女友问他做什么工作，王鹏说钱都是家里给的，给自己披上了"富二代"的外衣。

深夜，王鹏回到家中观看直播，只要看到长相漂亮、身材火辣的主播，就会送出"火箭""游艇"等礼物。流连于多家直播平台的王鹏出手阔绰，总计打赏的主播有50多人，单给梦云主播就刷了1 000余万元的礼物。

令王鹏上瘾的还有各种网络游戏。他从2019年春天开始玩网络游戏。为了在游戏中称王称霸，成为全服第一，他不断购买皮肤、坐骑、武器等游戏装备，找游戏代练，前后充值加起来合计1 500余万元。

不到两年的时间里，王鹏穿梭于酒吧、洗浴中心、酒店公寓等地，在网络上疯狂打赏主播、充值网络游戏，将从公司挪用的4 800余万元挥霍一空。

3. 一个电话揭开犯罪事实

2020年5月，西川公司财务负责人刘珊珊接到一家合作银行工作人员的电话，核实该公司在4月30日支出63万元的有关事项。因为该银行有内部规定，超过50万元的支出都会进行核实。经过一番交谈，刘珊珊才发现这笔63万元的款项转到了王鹏的个人银行账户。

"这不是我的账户。"面对刘珊珊的询问，王鹏支支吾吾地说，"我的身份证和银行卡都丢了……"为了验证他的说法，公司派人陪同王鹏连夜赶往其老家办理了临时身份证，随后在查询王鹏银行账户余额时，发现有大量从公司账户转入的款项。

此时，王鹏已无法再隐瞒下去，承认自己挪用了公司4 800余万元，后在东湖公司财务经理等人的陪同下到派出所投案自首，向公安机关如实交代了挪用公司资金的事实。

"刚开始我觉得十几万元能还上，亏空了500万元后，我想通过投资或买彩票说不定也能还上，后来亏空超过了1 000万元，我觉得还不上了，想着过一天算一天吧。直播间里有很多主播喜欢我，网络游戏中我的等级也很高，我就是为了炫耀和攀比，想维持这种被人追捧的地位，所以就控制不住自己了……”

2020年10月，该案被移送济南高新技术产业开发区检察院审查起诉。12月，高新技术产业开发区检察院以涉嫌职务侵占罪对王鹏提起公诉。前不久，法院以职务侵占罪判处王鹏有期徒刑十二年，并处没收个人财产80万元。一审宣判后，王鹏表示服从判决，不上诉。

4.检察建议堵塞管理漏洞

事发后，西川公司遭受重创，王鹏打赏主播、游戏充值的资金能否追回成为挽回公司损失的重点。王鹏挪用公司资金2 300余万元在直播平台上充值虚拟币，自愿、无偿地给主播刷礼物，他与主播之间形成赠与法律关系。主播在获得高额打赏的同时并没有提供合理的对价，也没有付出相应的劳动，不是善意取得，因此，王鹏向直播平台充值的2 300余万元已被全部追缴。而王鹏在游戏平台充值后使用了平台提供的服务，游戏平台对于王鹏充值资金来源于赃款并不知情，因此在游戏平台的充值不应追缴。

办案过程中，办案检察官发现案件发生的一个诱因，是王鹏在与同事交接工作中获得了公司的制单盾与复核盾，正是因为王鹏同时掌握两个U盾，他才能毫不费力地把公司资金转出并占为己有，给公司造成巨大的经济损失。

高新技术产业开发区检察院针对办案中发现的问题，向涉案单位东湖公司制发检察建议，建议公司完善员工工作交接流程、明确岗位职责权限、定期审计做好资金监管、重视员工法律知识普及、提升员工法治素养。收到检察建议后，东湖公司有关负责人在组织整改的同时，及时向该院进行了反馈。

参考资料：卢金增，王倩，郭歆瑜．两年间侵吞公款4 800余万元 一个电话揭开出纳员犯罪事实［EB/OL］．［2021-12-07］．http：//news.jcrb.com/jszx/202112/t20211207_2344317.html．文中涉案公司、酒吧、人员均为化名。

二维码展示内容9-6

案例分析：结合上述材料，查阅网络材料，谈谈你对该事件的看法。

模块十　终结审计与审计报告

一、实训目的

了解管理层声明书和律师声明书，以及审计报告的作用和种类，理解审计工作底稿的复核、审计结果的评价和与被审计单位的沟通内容，掌握注册会计师审计报告的基本内容与基本类型，明确出具各种审计意见的条件与要求。

通过本模块实训，培养学生的全局观、联系观、发展观；培养学生审计人的工匠精神。

二、理论知识点

（一）取得管理层声明书与律师声明书

1.取得被审计单位管理层声明书

（1）管理层声明的含义和作用。注册会计师执行财务报表审计业务，在出具审计报告前，应当向被审计单位获取适当的管理层声明，以明确会计责任与审计责任。管理层声明是指被审计单位管理层向注册会计师提供的关于财务报表的各项陈述。管理层声明包括书面声明和口头声明，而书面声明通常比口头声明更可靠。注册会计师获取的管理层书面声明通常包括：①管理层声明书；②注册会计师提供的列示其对管理层声明的理解并经管理层确认的函；③董事会及类似机构的相关会议纪要或已签署的财务报表副本。

被审计单位管理层声明具有两方面的作用：①明确管理层认可财务报表的责任；②提供具有补充作用的审计证据。

（2）将管理层声明书作为审计证据。被审计单位管理层声明书是一种非独立来源的书面声明。因此，不能将其视为十分可靠的审计证据，也不应以其替代能够预期获取的其他审计证据。但对于某些对财务报表具有重大影响的事项来说，如涉及管理层的判断、意图以及仅限管理层知悉的事实的事项，除存在实施询问程序获得的审计证据之外，不存在其他充分、适当的审计证据。在这种情况下，注册会计师应当就对财务报表具有重大影响的事项询问管理层，并获取其签字确认的书面声明。

当管理层声明的事项对财务报表具有重大影响时，注册会计师应当获取相关佐证证据，评价管理层声明是否合理，与获取的其他审计证据是否一致，并考虑作出声明的人员是否熟知所声明的事项。当管理层的某项声明与其他审计证据相矛盾，或者管理层拒绝就对财务报表具有重大影响的事项提供书面声明或拒绝就重要的口头声明予以书面确认时，注册会计师应当进行调查，必要时，应重新考虑管理层其他声明的可靠性。

注册会计师如对影响财务报表的重大事项无法实施必要的审计程序，获取充分、适当的审计证据，即使取得管理层的书面声明，仍应将其视为审计范围受到限制，并出具保留意见或无法表示意见的审计报告。

（3）管理层声明书的基本要素。管理层声明书一般包括以下基本要素：①标题：管理层声明书；②收件人：即接受委托的会计师事务所及签署审计报告的注册会计师；③声明内容：根据审计约定事项的具体情况、财务报表编制基础等因素，由签字注册会计师列出各项声明；④签章：管理层声明书通常由管理层中对被审计单位及其财务负主要责任的人员签署；⑤日期：管理层声明书标明的日期通常与审计报告日一致，但某些交易或事项的声明书日期，可以是注册会计师获取该声明书的日期。

（4）管理层声明书的主要内容。管理层声明书的主要内容包括：①关于财务报表，主要包括：管理层认可其对财务报表编制的责任；管理层认可其设计、实施和维护内部控制以防止或发现并纠正错报的责任；管理层认为注册会计师在审计过程中发现的未更正错报，无论是单独还是汇总起来考虑，对财务报表整体均不具有重大影响。②关于信息的完整性，主要包括：所有财务信息和其他数据的可获得性；所有股东大会和董事会会议记录的完整性和可获得性；就违反法规行为事项，被审计单位与监管机构沟通的书面文件的可获得性；与未记录交易相关的资料的可获得性；涉及下列人员舞弊行为或舞弊嫌疑信息的可获得性：管理层、对内部控制具有重大影响的雇员、对财务报表的编制具有重大影响的其他人员。③关于确认、计量和列报，主要包括：对资产或负债的确认或列报具有重大影响的计划或意图；关联方交易，以及涉及关联方的应付款项；需要在财务报表中披露的违反法规的行为；需要确认或披露的或有事项，对财务报表具有重大影响的承诺事项和需要偿付的担保等；对财务报表具有重大影响的合同的遵循情况；对财务报表具有重大影响的重大不确定事项；被审计单位对资产的拥有或控制情况，以及抵押、质押或留置资产；持续经营假设的合理性；需要调整或披露的期后事项。

2.取得律师声明书

由于注册会计师没有能力去做法律上的判断，注册会计师从管理层获取有关被审计单位期后事项和或有事项等相关信息后，通常会向被审计单位的法律顾问或律师进行函证，并取得律师声明书来证实这些信息是否完整、可靠。被审计单位法律顾问或律师对询证函的答复，就是律师声明书。一般而言，律师声明书可以提供有力的证据，帮助注册会计师合理确认有关的期后事项和或有事项，从而在一定程度上，降低注册会计师对上述事项出错或误解的可能性。但是，注册会计师并不能直接根据律师的声明形成审计意见。

通常，注册会计师会要求被审计单位向其法律顾问或律师寄发审计询证函。询证函的内容应包括被审计单位对与该律师业务相关的期后事项、或有事项等情况的叙述和评价。在审计实务中，询证函一般都有通用的格式，但由于被审计单位性质、业务范围及管理情况存在很大差别，其律师出具的声明书会各具特点。律师询证函的一般格式见表10-1。

表10-1 律师询证函的一般格式

律师询证函

信义律师事务所刘信义律师台鉴：

本公司已聘请××会计师事务所对本公司2022年12月31日（以下简称资产负债表日）的资产负债表以及截至资产负债表日的该年度利润及利润分配表和现金流量表进行审计。为配合该项审计，谨请贵律师基于受理本公司委托的工作诸如常年法律顾问、专项咨询和诉讼代理等，提供下述资料，并通告××会计师事务所。

一、请说明存在于资产负债表日并且自该日起至本函回复日止本公司委托贵律师代理进行的任何未决诉讼。说明中谨请包含以下内容：

1.案件的事实经过与目前的发展进程；

2.在可能的范围内，贵律师对于本公司管理层就上述案件所持看法及处理计划（如庭外和解设想）的了解，及您对可能发生结果的意见；

3.在可能的范围内，您对可能发生的损失或收益的可能性及金额的估计。

二、请说明存在于资产负债表日并且自该日起至本函回复日止本公司曾向贵律师咨询的其他诸如未决诉讼、追索债权、被追索债权以及政府有关部门对本公司进行的调查等可能涉及本公司法律责任的事件。

三、请说明截至资产负债表日，本公司与贵律师事务所律师服务费的结算情况（如有可能，请依服务项目区分）。

四、若无上述一、二事项，为节省您宝贵的时间，烦请填写本函背面律师询证函复函并签章后，按以下地址寄往××会计师事务所（地址：××市××路××号；邮编：××××××）。

谢谢合作！

华明股份有限公司（签章）

公司负责人（盖章）

2023年2月25日

律师询证函复函

××会计师事务所：

本律师于2022年期间，除向华明股份有限公司提供一般性法律咨询服务，并未接受委托、代理进行或咨询如前一、二项所述之事宜。

另截至2022年12月31日，该公司未积欠本律师事务所任何律师服务费。尚有本律师事务所的律师服务费计人民币零元，未予付清。

信义律师事务所

律师：刘信义（签章）

2023年2月28日

注册会计师应从整体上对律师声明书进行分析，确定它对审计询证函的总体反映及其与注册会计师所知情况是否矛盾。如果律师声明书表明或暗示律师拒绝提供信息，或是隐瞒情况，或是对被审计单位叙述的情况不加修正，注册会计师一般应认为审计范围受到限制，注册会计师应当考虑这种影响，并重新考虑审计意见的类型和措辞。

（二）编制审计差异调整表和试算平衡表

在审计过程中，注册会计师在审计中发现的被审计单位会计处理方法与适用的会计准则和相关会计制度的不一致，即审计差异内容，项目负责人应当根据审计重要性原则进行初步确认并汇总，编制审计差异调整表，并建议被审计单位进行调整，使调整后的财务报表能够公允反映被审计单位的财务状况、经营成果和现金流量。

1.编制审计差异调整表

（1）审计差异的种类。审计差异内容按是否需要调整账户记录可分为核算差异和重分类差异。前者是因被审计单位对经济业务进行了不恰当的会计处理而引起的差异，用审计重要性原则来衡量每一项核算差异，又可分为建议调整的不符事项和不建议调整的不符事项；后者是因被审计单位未按适用的会计准则和相关会计制度规定编制财务报表而引起的差异。为便于审计项目的各级负责人综合判断、分析和决定，也为了便于编制试算平衡表和代编经审计的财务报表，通常需要将这些事项汇总，编制审计调整分录汇总表、重分类调整分录汇总表和未调整不符事项汇总表。其格式见表10-2、表10-3和表10-4。

表10-2 **审计差异调整表——审计调整分录汇总表**

被审计单位：______	索引号：______
项目：______	财务报表截止日/期间：______
编制：______	复核：______
日期：______	日期：______

序号	索引号	调整分录说明	调整分录	明细账户	资产负债表		利润及利润分配表		被审计单位调整情况及未调整原因
					借方	贷方	借方	贷方	
合计									

表10-3　　审计差异调整表——重分类调整分录汇总表

被审计单位：	索引号：
项目：	财务报表截止日/期间：
编制：	复核：
日期：	日期：

序号	索引号	调整分录说明	调整分录	明细账户	资产负债表		利润及利润分配表		被审计单位调整情况及未调整原因
					借方	贷方	借方	贷方	
合计									

表10-4　　审计差异调整表——未调整不符事项汇总表

被审计单位：	索引号：
项目：	财务报表截止日/期间：
编制：	复核：
日期：	日期：

序号	索引号	调整分录说明	调整分录	明细账户	资产负债表		利润及利润分配表		被审计单位调整情况及未调整原因
					借方	贷方	借方	贷方	
合计									

（2）审计差异的汇总。审计差异按性质可以分为已知错报、估计错报和差错准备三类。一是已知错报，即通过对账户或交易实施详细的实质性程序所确认的未调整的错报或漏报，如计算错误、分类不当或记录错误等；二是估计错报，即通过审计抽样或执行分析程序所估计的未调整的错报或漏报；三是差错准备，即那些可能存在，但在审计过程中不一定必须查出的错报或漏报，或者说是可容忍的差异。

注册会计师应当对已知错报和估计错报进行汇总，汇总的审计差异应是被审计单位未调整的错报或漏报。注册会计师对各项错报或漏报进行汇总时，应该注意三方面的因素：一是这些错误或漏报在性质上是否重要；二是这些错误或漏报在金额上是否重要；三是审计差异产生的原因。另外，如果前期未调整的错报或漏报尚未消除，且导致本期财务报表失实，注册会计师在汇总时也应把它包括进来。审计差异一般采用“审计差异汇总表”的形式予以汇总，其格式见表10-5。

表10-5　　**审计差异汇总表**

被审计单位：＿＿＿＿＿＿＿＿	索引号：＿＿＿＿＿＿＿＿
项目：＿＿＿＿＿＿＿＿	财务报表截止日/期间：＿＿＿＿＿＿＿＿
编制：＿＿＿＿＿＿＿＿	复核：＿＿＿＿＿＿＿＿
日期：＿＿＿＿＿＿＿＿	日期：＿＿＿＿＿＿＿＿

工作底稿	调整账户及内容摘要	已知错报				估计错报			
		资产负债表		利润表		资产负债表		利润表	
		借方	贷方	借方	贷方	借方	贷方	借方	贷方
A—1	前期未调整分录 制造费用 累计折旧 （计提应计折旧）								
B—2	应收账款 库存现金 （退回空头支票）								
B—3	库存现金 财务费用 （计算利息收入）								
C—1	主营业务收入 应收账款 （发生销售退回）								
总计									

（3）审计差异的评价与处理。注册会计师在汇总审计差异并形成审计结果后，应当对其重要性和审计风险作最后的总体评价。注册会计师应当区别下列两种情况分别处理：第一种情况是，尚未调整的错报或漏报的汇总数超过重要性水平。注册会计师可以提请被审计单位调整财务报表，使调整后的汇总数低于重要性水平；如被审计单位同意采纳，应获取其同意调整的书面确认函；如果被审计单位管理层不愿对已验证的错报或漏报予以调整，或调整后的汇总数仍高于重要性水平，说明存在较大的审计风险，注册会计师应当扩大实质性程序的范围，对错报或漏报进行重新评估。如果重新评估后的汇总数低于重要性水平，那么注册会计师可以发表无保留审计意见，否则发表保留或否定审计意见。第二种情况是，汇总数接近重要性水平。即使尚未调整的错报或漏报的汇总数接近重要性水平，但由于该汇总数连同尚未发现的错报或漏报的汇总数可能超过重要性水平，注册会计师也应当实施追加的

实质性程序或提请被审计单位调整，以降低审计风险并有助于形成恰当的审计意见。

2.编制试算平衡表

试算平衡表是注册会计师在被审计单位提供未调整财务报表的基础上，考虑调整分录、重分类分录等内容后确定的已审计数和报表反映数的表格形式。资产负债表试算平衡表的参考格式见表10-6。

表10-6 资产负债表试算平衡表

被审计单位：________	索引号：A7
项目：________	财务报表截止日/期间：________
编制：________	复核：________
日期：________	日期：________

项目	期末未审数	审计调整		期末审定数	项目	期末未审数	审计调整		期末审定数
		借方	贷方				借方	贷方	
货币资金					短期借款				
交易性金融资产					交易性金融负债				
应收票据					应付票据				
应收账款					应付账款				
预付款项					预收款项				
其他应收款					合同负债				
存货					应付职工薪酬				
合同资产					应交税费				
持有待售资产					其他应付款				
一年内到期的非流动资产					持有待售负债				
其他流动资产					一年内到期的非流动负债				
债权投资					其他流动负债				
其他债权投资					长期借款				
长期应收款					应付债券				
长期股权投资					长期应付款				
其他权益工具投资					预计负债				
其他非流动金融资产					递延收益				
投资性房地产					递延所得税负债				
固定资产					其他非流动负债				
在建工程					实收资本（或股本）				
生产性生物资产					其他权益工具				
油气资产					资本公积				
无形资产					其他综合收益				
开发支出					盈余公积				
商誉					未分配利润				
长期待摊费用									
递延所得税资产									
其他非流动资产									
合计					合计				

（三）复核审计工作

审计结束时，签发审计报告前必须要由富有专业知识与丰富经验的注册会计师认真复核所有的工作底稿。一般来说复核审计工作是由会计师事务所的主任会计师负责进行的，目的是确保所实施的审计程序充分、恰当，所取得的审计证据充分、适当，以及审计结论客观而公正。

1.签发审计报告前复核的意义

（1）实施对审计工作结果的最后质量管理，从而能避免因对重大审计问题的遗留或对审计工作情况理解不透彻等情况，以便形成与审计工作结果相一致的审计意见。

（2）确保审计工作达到会计师事务所的工作标准，严格保持审计工作质量的一致性。

（3）防止注册会计师因个人偏见所产生的判断失误，降低审计风险。

2.整理和复核审计工作底稿

在外勤工作阶段，注册会计师所收集的审计工作底稿一般是分散的、不系统的。因此，编制审计报告前，注册会计师应根据审计计划中拟定的内容、范围和要求，对审计工作底稿进行整理和复核。

第一，注册会计师及其助理人员对各自工作底稿的初步整理。主要分析是否已完成规定的审计任务，回顾是否存在遗漏程序，并着重列举审计过程中所发现的问题，提出相应的处理意见。

第二，由项目组内经验较多的人员复核经验较少的人员所执行的工作。复核人员应该考虑：审计工作是否已按照法律法规、职业道德规范和审计准则的规定执行；重大事项是否已提请进一步考虑；相关事项是否已进行适当咨询，由此形成的结论是否得到记录和执行；是否需要修改已执行审计工作的性质、时间和范围；已执行的审计工作是否支持形成的结论，并已得到适当记录；获取的审计证据是否充分、适当；审计程序的目标是否实现。

在出具审计报告前，项目负责人应当通过复核审计工作底稿与项目组讨论，确信获取的审计证据已经充分、适当，足以支持形成的结论和拟出具的审计报告。其复核的主要内容包括对关键领域所作的判断，尤其是执行业务过程中识别出的疑难问题或争议事项、特别风险以及项目负责人认为重要的其他领域。项目负责人应当对复核的范围和时间予以适当记录。

3.复核和分析已审计财务报表

在审计结束或临近结束时，应当由项目负责人或主任会计师复核经审计后的财务报表。复核人员应当运用分析程序对财务报表总体进行复核，以确定财务报表整体是否与其对被审计单位的了解一致，并要特别关注是否存在不正常的金额或关联方交易，同时分析所获取的审计证据是否充分、适当。

（四）与治理层的沟通

1.沟通事项

（1）注册会计师的责任。

（2）注册会计师计划的审计范围和时间安排。

（3）审计工作中发现的问题。主要包括：①注册会计师对被审计单位会计处理质量方面的看法；②审计工作中遇到的重大困难；③已与管理层讨论或书面沟通的、审计中发现的重大事项；④影响审计报告形式和内容的情形；⑤审计中发现的、根据职业判断认为重大且与治理层监督财务报表过程直接相关的所有其他重大事项。

（4）注册会计师的独立性。

（5）补充事项。

2.沟通的时间及形式。注册会计师应当及时与治理层沟通。沟通的形式涉及口头或书面沟通、详细或简略沟通、正式或非正式沟通。注册会计师就下列事项与治理层沟通时，应当采取书面形式：①审计工作中发现的重大问题，其中已向治理层提出并得到妥善解决的事项不必包含在书面沟通文件中；②注册会计师的独立性。其他事项的沟通，既可以采用书面形式，也可以采用口头形式。

如果以口头形式沟通涉及治理层责任的事项，注册会计师应当确信沟通的事项已记录于讨论纪要或审计工作底稿。

（五）审计报告的含义与种类

1.审计报告的含义

审计报告是指注册会计师根据中国注册会计师审计准则的规定，在执行审计工作的基础上，对财务报表发表审计意见的书面文件。审计报告是审计工作的最终结果，是对审计工作的全面总结，是评价被审计单位财务报表合法性和公允性的重要工具，是向审计服务需求者传达所需信息的重要手段，也是表明注册会计师完成了审计任务并愿意承担审计责任的证明文件。

2.审计报告的种类

（1）审计报告按其格式和措辞的规范性，可分为规范性审计报告和特殊性审计报告。

规范性审计报告是指格式和措辞基本统一的审计报告。规范性审计报告一般适用于对外公布。

特殊性审计报告是指格式和措辞不统一，可以根据具体审计项目的情况来决定的审计报告。特殊性审计报告一般不对外公布。

注册会计师出具的年度财务报表审计报告有规范的格式和措辞，均属于规范性审计报告。审计报告按其发表审计意见的类型，可分为无保留意见审计报告和非无保留意见审计报告。

无保留意见是指当注册会计师认为财务报表在所有重大方面按照适用的财务报告编制基础编制并能实现公允反映时发表的审计意见；其审计报告为无保留意见审计报告。非无保留意见审计报告是指对财务报表发表的保留意见、否定意见或无法表示意见的审计报告。

（2）审计报告按其使用的目的，可分为公布目的审计报告和非公布目的审计报告。

公布目的审计报告，一般是用于对企业股东、投资者、债权人等非特定利益关系者公布财务报表时所附送的审计报告。

非公布目的审计报告，一般是用于经营管理、合并或业务转让、融通资金等特定目的而实施审计的审计报告。

（3）审计报告按其详略程度，可分为简式审计报告和详式审计报告。

3.审计报告的基本内容

（1）标题。标题应当统一规范为“审计报告”。

（2）收件人。收件人即注册会计师按照业务约定书的要求致送审计报告的对象，一般是指审计业务的委托人，审计报告应当载明收件人的全称，如“××股份有限公司全体股东”“××有限责任公司董事会”。

（3）审计意见。这部分还应当包括下列方面：

①指出被审计单位的名称。

②说明财务报表已经审计。

③指出构成整套财务报表的每一财务报表的名称。

④提及财务报表附注，包括重大会计政策和会计估计。

⑤指明构成整套财务报表的每一财务报表的日期或涵盖的期间。

（4）形成审计意见的基础。该部分应当紧接在审计意见部分之后，并包括下列方面：

①说明注册会计师按照审计准则的规定执行了审计工作。

②提及审计报告中用于描述审计准则规定的注册会计师责任的部分。

③声明注册会计师按照与审计相关的职业道德要求独立于被审计单位，并履行了职业道德方面的其他责任。声明中应当指明适用的职业道德要求，如中国注册会计师职业道德守则。

④说明注册会计师是否相信获取的审计证据是充分、适当的，为发表审计意见提供了基础。

（5）管理层对财务报表的责任。该部分应当说明管理层负责下列方面：

①按照适用的财务报告编制基础的规定编制财务报表，使其实现公允反映，并设计、执行和维护必要的内部控制，以使财务报表不存在由于舞弊或错误导致的重大错报。

②评估被审计单位的持续经营能力和使用持续经营假设是否适当，并披露与持续经营相关的事项（如适用）。对管理层评估责任的说明应当包括描述在何种情况下使用持续经营假设是适当的。

当对财务报告过程负有监督责任的人员与履行以上所述管理层责任的人员不同时，管理层对财务报表的责任部分还应当提及对财务报告过程负有监督责任的人员。在这种情况下，该部分的标题还应当提及“治理层”或者特定国家或地区法律框架中的恰当术语。

（6）注册会计师对财务报表审计的责任。注册会计师对财务报表审计的责任部分应当包括下列内容：①说明注册会计师的目标是对财务报表整体是否不存在由于舞弊或错误导致的重大错报获取合理保证，并出具包含审计意见的审计报告；②说明合理保证是高水平的保证，但并不能保证按照审计准则执行的审计在某一重大错报存在时总能发现；③说明错报可能由于舞弊或错误导致。

注册会计师对财务报表审计的责任部分还应当包括下列内容：①说明在按照审计准则执行审计工作的过程中，注册会计师运用职业判断，并保持职业怀疑；②通过说明注册会计师的责任，对审计工作进行描述。

这些责任包括：①识别和评估由于舞弊或错误导致的财务报表重大错报风险，设计和实施审计程序以应对这些风险，并获取充分、适当的审计证据，作为发表审计意见的基础。由于舞弊可能涉及串通、伪造、故意遗漏、虚假陈述或凌驾于内部控制之上，未能发现由于舞弊导致的重大错报的风险高于未能发现由于错误导致的重大错报的风险。②了解与审计相关的内部控制，以设计恰当的审计程序，但目的并非对内部控制的有效性发表意见。当注册会计师有责任在财务报表审计的同时对内部控制的有效性发表意见时，应当略去上述“目的并非对内部控制的有效性发表意见”的表述。③评价管理层选用会计政策的恰当性和作出会计估计及相关披露的合理性。④对管理层使用持续经营假设的恰当性得出结论。同时，根据获取的审计证据，就可能导致对被审计单位持续经营能力产生重大疑虑的事项或情况是否存在重大不确定性得出结论。如果注册会计师得出结论认为存在重大不确定性，审计准则要求注册会计师在审计报告中提请报表使用者关注财务报表中的相关披露；如果披露不充分，注册会计师应当发表非无保留意见。注册会计师的结论基于截至审计报告日可获得的信息。然而，未来的事项或情况可能导致被审计单位不能持续经营。⑤评价财务报表的总体列报、结构和内容（包括披露），并评价财务报表是否公允反映相关交易和事项。

注册会计师对财务报表审计的责任部分还应当包括下列内容：①说明注册会计师与治理层就计划的审计范围、时间安排和重大审计发现等事项进行沟通，包括沟通注册会计师在审计中识别的值得关注的内部控制缺陷；②对于上市实体财务报表审计，指出注册会计师就已遵守与独立性相关的职业道德要求向治理层提供声明，并与治理层沟通可能被合理认为影响注册会计师独立性的所有关系和其他事项，以及相关的防范措施（如适用）；③对于上市实体财务报表审计，以及决定按照《中国注册会计师审计准则第 1504 号——在审计报告中沟通关键审计事项》的规定沟通关键审计事项的其他情况，说明注册会计师从与治理层沟通过的事项中确定哪些事项对本期财务报表审计最为重要，因而构成关键审计事项。注册会计师应当在审计报告中描述这些事项，除非法律法规禁止公开披露这些事项，或在极少数情形下，注册会计师合理预期在审计报告中沟通某事项造成的负面后果超过在公众利益方面产生的益处，因而确定不应在审计报告中沟通该事项。

（7）按照相关要求，履行其他报告责任（如适用）。除审计准则规定的注册会计师责任外，如果注册会计师在对财务报表出具的审计报告中履行其他报告责任，应当在审计报告中将其单独作为一部分，并以“按照相关法律法规的要求报告的事项”为标题，或使用适合于该部分内容的其他标题，除非其他报告责任涉及的事项与审计准则规定的报告责任涉及的事项相同。如果涉及相同的事项，其他报告责任可以在审计准则规定的同一报告要素部分列示。

如果将其他报告责任在审计准则要求的同一报告要素部分列示，审计报告应当清楚区分其他报告责任和审计准则要求的报告责任。

如果审计报告将其他报告责任单独作为一部分，应当置于“对财务报表出具的审计报告”标题下；“按照相关法律法规的要求报告的事项”部分置于“对财务报表出具的审计报告”部分之后。

（8）注册会计师签名并盖章。审计报告应当由两名具备相关业务资格的注册会计师签名并盖章。

（9）会计师事务所的名称、地址和公章。

（10）报告日期。审计报告的日期为注册会计师完成审计工作的日期。审计报告的日期不应早于注册会计师获取充分、适当的审计证据，并在此基础上对财务报表形成审计意见的日期。

（六）在审计报告中沟通关键审计事项

1.关键审计事项的定义

关键审计事项，是指注册会计师根据职业判断认为对本期财务报表审计最为重要的事项。关键审计事项从注册会计师与治理层沟通过的事项中选取。

2.关键审计事项的确定

注册会计师应当从与治理层沟通过的事项中确定在执行审计工作时重点关注过的事项。在确定时，注册会计师应当考虑下列方面：①按照《中国注册会计师审计准则第1211号——重大错报风险的识别和评估》的规定，评估的重大错报风险较高的领域或识别出的特别风险；②与财务报表中涉及重大管理层判断（包括被认为具有高度估计不确定性的会计估计）的领域相关的重大审计判断；③本期重大交易或事项对审计的影响。

3.关键审计事项的沟通

注册会计师应当在审计报告中单设一部分，以“关键审计事项”为标题，并在该部分使用恰当的子标题逐项描述关键审计事项。关键审计事项部分的引言应当同时说明下列事项：①关键审计事项是注册会计师根据职业判断，认为对本期财务报表审计最为重要的事项；②关键审计事项的应对以对财务报表整体进行审计并形成审计意见为背景，注册会计师不对关键审计事项单独发表意见。

如果某些事项导致注册会计师应当发表非无保留意见，注册会计师不得在审计报告的关键审计事项部分沟通这些事项。

在审计报告的关键审计事项部分逐项描述关键审计事项时，注册会计师应当分别索引至财务报表的相关披露（如有），并同时说明下列内容：①该事项被认定为审计中最为重要的事项之一，因而被确定为关键审计事项的原因；②该事项在审计中是如何应对的。

导致非无保留意见的事项，或者导致对被审计单位持续经营能力产生重大疑虑的事项或情况存在重大不确定性，就其性质而言都属于关键审计事项。然而，这些事项不得在审计报告的关键审计事项部分进行描述。注册会计师应该按照适用的审计准则的规定报告这些事项，并在关键审计事项部分提及形成保留（否定）意见的基础部分或与持续经营有关的重大不确定性部分。

注册会计师应当就下列事项与治理层沟通：①注册会计师确定的关键审计事项；②根据被审计单位和审计业务的具体事实和情况，注册会计师确定不存在需要在审计报告中沟通的关键审计事项（如适用）。

（七）审计报告的类型

1.无保留意见审计报告

（1）无保留意见审计报告的签发条件。

无保留意见，是指当注册会计师认为财务报表在所有重大方面按照适用的财务报告编制基础的规定编制并实现公允反映时发表的审计意见。

注册会计师经过审计后，认为被审计单位财务报表符合下列所有条件，注册会计师应当出具无保留意见审计报告：

①财务报表已经在所有重大方面按照适用的财务报告编制基础的规定编制，公允反映了被审计单位的财务状况、经营成果和现金流量。

②注册会计师已经按照中国注册会计师审计准则的规定计划和实施审计工作，在审计过程中未受到限制。

（2）无保留意见审计报告的关键措辞。

无保留意见审计报告应当以“我们认为”作为意见段的开头，并使用“在所有重大方面”“公允反映了”等专业术语。

2.保留意见审计报告

（1）签发保留意见审计报告的条件。

当存在下列情形之一时，注册会计师应当出具保留意见审计报告：

①在获取充分、适当的审计证据后，注册会计师认为错报单独或累计起来对财务报表影响重大，但不具有广泛性；

②注册会计师无法获取充分、适当的审计证据以作为形成审计意见的基础，但认为未发现的错报（如存在）对财务报表可能产生的影响重大，但不具有广泛性。

（2）保留意见审计报告的基本内容与关键措辞。

保留意见审计报告的基本内容除了包括无保留意见审计报告的基本内容外，还应当将“形成保留意见的基础”作为标题，在该部分包含对导致发表保留意见的事项的描述。

如果财务报表中存在与具体金额（包括财务报表附注中的定量披露）相关的重大错报，注册会计师应当在形成审计意见的基础部分说明并量化该错报的财务影响。如果无法量化财务影响，注册会计师应当在该部分说明这一情况。如果财务报表中存在与叙述性披露相关的重大错报，注册会计师应当在形成审计意见的基础部分解释该错报错在何处。如果财务报表中存在与应披露而未披露信息相关的重大错报，注册会计师应当：①与治理层讨论未披露信息的情况；②在形成审计意见的基础部分描述未披露信息的性质；③如果可行并且已针对未披露信息获取了充分、适当的审计证据，在形成审计意见的基础部分包含对未披露信息的披露，除非法律法规禁止。

如果因无法获取充分、适当的审计证据而导致发表保留意见，注册会计师应当在形成审计意见的基础部分说明无法获取审计证据的原因。

当由于财务报表存在重大错报而发表保留意见时，注册会计师应当在审计意见部分说明：注册会计师认为，除形成保留意见的基础部分所述事项产生的影响外，后附的财务报表在所有重大方面按照适用的财务报告编制基础的规定编制，公允反映了……。

当由于无法获取充分、适当的审计证据而导致发表保留意见时，注册会计师应当在审计意见部分使用“除……可能产生的影响外”等措辞。

3.否定意见审计报告

（1）签发否定意见审计报告的条件。

在获取充分、适当的审计证据后，如果认为错报单独或累计起来对财务报表的影响重大且具有广泛性，注册会计师应当发表否定意见。

（2）否定意见审计报告的基本内容与关键措辞。

否定意见审计报告的基本内容除了包括无保留意见审计报告的基本内容外，还应当将“形成否定意见的基础”作为标题，在该部分包含对导致发表否定意见的事项的描述。

在发表否定意见时，注册会计师应当对审计意见部分使用恰当的标题“否定意见”。

当发表否定意见时，注册会计师应当在审计意见部分说明：注册会计师认为，由于形成否定意见的基础部分所述事项的重要性，后附的财务报表没有在所有重大方面按照适用的财务报告编制基础的规定编制，未能公允反映……。

4.无法表示意见审计报告

（1）签发无法表示意见审计报告的条件。

如果无法获取充分、适当的审计证据以作为形成审计意见的基础，但认为未发现的错报（如存在）对财务报表可能产生的影响重大且具有广泛性，注册会计师应当发表无法表示意见的审计报告。

（2）无法表示意见审计报告的基本内容和关键措辞。

无法表示意见审计报告的基本内容，在无保留意见审计报告的基本内容的基础上进行多方面的修正。

在发表无法表示意见时，注册会计师应当对审计意见部分使用“无法表示意见”作为标题。在审计意见部分，只强调“我们接受委托”，而非“我们审计了”。

“形成无法表示意见的基础”中描述导致发表无法表示意见事项的原因及影响。

当由于无法获取充分、适当的审计证据而发表无法表示意见时，注册会计师应当：①说明注册会计师不对后附的财务报表发表审计意见；②说明由于形成无法表示意见的基础部分所述事项的重要性，注册会计师无法获取充分、适当的审计证据以作为对财务报表发表审计意见的基础；③修改财务报表已经审计的说明，改为注册会计师接受委托审计财务报表。

当注册会计师对财务报表发表无法表示意见时，审计报告中不应当包含无保留意见审计报告中的下列要素：①提及审计报告中用于描述注册会计师责任的部分；②说明注册会计师是否已获取充分、适当的审计证据以作为形成审计意见的基础。

当由于无法获取充分、适当的审计证据而发表无法表示意见时，注册会计师应当对审计报告中注册会计师责任作出的表述进行修改，仅包含下列内容：①注册会计师的责任是按照中国注册会计师审计准则的规定，对被审计单位财务报表执行审计工作，以出具审计报告；②但由于形成无法表示意见的基础部分所述的事项，注册会计师无法获取充分、适当的审计证据以作为发表审计意见的基础；③说明注册会计师在独立性和职业道德方面的其他责任。

当对财务报表发表无法表示意见时，注册会计师不得在审计报告中包含关键审计事项部分，除非法律法规另有规定。

5.在审计报告中增加强调事项段和其他事项段

（1）带强调事项段的审计报告。

强调事项段，是审计报告中含有的一个段落，该段落提及已在财务报表中恰当列报或披露的事项，且根据注册会计师的职业判断，该事项对财务报表使用者理解财务报表至关重要。

如果认为有必要提醒财务报表使用者关注已在财务报表中列报或披露，且根据职业判断认为对财务报表使用者理解财务报表至关重要的事项，在同时满足下列条件时，注册会计师应当在审计报告中增加强调事项段：①按照《中国注册会计师审计准则第1502号——在审计报告中发表非无保留意见》的规定，该事项不会导致注册会计师发表非无保留意见；②当《中国注册会计师审计准则第1504号——在审计报告中沟通关键审计事项》适用时，该事项未被确定为在审计报告中沟通的关键审计事项。

如果在审计报告中包含强调事项段，注册会计师应当采取下列措施：①将强调事项段作为单独的一部分置于审计报告中，并使用包含“强调事项”这一术语的适当标题；②明确提及被强调事项以及相关披露的位置，以便能够在财务报表中找到对该事项的详细描述。强调事项段应当仅提及已在财务报表中列报或披露的信息；③指出审计意见没有因该强调事项而改变。

（2）带其他事项段的审计报告。

其他事项段，是审计报告中含有的一个段落，该段落提及未在财务报表中列报或披露的事项，且根据注册会计师的职业判断，该事项与财务报表使用者理解审计工作、注册会计师的责任或审计报告相关。

如果认为有必要沟通虽然未在财务报表中列报或披露，但根据职业判断认为与财务报表使用者理解审计工作、注册会计师的责任或审计报告相关的事项，在同时满足下列条件时，注册会计师应当在审计报告中增加其他事项段：①未被法律法规禁止；②当《中国注册会计师审计准则第1504号——在审计报告中沟通关键审计事项》适用时，该事项未被确定为在审计报告中沟通的关键审计事项。

如果在审计报告中包含其他事项段，注册会计师应当将该段落作为单独的一部分，并使用“其他事项”或其他适当标题。

（八）审计报告的编制

1.审计报告的编制要求

为使全球审计报告使用者根据审计意见来了解和判断被审计单位的财务状况、经营成果和现金流量情况，发挥审计报告的作用，注册会计师在编制审计报告时，应符合三方面的基本要求。

（1）内容全面完整。内容全面完整主要是指审计报告的基本构成要素必须齐全完备，否则审计报告所提供信息的质量将会受到影响。

（2）责任界限分明。注册会计师的责任是对审计报告的合法性、公允性负责，注册会计师的责任并不能替代或减轻被审计单位管理层的会计责任，因此必须在审计报告中明确指出这两者的界限。

（3）证据确凿充分。审计报告所列的事实必须证据确凿充分。

2.审计报告的编制步骤

（1）整理和分析审计工作底稿。在执行外勤审计过程中，审计人员积累的多数审计工作底稿是分散的、不系统的。在编制审计报告时，审计人员应根据委托审计的内容、范围和要求，对所有审计工作底稿进行整理和分析，全面总结审计工作。

（2）提请被审计单位调整财务报表。注册会计师在整理和分析审计工作底稿的基础上，向被审计单位通报审计情况、初步结论和对财务报表事项的调整意见，提请被审计单位予以调整。

（3）确定审计意见的类型和措辞。注册会计师应根据被审计单位是否接受其提出的调整意见和是否已作出调整等情况，确定审计意见的类型和措辞。

（4）编制和出具审计报告。注册会计师在整理、分析审计工作底稿和提请被审计单位调整财务报表，并根据被审计单位财务报表调整情况确定审计意见的类型和措辞后，应拟订审计报告提纲，概括和汇总审计工作底稿所提供的资料。标准审计报告可以只拟订简单的提纲，根据提纲进行文字加工即可编制出审计报告。

三、实训内容

实训一 审计差异调整表和试算平衡表的编制

（一）实训所需条件

本实训所需资料如下：

长税会计师事务所委派郑直和宫允对吉林五福股份有限公司2022年度财务报表进行审计，郑直和宫允进驻吉林五福股份有限公司后，首先取得了未审的财务报表和相关项目的明细表，经过执行计划的审计程序，发现了问题。审计前财务报表见表10-7至表10-11。

在审计过程中，注册会计师郑直和宫允发现如下经济业务需要进行审计调整：

（1）应收账款和其他应收款均存在少提坏账准备的情况，少提金额分别为763 882.33元和789 239.41元，共计少提坏账准备1 553 121.74元。

（2）监盘库存现金时发现，公司销售业务员于2022年12月31日向公司借款100万元，出纳员已将此笔借款业务记录于2023年1月份。

（3）审计中发现，公司将500万元的商品，在未与客户签订销售合同、未开具销售发票也未发货的情况下作了销售的会计处理，财务人员也未结转其相应的销售成本，但对应交增值税所应计提的城建税和教育费附加进行了相应的计提，涉及增值税65万元，涉及城建税4.55万元，涉及教育费附加1.95万元。

（4）发现其他应收款中挂账销售员个人王良473 998.43元，主审会计师经询问王良，王良口述已经向财务报销，并向财务人员提供相应的费用发票，经询问财务人员，财务人员承认了事实。

（5）发现公司2022年5月12日购入了一台生产用机器设备，原值2 600 000元，计划使用10年，无残值，计划采用年数总和法计提折旧，审计人员发现2022年公司对该设备并未计提折旧。

（6）公司2022年6月5日销售了一批石油，审计人员发现公司未结转该批产品成本，计7 738 772.45元。

（7）公司于2022年12月31日与吉祥公司签订合同，将账面价值为1 000万元的土地使用权以3 000万元的价格转让给吉祥公司，且于同日向吉祥公司开具发票并收到土地使用权转让款3 000万元；2023年1月4日吉祥公司办妥产权过户手续。公司于2022年12月31日确认其他业务收入3 000万元，其他业务成本1 000万元。

（8）其他应收款存在贷方余额14 276 332.72元。

表10-7　　　　　　　　　　资产负债表

单位名称：吉林五福股份有限公司　　　2022年12月31日　　　　单位：元

资产	金额	负债及所有者权益（或股东权益）	金额
流动资产：		流动负债：	
货币资金	34 307.45	短期借款	201 000 000.00
交易性金融资产	0	交易性金融负债	0
应收票据	500　000.00	应付票据	7 000 000.00
应收账款	63 897 647.75	应付账款	36 983 691.21
预付款项	87 626 129.89	预收款项	25 942 159.58
其他应收款	36 512 763.87	应付职工薪酬	5 298 736.41
存货	42 786 547.65	应交税费	1 287 397.32
其中：消耗性生物资产	0	其他应付款	8 965 000.13
持有待售资产	0	持有待售负债	0
一年内到期的非流动资产	0	一年内到期的非流动负债	0
其他流动资产	0	其他流动负债	0
流动资产合计	231 357 396.61	流动负债合计	286 476 984.65
非流动资产：		非流动负债：	
债权投资	0	长期借款	0
其他权益工具投资	0	应付债券	0
长期应收款	0	长期应付款	0
长期股权投资	1 980 000.00	专项应付款	0
投资性房地产	0	预计负债	0
固定资产	240 206 904.99	递延所得税负债	0
在建工程	654 987.43	其他非流动负债	0
生产性生物资产	0	非流动负债合计	0
油气资产	0	负债合计	286 476 984.65
无形资产	3 764 983.78	所有者权益（或股东权益）：	
开发支出	0	实收资本（或股本）	150 000 000.00
商誉	0	资本公积	60 000 000.00
长期待摊费用	0	减：库存股	0
递延所得税资产	0	盈余公积	3 207 340.63
其他非流动资产	0	未分配利润	-21 720 052.47
非流动资产合计	246 606 876.20	所有者权益（或股东权益）合计	191 487 288.16
资产总计	477 964 272.81	负债及所有者权益（或股东权益）总计	477 964 272.81

公司负责人：王鸿　　　主管会计工作负责人：李星　　　会计机构负责人：刘正

表 10-8

利润表

单位名称：吉林五福股份有限公司　　2022 年度　　单位：元

项目	金额
一、营业收入	173 021 714.58
减：营业成本	90 124 838.21
税金及附加	763 283.52
销售费用	34 946 514.76
管理费用	29 384 832.10
财务费用	13 294 886.94
加：其他收益	0
投资收益（损失以“-”号填列）	0
公允价值变动收益（损失以“-”号填列）	0
资产减值损失（损失以“-”号填列）	0
资产处置收益（损失以“-”号填列）	0
二、营业利润（亏损以“-”号填列）	4 507 359.05
加：营业外收入	453 755.98
减：营业外支出	849 332.76
三、利润总额（亏损总额以“-”号填列）	4 111 782.27
减：所得税费用	1 356 888.15
四、净利润（净亏损以“-”号填列）	2 754 894.12
五、每股收益：	（略）
（一）基本每股收益	
（二）稀释每股收益	

公司负责人：王鸿　　主管会计工作负责人：李星　　会计机构负责人：刘正

表 10-9

利润分配情况表

单位名称：吉林五福股份有限公司　　2022 年度　　单位：元

项目	余额
一、净利润	2 754 894.12
加：年初未分配利润	-24 474 946.59
二、可供分配的利润	-21 720 052.47
减：提取法定盈余公积	0
应付优先股股利	0
提取任意盈余公积	0
应付普通股股利	0
转作股本的普通股股利	0
三、未分配利润	-21 720 052.47

公司负责人：王鸿　　主管会计工作负责人：李星　　会计机构负责人：刘正

表 10-10

应收账款明细表

单位名称：吉林五福股份有限公司　　2022 年 12 月 31 日　　单位：元

客户名称	借方余额	贷方余额
长春净海股份有限公司	3 452 183.45	
沈阳好运股份有限公司	263 928.01	24 000 990.60
山东泰盟有限责任公司	52 278 935.20	384 004.03
武汉祥福股份有限公司	4 897 674.36	
上海乐乐有限责任公司	365 471.25	
北京梦如股份有限公司	27 024 450.11	
合　计	88 282 642.38	24 384 994.63

表 10-11　　应付账款明细表

单位名称：吉林五福股份有限公司　　2022 年 12 月 31 日　　单位：元

客户名称	借方余额	贷方余额
长春学子股份有限公司		3 369 872.47
沈阳好运股份有限公司	6 899 587.01	
海南波菲药业有限责任公司		54 163 578.32
长春经纬股份有限公司	30 763 245.31	
吉林好利股份有限公司		17 113 072.74
合　计	37 662 832.32	74 646 523.53

（二）实训要求

根据以上资料编制审计差异调整表和试算平衡表（见表 10-12 至表 10-15）。

表10-12　　审计差异调整表——审计调整分录汇总表

被审计单位：________	索引号：________
项目：________	财务报表截止日/期间：________
编制：________	复核：________
日期：________	日期：________

序号	索引号	调整分录说明	调整分录	明细账户	资产负债表		利润及利润分配表		被审计单位调整情况及未调整原因
					借方	贷方	借方	贷方	
		合计							

表10-13　　审计差异调整表——重分类调整分录汇总表

被审计单位：________	索引号：________
项目：________	财务报表截止日/期间：________
编制：________	复核：________
日期：________	日期：________

序号	索引号	调整分录说明	调整分录	明细账户	资产负债表		利润及利润分配表		被审计单位调整情况及未调整原因
					借方	贷方	借方	贷方	
		合计							

表10-14　　**资产负债表试算平衡表**

被审计单位：	索引号：A7
项目：	财务报表截止日/期间：
编制：	复核：
日期：	日期：

项目	期末未审数	审计调整		期末审定数	项目	期末未审数	审计调整		期末审定数
		借方	贷方				借方	贷方	
货币资金					短期借款				
交易性金融资产					交易性金融负债				
应收票据					应付票据				
应收账款					应付账款				
预付款项					预收款项				
其他应收款					应付职工薪酬				
存货					应交税费				
持有待售资产					其他应付款				
一年内到期的非流动资产					持有待售负债				
其他流动资产					一年内到期的非流动负债				
债权投资					其他流动负债				
其他权益工具投资					长期借款				
长期应收款					应付债券				
长期股权投资					长期应付款				
投资性房地产					专项应付款				
固定资产					预计负债				
在建工程					递延所得税负债				
生产性生物资产					其他非流动负债				
无形资产					实收资本（或股本）				
开发支出					其他综合收益				
商誉					资本公积				
长期待摊费用					盈余公积				
递延所得税资产					其他权益工具				
其他非流动资产					未分配利润				
合计					合计				

表10-15　　利润及利润分配表试算平衡表

被审计单位：______	索引号：______
项目：______	财务报表截止日/期间：______
编制：______	复核：______
日期：______	日期：______

项目	本期未审数	审计调整		本期审定数	索引号
		借方	贷方		
一、营业收入					
减：营业成本					
税金及附加					
销售费用					
管理费用					
财务费用					
加：其他收益					
投资收益					
公允价值变动收益					
资产减值损失					
资产处置收益					
二、营业利润					
加：营业外收入					
减：营业外支出					
三、利润总额					
减：所得税费用					
四、净利润					
加：年初未分配利润					
其他转入					
五、可供分配的利润					
减：提取法定盈余公积					
应付优先股股利					
提取任意盈余公积					
应付普通股股利					
转作股本的普通股股利					
六、未分配利润					

（三）实训组织方法及步骤

根据实训具体情况，将学生分组，每组以2~4人为宜，组成实训小组。

1.掌握审计差异调整表的编制方法和试算平衡表的编制方法。

2.运用所学知识，对实训资料中发现的问题编制审计差异调整表和试算平衡表。

3.小组内部成员充分沟通、讨论，提交统一的审计差异调整表和试算平衡表。

（四）实训考核方法

根据学生完成的质量和工作量给予评分，考核标准为：优：能够熟练操作，不需指导；良：能够较熟练操作，个别操作需指导；中：能够较熟练操作，少数操作需指导；及格：能够操作，较多操作需指导。

实训二　汇总审计差异

（一）实训所需条件

本实训所需资料如下：

夏华公司系公开发行A股的股份有限公司，中达会计师事务所负责对其2022年度财务报表进行审计，于2023年2月20日完成审计工作。夏华公司于2022年2月22日公布2022年度财务报告。公司按净利润的10%提取盈余公积。夏华公司未经审计的2022年度财务报表中的部分会计资料见表10-16。

表10-16　**夏华公司未经审计的2022年度财务报表部分资料**　单位：万元

项目	金额
资产总额	84 000
股本	30 000
资本公积	8 000
盈余公积	600
未分配利润	12 000
利润总额	6 000
净利润	4 900

注册会计师确定夏华公司2022年度财务报表层次的重要性水平为480万元，并分配至各财务报表项目。其中，部分财务报表项目的重要性水平见表10-17。

表10-17　**重要性水平分配表**　单位：万元

财务报表项目	重要性水平
应收账款	80
预付款项	20
其他应收款	60
存货	100
长期股权投资	120
应付账款	20
营业成本	80
营业外收入	40
营业外支出	40
资产减值损失	30
预计负债	40

经审计，注册会计师发现夏华公司存在以下事项：

1.夏华公司原来采用应收账款余额百分比法核算坏账，坏账准备按应收款项

（包括应收账款和其他应收款）余额的5%计提。为了更合理地核算坏账，夏华公司董事会决定自2022年度起按账龄分析法计提坏账准备：账龄1年以内的，按其余额的10%计提；账龄1—2年的，按其余额的20%计提；账龄2—3年的，按其余额的40%计提；账龄3年以上的，按其余额的80%计提。夏华公司财务部尚未根据董事会的决定按账龄分析法核算坏账，其2022年年末未经审计的应收账款账面价值为借方余额15 200万元，其中应收账款账面余额为借方余额16 000万元，坏账准备账面余额为贷方余额800万元（年初余额为贷方余额600万元）；其他应收款项目的年末余额和经审计的年初余额均为零。

夏华公司2022年应收账款账龄资料见表10-18。

表10-18　**夏华公司2022年应收账款账龄资料**　单位：万元

账龄	年初账面余额	年末账面余额
1年以内	3 000	9 000
1—2年	5 000	2 000
2—3年	4 000	3 000
3年以上	—	2 000
合计	12 000	16 000

2.夏华公司的入库产品按实际成本入账，发出产品采用先进先出法核算。公司的甲产品2022年12月31日经盘点的期末结存数量为1 000吨，审计前的期末余额为5 500万元。其明细资料见表10-19。

存货明细资料表　数量单位：吨

表10-19　金额单位：万元

日期	摘要	入库			发出			结存		
		数量	单价	金额	数量	单价	金额	数量	单价	金额
1月1日	期初余额							400		2 320
1月30日	入库	400	5.00	2 000				800		4 320
1月31日	销售				100	5.15	515	700		3 805
3月30日	入库	200	4.60	920				900		4 725
3月31日	销售				200	4.60	920	700		3 805
4月30日	入库	100	4.50	450				800		4 255
5月30日	入库	300	5.20	1 560				1 100		5 815
5月30日	销售				400	4.50	1 800	700		4 015
6月30日	入库	100	5.40	540				800		4 555
7月30日	入库	40	4.70	188				840		4 743
8月30日	入库	100	5.60	560				940		5 303
8月31日	销售				60	4.70	282	880		5 021
9月30日	入库	200	4.75	950				1 080		5 971
10月30日	入库	150	4.50	675				1 230		6 646
10月31日	销售				80	4.70	376	1 150		6 270
11月30日	入库	200	4.60	920				1 350		7 190
11月30日	销售				100	4.90	490	1 250		6 700
12月30日	入库	250	4.80	1 200				1 500		7 900
12月31日	销售				500	4.80	2 400	1 000		5 500
12月31日	期末余额							1 000		5 500

3.夏华公司的工业污水未经净化处理就予以排出，对周围村镇居民的身体健康和生产、生活造成了比较严重的损害。2022年12月1日，夏华公司周围村镇联合向法院提起诉讼，要求夏华公司赔偿损失800万元。直至审计外勤结束日，该诉讼案尚未判决。由于此案涉及的情况比较复杂，还不能可靠估计赔偿金额，因此夏华公司未在其2022年度的财务报表和财务报表附注中予以反映。

4.2022年年末未审计的资产负债表反映的预付款项为借方余额600万元，其明细组成见表10-20。

表10-20 **预付账款明细账** 单位：万元

项目	金额
预付账款——A公司	300
预付账款——B公司	189
预付账款——C公司	105
预付账款——D公司	-12
预付账款——E公司	18
合计	600

其中对E公司的18万元系2022年2月为采购E公司产品的预付款，夏华公司于2022年12月5日获悉E公司因转产已不能再提供原预购产品。

5.2022年1月1日，夏华公司与P公司达成协议，以两栋办公楼换入P公司60%的股权。夏华公司的两栋办公楼的原价为20 000万元，累计折旧为7 000万元，未曾计提减值准备，公允价值为15 000万元。P公司净资产的账面价值为2 400万元，公允价值为2 200万元。

夏华公司财务部认为，该笔交易属于非货币性资产交换，将换出的两栋办公楼的账面价值转入固定资产清理，对于换入P公司60%的股权按其账面价值计量，两者之间的差额调整资本公积。

6.2022年3月1日，夏华公司应收F公司货款余额1 500万元，已计提坏账准备100万元。4月10日，夏华公司与F公司达成协议，F公司用一批原材料抵偿上述全部账款。5月1日，夏华公司将材料运抵F公司，3月2日双方解除债务关系。该批原材料的账面价值为1 100万元，公允价值和计税价格均为1 000万元，发票上注明的增值税税额为130万元。

借：原材料	11 000 000	
应交税费——应交增值税（进项税额）	1 300 000	
坏账准备	1 000 000	
营业外支出	1 700 000	
贷：应收账款		15 000 000

（二）实训要求

1. 针对审计发现的上述6个事项，如果不考虑审计重要性水平，请分别提出审计处理建议。若需提出审计处理建议，请明确回答；若需提出调整建议，请列示审计调整分录（包括重分类分录，无须考虑对所得税、期末结转损益及2022年度利润分配的影响）。

2. 如果注册会计师对于以上审计处理建议全部与夏华公司交换意见，请把以上相关调整事项分别记录于审计差异汇总表中。

3. 如果夏华公司除了事项2、事项3、事项5，均接受了注册会计师的审计处理建议，请编制一份审计报告。

（三）实训组织方法及步骤

根据实训具体情况，将学生分组，每组以2~4人为宜，组成实训小组，逐一讨论上述问题，形成讨论结论，最后以小组为单位上交一份统一的实训报告。

（四）实训考核方法

根据学生完成的质量和工作量给予评分，考核标准为：优：能够熟练操作，不需指导；良：能够较熟练操作，个别操作需指导；中：能够较熟练操作，少数操作需指导；及格：能够操作，较多操作需指导。

实训三　不同会计问题对审计报告的影响

（一）实训所需条件

本实训所需资料如下：

公开发行A股的华兴股份有限公司（以下简称华兴公司）系今明会计师事务所的审计客户。注册会计师章佳文和吕艳负责对华兴公司2022年度财务报表进行审计，并确定财务报表层次的重要性水平为120万元。华兴公司2022年度财务报告于2023年3月25日获董事会批准，并于同日报送证券交易所。

华兴公司未经审计的2022年度财务报表部分项目的年末余额或年度发生额见表10-21。

表10-21　**华兴公司未经审计的2022年度财务报表部分资料**　单位：万元

项目	金额
资产总额	42 000
股本	15 000
资本公积	8 000
盈余公积	2 000
未分配利润	1 800
营业收入	36 000
利润总额	600
净利润	400

在对华兴公司的审计过程中，注册会计师章佳文和吕艳注意到以下事项：

1. 华兴公司会计政策规定，对应收款项采用账龄分析法计提坏账准备。确定的坏账准备计提比例分别为：账龄1年以内的（含1年，以下类推），按其余额的15%计提坏账准备；账龄1—2年的，按其余额的40%计提坏账准备；账龄2—3年的，按其余额的60%计提坏账准备；账龄3年以上的，按其余额的80%计提坏账准备。

2. 华兴公司2022年12月31日未经审计的预收款项账面余额为23 445 000元，明细情况见表10-22。

表10-22 **预收账款明细账** 单位：元

账龄 / 客户名称	1年以内	1—2年	2—3年	3年以上
预收账款——A公司	30 150 000	—	—	—
预收账款——B公司	—	2 100 000	—	—
预收账款——C公司	600 000	—	25 000	—
预收账款——D公司	-9 500 000	—	—	—
预收账款——E公司	—	—	—	70 000
小计	21 250 000	2 100 000	25 000	70 000

华兴公司采用完工百分比法确认合同收入和合同费用，按累计实际发生的合同成本占合同预计总成本的比例确定合同完工程度。2022年1月，华兴公司作为建筑承包商与建设单位签订了一项总金额为40 000 000元的固定造价合同，预计总成本为36 000 000元。2022年度实际发生成本25 200 000元。2022年年末，预计为完成该合同尚需在2023年发生成本16 800 000元，该合同的结果能够可靠估计，但华兴公司在2022年度尚未确认与该项合同相关的主营业务收入和主营业务成本。

3. 自2022年1月起，华兴公司开始研发一项产品专利技术，董事会认为研发该项目具有可靠的技术和财务等资源的支持，并且一旦研发成功将显著降低华兴公司的产品成本，因此予以批准。2022年11月30日，该项专利技术达到预定用途，结转研发支出，确认无形资产。该无形资产的估计使用寿命为5年，净残值为零，并按直线法摊销。华兴公司在研发过程中发生材料费30 000 000元、工资费用6 000 000元、其他相关费用4 000 000元，共40 000 000元，其中符合资本化条件的支出为18 000 000元。华兴公司在2022年度作了如下会计处理：

在发生研发支出时：

借：研发支出——费用化支出	22 000 000	
——资本化支出	18 000 000	
贷：原材料		30 000 000
应付职工薪酬		6 000 000
银行存款		4 000 000

在结转研发支出——费用化支出时：

借：管理费用　22 000 000

　贷：研发支出——费用化支出　22 000 000

在确认无形资产时：

借：无形资产　18 000 000

　贷：研发支出——资本化支出　18 000 000

在摊销该无形资产时：

借：制造费用——专利技术　300 000

　贷：累计摊销　300 000

4.2021年2月，华兴公司与某广告代理公司签订广告代理合同，委托该公司承办产品广告业务，采用机场广告牌方式。广告代理合同约定：机场广告牌费用为14 400 000元，展示时间为2021年2月至2023年1月共两年，若因故在展示期间中止广告，则代理方应退还中止广告期间所对应的广告费用。华兴公司于2021年7月一次全额支付该项广告费用，并全额计入2021年度销售费用。注册会计师章佳文和吕艳在审计华兴公司2021年年度财务报表时认为，应自2021年2月起的两年内平均分摊该项广告费用，提出应作如下调整分录：

借：长期待摊费用　7 800 000

　贷：销售费用　7 800 000

华兴公司调整了2021年年度财务报表，但未调整2022年度相关账户和财务报表。

5.华兴公司于2022年8月取得了某外国上市公司18%的股权（不能实施控制、也无重大影响），投资成本8 000 000元。在编制2022年12月31日资产负债表时，华兴公司对该公司投资的账面价值按当日公允价值反映。2023年3月24日，该外国上市公司因所在地发生地震造成其股票市场价值与2022年12月31日相比下挫60%，从而导致华兴公司对该上市公司的股权投资遭受重大损失。

6. 2022年1月31日，华兴公司开发建成一栋商住两用楼盘，该楼盘所在地不存在活跃的房地产交易市场，2022年年末未发生减值迹象。该商住两用楼的建造成本为30 000 000元，其中，一层商铺12 000 000元，计划用于出租，其余楼层18 000 000元，计划用于华兴公司办公。2022年3月31日，华兴公司就一层商铺与某超市签订经营租赁合同，租赁期为2022年3月31日至2024年3月30日，租赁费用总额1 440 000元，自2022年4月起按月结算。该商住两用楼预计使用年限为30年，预计净残值为原值的10%，按平均年限法计提折旧。华兴公司于2022年1月31日作了增加“固定资产——商住两用楼”30 000 000元的会计处理；于2022年2—12月计提了该商住两用楼折旧，作借记“管理费用——折旧费”825 000元、贷记“累计折旧”825 000元的会计处理；于2022年4—12月对该商住两用楼的租赁业务作了借记“银行存款”540 000元、贷记“其他业务收入”540 000元的会计处理。

（二）实训要求

1. 如果不考虑审计重要性水平，针对事项1~6，请分别回答注册会计师章佳文和吕艳是否需要提出审计处理建议。若需提出审计调整建议，请直接列示审计调整分录（审计调整分录均不考虑对华兴公司2022年度的税费、递延所得税资产和负债、期末结转损益及利润分配的影响，下同）。

分析：

针对事项1，注册会计师章佳文和吕艳应提请华兴公司作以下重分类调整分录：

借：应收账款——D公司　　9 500 000

　贷：预收款项——D公司　　9 500 000

华兴公司应按账龄分析法补提坏账准备。

补提数=9 500 000×15%=1 425 000（元）

故对事项1，注册会计师章佳文和吕艳还应提请华兴公司作以下审计调整分录：

借：资产减值损失——坏账损失　　1 425 000

　贷：应收账款——坏账准备　　1 425 000

针对事项2，相关的计算如下：

2022年合同完工进度=25 200 000÷（25 200 000+16 800 000）×100%

=60%

2022年确认的合同收入=合同总收入×60%

=40 000 000×60%

=24 000 000（元）

2022年应确认的合同费用=预计总成本×60%

=（25 200 000+16 800 000）×60%

=25 200 000（元）

2022年确认的合同毛利=收入-费用

=24 000 000-25 200 000

=-1 200 000（元）

2022年预计的合同损失=（25 200 000+16 800 000-40 000 000）×（1-60%）

=800 000（元）

注册会计师章佳文和吕艳应提请华兴公司作以下审计调整分录：

借：营业成本　　25 200 000

　贷：营业收入　　24 000 000

　　存货——工程施工（合同毛利）　　1 200 000

针对事项3，注册会计师章佳文和吕艳无须提出任何审计处理建议。

针对事项4，注册会计师章佳文和吕艳应提请华兴公司作以下审计调整分录：

借：销售费用——广告费　　7 200 000

　　长期待摊费用　　600 000

贷：未分配利润 7 800 000

针对事项5，注册会计师章佳文和吕艳应提请华兴公司在其2022年度财务报表附注中将该事项作为资产负债表日后重大非调整事项进行披露。

针对事项6，注册会计师章佳文和吕艳应提请华兴公司作下列审计调整分录：

借：投资性房地产 12 000 000

贷：固定资产 12 000 000

借：固定资产——累计折旧 330 000

贷：投资性房地产——投资性房地产累计折旧 330 000

借：营业成本 270 000

贷：管理费用——折旧费 270 000

2. 如果考虑审计重要性水平，假定华兴公司分别只存在6个事项中的一个事项，并且拒绝接受注册会计师章佳文和吕艳针对事项1~6提出的审计处理建议（如果有审计处理建议），在不考虑其他条件的前提下，请指出注册会计师章佳文和吕艳应当针对该6个独立存在的事项分别出具何种意见类型的审计报告。

分析：

就事项1，应当出具保留意见的审计报告；

就事项2，应当出具保留意见的审计报告；

就事项3，应当出具无保留意见的审计报告；

就事项4，应当出具否定意见的审计报告；

就事项5，应当出具保留意见的审计报告；

就事项6，应当出具保留意见的审计报告。

3. 如果今明会计师事务所对华兴公司2021年年度财务报表出具了非无保留意见的审计报告，且导致该非无保留意见的事项在2022年度仍未解决。在这种情况下，假定不考虑其他因素，对华兴公司2022年年度财务报表应当出具何种意见类型的审计报告？

分析：

应当分下列两种情况予以处理：

如果未解决的事项导致对本期数据出具非无保留意见的审计报告，注册会计师应当在对2022年年度财务报表出具的审计报告中对比较数据和本期数据发表非无保留意见。

如果未解决的事项不导致对本期数据出具非无保留意见的审计报告，注册会计师应当在对2022年年度财务报表出具的审计报告中对比较数据发表非无保留意见。

4. 假定注册会计师章佳文和吕艳在2023年3月24日阅读华兴公司其他信息时，发现与华兴公司2022年年度已审计财务报表存在重大不一致。假定不考虑其他因素：（1）如果注册会计师章佳文和吕艳确定需要修改已审计报表而华兴公司拒绝，对华兴公司2022年年度财务报表应当出具何种意见类型的审计报告？（2）如果注册会计师章佳文和吕艳确定需要修改其他信息而华兴公司拒绝，应当采取何种措施？

分析：

如果确定需要修改已审计财务报表而华兴公司拒绝修改，注册会计师章佳文和吕艳应当根据具体情况出具保留意见或否定意见的审计报告。

如果需要修改其他信息而华兴公司拒绝修改，注册会计师章佳文和吕艳应当考虑在对华兴公司2022年年度财务报表出具的审计报告中增加强调事项段说明该重大不一致，或采取其他措施。

（三）实训组织方法及步骤

根据实训具体情况，将学生分组，每组以2~4人为宜，组成实训小组，逐一讨论上述问题，形成讨论结论。

（四）实训考核方法

根据学生完成的质量和工作量给予评分，考核标准为：优：能够熟练操作，不需指导；良：能够较熟练操作，个别操作需指导；中：能够较熟练操作，少数操作需指导；及格：能够操作，较多操作需指导。

实训四　终结审计

（一）实训所需条件

本实训所需资料如下：

华兴股份有限公司（以下简称华兴公司）为境内上市公司，属于增值税一般纳税企业，适用的增值税税率为13%。甲会计师事务所的注册会计师，负责审计华兴公司2022年年度财务报表，在销售与收款循环审计中发现以下事项：

（1）华兴公司采用备抵法核算坏账，坏账准备按期末应收款项余额的5%计提，2022年年末坏账准备科目余额为219.05万元。2022年年末应收账款项目和其他应收款项目的余额构成见表10-23。

表10-23　华兴公司2022年应收账款和其他应收款项目的余额构成资料表　单位：万元

项目	金额	项目	金额
应收账款——A公司	3 200	其他应收款——王红	0.40
应收账款——B公司	1 500	其他应收款——李伟	0.25
应收账款——C公司	-500	其他应收款——张宇	0.35
应收账款——D公司	180		
合计	4 380	合计	1

（2）华兴公司生产了一种先进设备，按照国家规定该产品适用增值税先征后返政策，2022年11月，实际缴纳增值税200万元，华兴公司已进行了会计处理。2022年12月收到返还的增值税税额36万元，华兴公司的会计处理如下：

借：银行存款　360 000

贷：税金及附加　　360 000

（3）2022年12月31日，华兴公司向A公司销售小型机电设备一批，增值税专用发票上注明销售价格为100万元，增值税税额为13万元。提货单和增值税专用发票已交A公司，A公司承诺10天内付款。华兴公司答应给予A公司的现金折扣条件如下：2/10，1/20，n/30（假定计算现金折扣时不考虑增值税因素）。该批商品的实际成本为80万元。华兴公司会计分录处理如下：

借：应收账款　　1 120 000

　　财务费用　　10 000

　贷：主营业务收入　　1 000 000

　　　应交税费——应交增值税（销项税额）　　130 000

借：主营业务成本　　800 000

　贷：库存商品　　800 000

（4）华兴公司某机电设备2021年12月31日账面余额为1 500万元，已计提存货跌价准备270万元，2022年2月15日，华兴公司将全部产品对外出售，售价1 150万元，增值税销项税额149.5万元，华兴公司的会计处理如下：

借：银行存款　　12 995 000

　贷：主营业务收入　　11 500 000

　　　应交税费——应交增值税（销项税额）　　1 495 000

借：主营业务成本　　15 000 000

　贷：库存商品　　15 000 000

（5）华兴公司于2022年6月30日与B公司签订一项购销合同，合同规定，华兴公司为B公司生产两台大型机电设备并负责安装。合同价款为1 000万元，成本800万元。按合同规定，B公司预付款30%，其余价款将在华兴公司将商品运抵B公司并安装检验合格后才予以支付，华兴公司于发出商品时开出增值税专用发票。华兴公司于当年12月31日将完成的商品运抵B公司。2022年华兴公司进行了如下会计处理：

借：银行存款　　3 000 000

　贷：预收账款　　3 000 000

借：预收账款　　11 300 000

　贷：主营业务收入　　10 000 000

　　　应交税费——应交增值税（销项税额）　　1 300 000

借：主营业务成本　　8 000 000

　贷：库存商品　　8 000 000

（二）实训要求

假定不考虑华兴公司财务报表层次的重要性水平，针对上述交易事项，注册会计师应分别提出何种审计处理建议？若建议作出审计调整，请直接列示相应的审计调整分录。在编制审计调整分录时，不考虑调整分录对所得税和期末结转损益的影响。

分析：

（1）借：应收账款——C公司　5 000 000

　　贷：预收款项——C公司　5 000 000

借：资产减值损失　250 000

　贷：应收账款——计提坏账准备　250 000

（2）借：税金及附加　360 000

　　贷：营业外收入　360 000

（3）借：应收账款　10 000

　　贷：财务费用　10 000

（4）借：存货　2 700 000

　　贷：营业成本　2 700 000

（5）借：营业收入　10 000 000

　　贷：应收账款　8 700 000

　　　　预收款项　1 300 000

借：存货　8 000 000

　贷：营业成本　8 000 000

（三）实训组织方法及步骤

根据实训具体情况，将学生分组，每组以2~4人为宜，组成实训小组，逐一讨论上述问题，形成讨论结论。

（四）实训考核方法

根据学生完成的质量和工作量给予评分，考核标准为：优：能够熟练操作，不需指导；良：能够较熟练操作，个别操作需指导；中：能够较熟练操作，少数操作需指导；及格：能够操作，较多操作需指导。

四、案例专栏

案例一　审计意见类型的判断案例

正方会计师事务所的唐磊注册会计师负责审计多家上市公司2022年度财务报表，遇到下列与审计报告相关的事项：

（1）唐磊无法就甲公司重要子公司乙公司2022年年末计提的存货跌价准备获取充分、适当的审计证据，因此对甲公司2022年度财务报表发表了保留意见。由于将存货跌价准备作为审计中最为重要的事项与甲公司治理层进行了沟通，唐磊将除乙公司相关部分之外的存货跌价准备作为审计报告中的关键审计事项。

（2）2022年6月，丙公司因对外担保被债权人起诉，一审败诉，很可能需要承担巨额赔偿责任。管理层以案件尚未终审判决为由未计提预计负债。唐磊认为该事项对财务报表使用者理解财务报表至关重要，在审计报告中增加了强调事项段，用以提醒财务报表使用者关注附注中的相关披露。

（3）2023年1月，丁公司原总经理及财务总监因涉嫌犯罪被批捕，新任管理层拒绝就2022年度财务报表签署书面声明。唐磊执行审计后未发现重大错报，认为未获取书面声明对财务报表可能产生的影响重大但不具有广泛性，因此对丁公司2022年度财务报表发表了保留意见。

（4）因受疫情影响，唐磊无法对戊公司的境外重要子公司己公司的财务信息执行审计，对戊公司2021年度财务报表发表了无法表示意见。2022年10月，戊公司转让己公司部分股权后失去控制，但仍具有重大影响。因疫情严重，唐磊仍无法对己公司2022年度财务信息执行审计。考虑到己公司财务信息仅影响戊公司的个别财务报表项目，唐磊对戊公司2022年度财务报表发表了保留意见。

（5）庚公司的管理层对已公布的2022年度财务报表进行了更正。唐磊针对更正后的财务报表出具了新的审计报告，并在审计报告中增加强调事项段或其他事项段，提醒报表使用者关注附注中有关更正原财务报表的原因，并关注注册会计师提供的原审计报告。

案例分析：针对上述第（1）至（5）项，逐项指出唐磊的做法是否恰当。如不恰当，简要说明理由。

二维码展示
内容10-1

案例二　“宝石集团”审计案例

——中国证券市场的第一份无法表示意见的审计报告

1.基本情况简介

宝石集团的前身是石家庄显像管总厂（以下简称“宝石显总厂”）。1992年5月，经政府有关部门批准，宝石显总厂以其下属的黑白玻壳生产线、黑白显像管生产线为主体开始进行股份制试点，并以定向募集方式设立股份有限公司。公司的主营业务为生产黑白显像管玻壳及黑白显像管。宝石显总厂则改组为石家庄宝石电子集团公司，成为股份公司的控股公司。1995年6月和9月，宝石集团又先后在深圳证券交易所上网定价发行了B股10 000万股和A股2 620万股，并上市流通。至此，宝石集团的总股本达38 300万股。

从财务报表来看，宝石集团从成立伊始至上市，业绩一直是良好的。从1993年至1996年，该公司的净资产收益率分别为4.16%、26.88%、35.15%和8.80%。从招股说明书中所反映的过去的成长和展望的前景来看，公司的整体状况也是比较好的。然而，市场经济这只无形之手也是无情之手。由于黑白电视机市场的快速萎缩，导致其上游产品的需求、价格大幅度下降。公司1997年的财务报表反映出的企业经营成果和财务状况令人大失所望，出现每股0.872元的严重亏损。更为严重的是，为公司进行年度报表审计的注册会计师认为，由于产品积压、生产停顿，已无法判定该公司是否具有持续经营能力，因此无法对财务报表整体发表任何意见。

据公司1996年年报反映，黑白电视机市场的萎缩在1996年下半年已经出现，只是由于公司控股的彩壳公司下半年投入生产，增加了公司的投资收益，所以尽管利润有大幅下滑，但不至于出现亏损，因此问题暴露得不是很明显。自1997年，国内电视机市场的恶性无序竞争发展到白热化阶段，使得黑白电视机市场加速萎缩。黑白显像管和黑白玻壳在1997年的最低售价比1996年上半年均下跌了60%以上，已低于生产成本，同时，彩壳的售价下跌也超过20%，彩壳公司也出现了严重亏损。黑白玻壳生产线熔炉按计划停炉检修后，由于产品积压严重，恢复生产无望，而转产其他产品在短时间内又难以完成，因此整个生产线实际已处于停产状态。

针对以上严峻情况，注册会计师认为，宝石集团无法就公司是否能保持持续经营能力提供充分和必要的证据，在这种情况下，也就无法确定公司巨额存货、固定资产的计价方法的合理性。而且，由于市场环境恶劣，公司的巨额应收账款的可回收性也由于下游企业的不良财务状况而变得更加不确定。另外，公司的流动负债超过流动资产7亿多元，资产负债比率严重不正常。因此，注册会计师无法就按持续经营会计假设编制的财务报表是否能公允反映该公司的财务状况和经营成果发表任何意见。

2.无法表示意见审计报告的会计考虑

无论从企业会计准则来看，还是拿财务通则来衡量，宝石集团当年的财务报告均没有原则性的重大错误。因此，在当时（1997年）普华大华会计师事务所即使出具了无保留意见的审计报告，也是符合独立审计准则的。但是，为什么普华大华会计师事务所还要对其出具所谓的无法表示意见的审计报告呢？当时，他们的主要考虑是：

（1）考虑投资者的需求——会计信息的真实性及相关性。在计划经济体制条件下，会计的主要功能就是为经管责任服务。然而，当经济体制向市场经济转化时，会计服务功能由过去单一的经管责任，向多元发展，既为经管责任服务，又为经营决策服务，而这种多元服务，与单一经管责任服务在本质上有所区别。其表现为：

①经管责任关系中的关系人带有很大不确定性。由于证券市场的发展，经管责任关系中的委托人随时发生变化，并形成了历史委托人、现行委托人、潜在委托人的多重关系，而且这种关系可以通过证券市场随时建立或解除。

②受托人和委托人之间的经济责任关系是具有双向约束力的约定权责关系。除了委托人的权利外，作为资源的受托方，同时也拥有在一定范围和时间内依照约定目标处置受托资源并获得与其业绩相应的报酬的权利。

这种服务功能转变所带来的影响有如下几个方面：首先，由于经管责任关系人的不确定性，经管责任由过去明确的委托人，向不明确的委托人发展。由过去单一关系委托人向多重关系委托人转化。这种转化，使得过去那种仅仅解释经管责任的会计信息已无法满足多重关系委托人的需要。对于那些现行或潜在的委托人，他们更需要了解对未来经营决策有用的会计信息，以决定是否保留或解除双方的经管责任关系，因此，他们更强调会计信息的相关性。

事实也是如此，在证券市场中，投资者关注的主要是有关企业未来情况的信息。这是因为证券市场不同于商品市场，对于投资人来说，购买股票并不像购买商品一样给自己带来使用价值，而是要使自己的财富发挥资本的功能——增值。因此，投资者最为关注的就是股票的预期报酬，也就需要中介机构真实地披露与企业未来情况有关的信息，来加以合理的判断。然而，现行财务报表均是以反映企业过去年度的历史情况为主，是以满足经管责任中的真实性要求为主的。在一般情况下，人们可以用历史来合理推测未来。但是，当因环境的改变而使历史成本带有很大局限性时，这些历史成本信息就会变得与未来决策不相关。在这样的情况下，作为会计信息鉴定专家的注册会计师，就应用特殊的语言来告诫会计信息的使用者，避免错误判断。上述例子中宝石集团的历史成本信息之所以与未来决策不相关，是由于公司经营环境的改变以及企业的现状不能满足“持续经营”的会计假设。因此，宝石集团依然按照这一假设编报财务报表就不能满足会计信息的相关性这一要求了。换句话说，公司可能已经没有“未来”了。因此，普华大华会计师事务所，理应以特殊的审计报告来提醒投资者：这份财务报表已与未来决策无关，我们无法对其表示意见。

（2）持续经营与资产计价。持续经营是会计核算的基本前提之一，现行的以原始成本计价的资产计量属性就是建立在这一基础上的。因为受会计信息的可靠性要求限制，有原始凭证为据的历史成本就成为资产计量的最佳选择。它提高了确定账面财务资本保全责任的要求。以资产评估确定的现行价值虽然也具有较高的可靠性，但代价太高，定期进行资产评估不符合成本效益原则。然而一旦持续经营的前提丧失了，情况就倒过来了。资产已不再是经营之用，而随时可能清算变现或整体出售。因此挂在企业账册上的一个个历史数据就不再具有现实意义了，企业应使用清算会计的方法与程序对企业现有资产估价或清算，计价应该反映的是资产的变现价值。

从财务学的角度来看，如果企业是持续经营的，那么正如前面所说，企业的价值主要是体现在它未来的盈利能力与内在价值上。其历史成本可以作为推导这些盈利能力与内在价值的基础。而一旦持续经营的假设不能成立，以历史成本来估算企业的价值就已失去了意义，这种信息的相关性就更不存在了。企业已变成一大宗需立即变现的资产，而非资本。既然该企业已无“未来”，潜在的投资者显然不会对它有任何兴趣，而企业的现有股东需要的也只是现有的每股权益能拥有多少清算利益。这时原始成本的不相关性就显得尤为突出。实际上，有些资产的账面历史价值本来就是一种纯粹的数字处理的结果，特别是在持续通货膨胀的情况下，这些历史成本的会计信息在企业面临清算的状态时就变得更无实际意义了。总而言之，会计信息的相关性要求已经变为确定企业资产的可实现价值了。

宝石集团就符合这样一种情况：由于产品市场的剧烈变化，销售急剧萎缩，产品积压，主要生产设备被迫停产检修，无望恢复生产，其巨额固定资产、存货和应收账款的可实现价值具有很大的不确定性。即便考虑到中国市场经济的特殊性，上市公司一般都会受到地方政府各种方式的扶持，使得对宝石集团的持续经营能力也不能一口否定，但至少是值得怀疑的。在这种情况下，对该公司年度报表中以原始成本反映的会计信息是否恰当，是否还具有相关性，的确难以确定。

针对以上情况，普华大华会计师事务所对宝石集团财务报表出具了无法表示意见的审计报告。

参考资料：胡春元．审计案例：源于中国证券市场［M］．大连：大连出版社，2010.

二维码展示内容10-2

案例分析：请你结合该案例谈谈会计师事务所出具无法表示意见审计报告的内涵。

案例三　“渝钛白”公司审计案例

——中国证券市场的第一份否定意见的审计报告

重庆渝钛白粉股份有限公司（以下简称渝钛白公司）是在以吸收合并方式接受重庆化工厂后，于1992年9月11日宣告成立的，以社会募集方式设立的公众股份有限公司。1993年7月12日，渝钛白公司在深圳证券交易所上市交易。从1996年开始，渝钛白公司在经营上出现亏损，1996年亏损1 318万元，公司未予分配。

重庆会计师事务所对1997年度的渝钛白公司财务报表进行了审计，并于1998年3月签发了颇有争议的中国证券史上第一份否定意见审计报告。

报告指出：1997年度应计入财务费用的借款即应付债券利息8 064万元，贵公司将其资本化计入了钛白粉工程成本；欠付中国银行常青市分行的美元借款利息89.8万元（折合人民币约743万元），贵公司未计提入账，两项共影响利润8 807万元。

我们认为，由于本报告上段所述事项的重大影响，贵公司1997年12月31日的资产负债表、1997年度的利润及利润分配表、财务状况变动表未能公允地反映贵公司1997年12月31日的财务状况和1997年度的经营成果及资金变动情况。

从上述内容来看，导致注册会计师出具否定意见审计报告的仅仅只有两个会计事项。那么这两个会计事项是否足以导致注册会计师出具这样的审计报告呢？

1.1997年借款的应付债券利息8 064万元属于资本还是费用

渝钛白公司1997年度的亏损总额为3 136万元，而这笔引起争议的借款利息总额为8 064万元。从重要性角度来说，这笔利息费用不管是否调整，渝钛白公司当年都是亏损的，只不过是亏多亏少的问题。可见，这一笔利息费用的处理，对渝钛白公司来说，表面上似乎不太重要，实际上，如果这笔8 064万元的会计事项按公司会计处理方法，最多只是一笔一般性的亏损，但如按照会计师事务所的方法来处理，则整个公司就将资不抵债，而属于另一种性质的亏损了。可见，该笔业务处理非常重要。

根据《企业会计准则》，固定资产价值的构成是指固定资产价值包括的范围。

从理论上来说，它应包括企业为购建某项固定资产达到预定可使用状态前所发生的一切合理、必要的支出，其中当然包括为购建某项固定资产所发生的借款利息。但是，一旦固定资产购建完毕，并投入使用，那么，为购建固定资产而发生的借款利息就应计入期间费用，予以资本化，这是会计准则非常明确规定的。若不按规定处理，就会引起信息误导。

由于对1997年渝钛白公司的钛白粉工程究竟已进入投资回收前还是仍处在在建期不能确定，这就难以解决上述争议。

渝钛白公司的总会计师认为：一般的基建项目，建设完工即进入投资回收期，当年就开始产生效益。但钛白粉工程项目不同于一般的基建项目，这主要是基于两个方面的因素：一方面，钛白粉这种基础化工产品不同于普通商品，对各项技术指标的要求非常严格，需要通过反复试生产，逐步调整质量、消耗等指标，直到生产出合格的产品才能投放市场。而试生产期间的试产品性能不稳定，是不能投放市场的。另一方面，原料的腐蚀性很强，如生产钛H粉的主要原料硫酸一停工，则淤积于管道、容器中，再次开工前，就必须进行彻底的清洗、维护，并调试设备，年报中披露的900万元亏损中很大一笔就是设备整改费用。因此总会计师总结说，钛白粉项目交付使用进入投资回报期、产生效益前，还有一个过渡期，即整改和试生产期间，这仍属于工程在建期。也就是说，公司在1997年报中将8 064万元的项目建设期借款的应付债券利息计入工程成本是有依据的。

渝钛白公司为了证实总会计师的说法，还以重庆市有关部门的批复文件为依据，坚持认为该工程为在建性质，而非完工项目。

在上述背景下，重庆会计师事务所坚持认为：应计利息8 064万元人民币应计入当期损益。因为，该公司钛白粉工程于1995年下半年就开始投产。1996年已经可以生产出合格产品。这一工程虽曾一度停产，但1997年全年共生产产品1 680吨，这一产量与设计能力15万吨还相差甚远，主要原因是缺乏流动资金，而非工程尚未完工，该工程应认定已交付使用。

双方各执一词。重庆会计师事务所作为一个民间机构，既无法定权力来命令上市公司改变其做法，也无理由表示沉默，为此不得不运用审计准则中否定意见的格式，将上述问题向所有报表使用者告示，以明确各自的责任。

2.欠付银行的借款利息89.8万美元（折合人民币约743万元）是否应计提入账

截至1997年年底，渝钛白公司欠付银行利息89.8万美元。对此，公司管理层的解释为：这是1987年12月原重庆化工厂为上PVC彩色地板生产线，向中国银行重庆分行借入的美元贷款60万美元造成的。该项目建成后，一直未正常批量生产。1992年公司改制时，已部分作为未使用资产。但改制前，重庆化工厂已部分偿还了利息和本金。数年之后（1997年），该行通知公司欠付利息89.8万美元。本年决算期间，公司未能和银行认真核对所欠本金数额，故未予转账。公司打算在1998年度核对清楚后再据实转账。而重庆会计师事务所则坚持认为这笔利息已经发生，应予以确认并计提入账。注册会计师的依据是：确认费用应遵循权责发生制原则。

按照权责发生制原则凡应属于本期的收入和费用，不论其款项是否已收到或支付，均作为本期的收入和费用处理。由此可见，企业未与银行对账，这是公司内部的管理问题，它不能改变会计准则规定的确认标准。根据会计准则一笔费用肯定发生并可计算出确定的数额，应与收入配比，在当期予以确认。由于渝钛白公司坚持认为必须在核对账目之后再予确认，注册会计师不得不以否定意见的方式否定上述做法。

3.以上两项会计事项是否重要，是否足以构成发表否定意见审计报告的依据

审计中的基本原则之一，重要性原则，是影响签发审计报告的一个决定性因素。当未调整审计事项、未确定事项或违反一贯性原则的事项等对财务报表的影响程度在一定范围内时，注册会计师可以发表保留意见；但是如果其影响程度超过一定范围以至财务报表无法被接受，被审计单位的财务报表已失去其价值，则只能发表否定意见。因此，区分重要性的影响程度，就成为注册会计师职业判断的一个重要内容。

根据《中国注册会计师审计准则第1221号——计划和执行审计工作时的重要性》的规定，重要性取决于具体环境下对错报金额和性质的判断。如果一项错报单独或连同其他错报可能影响财务报表使用者依据财务报表作出的经济决策，则该项错报是重大的。可见，重要性可视为财务报表中包含的错误、漏报能否影响财务报表使用者对财务报表全面反映的整体理解的临界点，超过该临界点，就会影响其正确判断和决策。与此同时，准则还要求在考虑重要性影响程度时，有两个因素必须运用：①被审计单位特定环境；②已审报表的使用者对信息的要求。

从会计规则看，重要性原则在理论上的表述是十分清晰的，但在实际中的运用还是比较抽象的。这是因为，运用重要性原则更多的是需要注册会计师的职业判断。重庆会计师事务所正是根据上述两个重要因素，决定了这两个会计事项足以影响对报表的整体理解。首先，渝钛白公司是一家上市公司，1996年已出现1 000多万元的亏损，而1997年在未调整的情况下，又出现了3 000多万元的亏损，加上这两个会计事项的调整，其亏损额已高达11 943万元，调整之后的股东权益仅为3 290万元。与其原有的注册资本13 000万元相比，仅剩下25%左右，这样，其持续经营的能力就值得怀疑。其次，对于财务报表使用者来说，作为证券市场的投资者，他们投资证券的意图是非常清楚的，即试图通过证券市场获得利益。如果上述两个会计事项不调整，就会严重误导依赖财务报表进行投资决策的证券买卖者。因此，从这两个因素来考虑，重庆会计师事务所的决定是合理的。

参考资料：

[1] 谭菊芳，李若山. 能否对上市公司的会计信息说声“不”——由渝钛白事件看规范中国证券市场审计业务 [J]. 财务与会计，1999（6）：39-41.

[2] 胡春元. 审计案例：源于中国证券市场 [M]. 大连：大连出版社，2010.

案例四　“新审计报告准则”案例

——在审计报告中沟通关键审计事项

财政部于2016年12月修订印发了《中国注册会计师审计准则第1504号——在审计报告中沟通关键审计事项》等新增和修订的12项审计准则（以下称1504号准则及其修订准则），1504号准则及其修订准则（以下称新审计报告准则）最核心的变化是针对上市实体财务报表审计增加了沟通关键审计事项内容，同时对审计报告的内容和格式进行修订。这些准则除执行中国审计准则的A+H股或H股上市公司应于2017年1月1日开始执行外，A+H股之外的其他在境内外同时上市的公司、境内上市公司及其他应视同上市公司的财务报表审计，应当自2018年1月1日开始执行。

2022年12月22日，财政部发布了修订后的《中国注册会计师审计准则第1211号——重大错报风险的识别和评估》、《中国注册会计师审计准则第1321号——会计估计和相关披露的审计》等两项审计准则，并对《中国注册会计师审计准则第1101号——注册会计师的总体目标和审计工作的基本要求》等23项准则进行了一致性修订。该批准则于2023年7月1日起施行。此次修订的目的是贯彻落实《国务院办公厅关于进一步规范财务审计秩序　促进注册会计师行业健康发展的意见》（国办发〔2021〕30号）中“持续提升审计质量”和“完善审计准则体系”的要求，规范和指导注册会计师开展实务工作，保持我国审计准则与国际准则的持续动态趋同。

一、关键审计事项

关键审计事项，是指注册会计师根据职业判断认为对本期财务报表审计最为重要的事项。关键审计事项从注册会计师与治理层沟通过的事项中选取。注册会计师的目标是，确定关键审计事项，并在对财务报表形成审计意见后，以在审计报告中描述关键审计事项的方式沟通这些事项。具体见表10-24。

表10-24　**A+H公司关键审计事项类型统计表**

类型	关键审计事项	涉及公司举例
资产减值	固定资产减值准备计提	晨鸣纸业、中国石化
	存货跌价准备计提/存货可变现净值的评估	新华制药、中兴通讯
	应收账款坏账准备计提	新华制药、中兴通讯
	预付或长期应收款的减值	中集集团、中国交建
	长期股权投资的减值测试	中国人寿、东北电气
	使用寿命不确定的无形资产的减值	白云山
	亏损合同损失计提	上海电气

续表

类型	关键审计事项	涉及公司举例
收入确认	收入确认——产品销售及建造合同	上海电气、东方电气
	收入确认——截止	福耀玻璃
	收入确认——确认时点	海螺水泥
	建造合同完工百分比法	中兴通讯、中国中冶
	政府补助——整体搬迁收到补偿款	白云山
公允价值计量	以公允价值计价的消耗性生物资产	晨鸣纸业
	以公允价值计量且分类为第三层级的金融工具估值	中国平安、农业银行
无形资产	特许经营无形资产摊销	深高速
	开发支出资本化	复星医药
	评估收购产生的可辨认无形资产	中国人寿
关联方交易	出售业务	大唐发电
	关联方关系及其交易的披露	大连港
合并范围及长投	结构化主体合并	中信证券、招商银行
	收购股权事项	紫金矿业
	丧失控制权的投资收益	中国石化
负债及或有负债	售后服务费的预提	长城汽车
	预提辞退福利	东方电气
	土地增值税的计提	万科A
其他	诉讼事项	白云山
	重大资产并购重组	中远海能
	会计估计变更	石化油服
	营业税改征增值税	交通银行

（注：截至2017年3月29日，根据《致同研究之“新审计报告准则”系列》发布的数据节选）

二、新审计报告举例

审计报告

德师报（审）字（18）第P01143号

中国冶金科工股份有限公司全体股东：

（一）审计意见

我们审计了后附的中国冶金科工股份有限公司（以下简称“中国中冶”）的财务报表，包括2017年12月31日的合并及公司资产负债表、2017年度的合并及公司利润表、合并及公司现金流量表和合并及公司股东权益变动表以及相关财务报表附注。

我们认为，后附的财务报表在所有重大方面按照企业会计准则的规定编制，公允反映了中国中冶2017年12月31日的合并及公司财务状况以及2017年度的合并及公司经营成果和合并及公司现金流量。

（二）形成审计意见的基础

我们按照中国注册会计师审计准则的规定执行了审计工作。审计报告的“注册会计师对财务报表审计的责任”部分进一步阐述了我们在这些准则下的责任。按照中国注册会计师职业道德守则，我们独立于中国中冶，并履行了职业道德方面的其他责任。我们相信，我们获取的审计证据是充分、适当的，为发表审计意见提供了基础。

（三）关键审计事项

关键审计事项是我们根据职业判断，认为对本年度财务报表审计最为重要的事项。这些事项的应对以对财务报表整体进行审计并形成审计意见为背景，我们不对这些事项单独发表意见。我们确定下列事项是需要在审计报告中沟通的关键审计事项。

1.工程承包建造合同收入确认

（1）事项描述

如财务报表附注五24（2）和附注五28（5）（b）（i）所示，中国中冶对于所提供的工程承包服务，在建造合同的结果能够可靠估计时，按照完工百分比法确认收入。管理层需要对建造合同的预计总收入和预计总成本作出合理估计以确定完工进度，并应于合同执行过程中持续评估和修订，涉及管理层的重大会计估计，因此我们将其认定为关键审计事项。

（2）审计应对

我们针对建造合同收入确认执行的审计程序主要包括：

①测试与建造合同预算编制和收入确认相关的内部控制；

②获取建造合同台账，重新计算建造合同完工百分比的准确性；

③选取建造合同样本，检查预计总收入、预计总成本所依据的建造合同和成本预算资料，评价管理层对预计总收入和预计总成本的估计是否充分；

④选取样本对本年度发生的工程施工成本进行测试；

⑤选取建造合同样本，对工程形象进度进行现场查看，与工程管理部门讨论确认工程的完工程度，并与账面记录进行比较，对异常偏差执行进一步的检查程序。

2.应收账款的可回收性

（1）事项描述

如财务报表附注五11及附注五28（5）（b）（ii）所示，中国中冶以应收账款的可回收性为判断基础确认坏账准备。鉴于应收账款年末账面价值的确定需要管理层识别已发生减值的项目和客观证据、评估预期未来可获取的现金流量并确定其现值，涉及管理层运用重大会计估计和判断，因此，应收账款的可回收性被视为关键审计事项。

（2）审计应对

我们针对应收账款的可回收性执行的审计程序主要包括：

①测试管理层对于应收账款日常管理及期末可回收性评估相关的内部控制；

②复核管理层对应收账款进行减值测试的相关考虑及客观证据，关注管理层是否充分识别已发生减值的项目；

③对于单独计提坏账准备的应收账款选取样本，复核管理层对预计未来可获得的现金流量作出估计的依据及合理性；

④对于管理层按照信用风险特征组合计提坏账准备的应收账款，评价管理层确定的坏账准备计提比例是否合理；

⑤结合期后回款情况检查，评价管理层对坏账准备计提的合理性。

（四）其他信息

中国中冶管理层对其他信息负责。其他信息包括中国中冶2017年年度报告中涵盖的信息，但不包括财务报表和我们的审计报告。

我们对财务报表发表的审计意见不涵盖其他信息，我们也不对其他信息发表任何形式的鉴证结论。

结合我们对财务报表的审计，我们的责任是阅读其他信息，在此过程中，考虑其他信息是否与财务报表或我们在审计过程中了解到的情况存在重大不一致或者似乎存在重大错报。

基于我们已执行的工作，如果我们确定其他信息存在重大错报，我们应当报告该事实。在这方面，我们无任何事项需要报告。

（五）管理层和治理层对财务报表的责任

中国中冶管理层负责按照企业会计准则的规定编制财务报表，使其实现公允反映，并设计、执行和维护必要的内部控制，以使财务报表不存在由于舞弊或错误导致的重大错报。

在编制财务报表时，管理层负责评估中国中冶的持续经营能力，披露与持续经营相关的事项（如适用），并运用持续经营假设，除非管理层计划清算中国中冶、终止运营或别无其他现实的选择。

治理层负责监督中国中冶的财务报告过程。

（六）注册会计师对财务报表审计的责任

我们的目标是对财务报表整体是否不存在由于舞弊或错误导致的重大错报获取合理保证，并出具包含审计意见的审计报告。合理保证是高水平的保证，但并不能保证按照审计准则执行的审计在某一重大错报存在时总能发现。错报可能由于舞弊或错误导致，如果合理预期错报单独或汇总起来可能影响财务报表使用者依据财务报表作出的经济决策，则通常认为错报是重大的。

在按照审计准则执行审计工作的过程中，我们运用职业判断，并保持职业怀疑。同时，我们也执行以下工作：

1.识别和评估由于舞弊或错误导致的财务报表重大错报风险，设计和实施审计程序以应对这些风险，并获取充分、适当的审计证据，作为发表审计意见的基础。由于舞弊可能涉及串通、伪造、故意遗漏、虚假陈述或凌驾于内部控制之上，未能发现由于舞弊导致的重大错报的风险高于未能发现由于错误导致的重大错报的风险。

2.了解与审计相关的内部控制，以设计恰当的审计程序。

3.评价管理层选用会计政策的恰当性和作出会计估计及相关披露的合理性。

4.对管理层使用持续经营假设的恰当性得出结论。同时，根据获取的审计证据，就可能导致对中国中冶持续经营能力产生重大疑虑的事项或情况是否存在重大不确定性得出结论。如果我们得出结论认为存在重大不确定性，审计准则要求我们在审计报告中提请报表使用者注意财务报表中的相关披露；如果披露不充分，我们应当发表非无保留意见。我们的结论基于截至审计报告日可获得的信息。然而，未来的事项或情况可能导致中国中冶不能持续经营。

5.评价财务报表的总体列报、结构和内容（包括披露），并评价财务报表是否公允反映相关交易和事项。

6.就中国中冶中实体或业务活动的财务信息获取充分、适当的审计证据，以对财务报表发表审计意见。我们负责指导、监督和执行集团审计，并对审计意见承担全部责任。

我们与治理层就计划的审计范围、时间安排和重大审计发现等事项进行沟通，包括沟通我们在审计中识别出的值得关注的内部控制缺陷。

我们还就已遵守与独立性相关的职业道德要求向治理层提供声明，并与治理层沟通可能被合理认为影响我们独立性的所有关系和其他事项，以及相关的防范措施（如适用）。

从与治理层沟通过的事项中，我们确定哪些事项对本年度财务报表审计最为重要，因而构成关键审计事项。我们在审计报告中描述这些事项，除非法律法规禁止公开披露这些事项，或在极少数情形下，如果合理预期在审计报告中沟通某事项造成的负面后果超过在公众利益方面产生的益处，我们确定不应在审计报告中沟通该事项。

德勤华永会计师事务所（特殊普通合伙）　　中国注册会计师：马燕梅
中国　上海　　（项目合伙人）
中国注册会计师：陈文龙
2018年3月29日

（注：资料来源于上海证券交易所网站）

主要参考文献

[1] 刘明辉，史德刚．审计［M］．8版．大连：东北财经大学出版社，2022.

[2] 李晓慧．审计学：实务与案例［M］．北京：中国人民大学出版社，2021.

[3] 叶陈刚．审计理论与实务［M］．北京：中信出版社，2016.

[4] 中国注册会计师协会．审计［M］．北京：中国财政经济出版社，2023.

[5] 朱荣恩．筹资与投资业务循环审计［M］．北京：中国时代经济出版社，2004.

[6] 史德刚．审计学实验［M］．大连：东北财经大学出版社，2008.

[7] 北京注册会计师协会．审计工作底稿指引［M］．北京：经济科学出版社，2012.

[8] 刘静．审计案例与模拟实验［M］．北京：经济科学出版社，2019.

主要参考文献

［1］刘明辉，史德刚．审计［M］．8版．大连：东北财经大学出版社，2022.

［2］李晓慧．审计学：实务与案例［M］．北京：中国人民大学出版社，2021.

［3］叶陈刚．审计理论与实务［M］．北京：中信出版社，2016.

［4］中国注册会计师协会．审计［M］．北京：中国财政经济出版社，2023.

［5］朱荣恩．筹资与投资业务循环审计［M］．北京：中国时代经济出版社，2004.

［6］史德刚．审计学实验［M］．大连：东北财经大学出版社，2008.

［7］北京注册会计师协会．审计工作底稿指引［M］．北京：经济科学出版社，2012.

［8］刘静．审计案例与模拟实验［M］．北京：经济科学出版社，2019.

风险。

2. 了解与审计相关的内部控制，以设计恰当的审计程序。

3. 评价管理层选用会计政策的恰当性和作出会计估计及相关披露的合理性。

4. 对管理层使用持续经营假设的恰当性得出结论。同时，根据获取的审计证据，就可能导致对中国中冶持续经营能力产生重大疑虑的事项或情况是否存在重大不确定性得出结论。如果我们得出结论认为存在重大不确定性，审计准则要求我们在审计报告中提请报表使用者注意财务报表中的相关披露；如果披露不充分，我们应当发表非无保留意见。我们的结论基于截至审计报告日可获得的信息。然而，未来的事项或情况可能导致中国中冶不能持续经营。

5. 评价财务报表的总体列报、结构和内容（包括披露），并评价财务报表是否公允反映相关交易和事项。

6. 就中国中冶中实体或业务活动的财务信息获取充分、适当的审计证据，以对财务报表发表审计意见。我们负责指导、监督和执行集团审计，并对审计意见承担全部责任。

我们与治理层就计划的审计范围、时间安排和重大审计发现等事项进行沟通，包括沟通我们在审计中识别出的值得关注的内部控制缺陷。

我们还就已遵守与独立性相关的职业道德要求向治理层提供声明，并与治理层沟通可能被合理认为影响我们独立性的所有关系和其他事项，以及相关的防范措施（如适用）。

从与治理层沟通过的事项中，我们确定哪些事项对本年度财务报表审计最为重要，因而构成关键审计事项。我们在审计报告中描述这些事项，除非法律法规禁止公开披露这些事项，或在极少数情形下，如果合理预期在审计报告中沟通某事项造成的负面后果超过在公众利益方面产生的益处，我们确定不应在审计报告中沟通该事项。

德勤华永会计师事务所（特殊普通合伙）　　中国注册会计师：马燕梅

中国　上海　　（项目合伙人）

中国注册会计师：陈文龙

2018年3月29日

（注：资料来源于上海证券交易所网站）